JN112676

債権回収 基本のき

●第5版●

弁護士
権田修一

商事法務

第5版はしがき

　平成29年に改正された民法（債権法）が、令和2年4月1日に施行されました。第5版では、改正前の民法に関する記述を削除する一方、改正された制度に関する記述を充実させました。

　他方、改正民法（債権法）施行と時を前後して、新型コロナウイルス感染症が拡大し、社会が大混乱しました。緊急事態宣言は解除されましたが、コロナ禍が収束する見通しは立っていません。「Withコロナが常態となった」と言ってよいと思います。第5版では、この点にも触れました。

　本書の初版が発行されてから約15年が経ちました。この間、リーマンショックにより倒産件数が増加することもありました。その一方で、最近では倒産件数が減少し続けていました。そこにコロナ禍です。経済が大きく変動することは避けられません。

　しかし、債権回収の「基本のき」は、いつの時代でも変わらないと筆者は考えています。本書の基本となる考え方も、初版以来全く変わっていません。本書が、新入社員あるいは新配属社員が、債権回収とは何かを大づかみでき、短期間で企業の戦力に育つことの一助となれば幸いです。

　最後になりましたが、株式会社商事法務の浅沼亨氏には、第5版上梓の機会を与えていただくとともに、企業法務の最前線にいる皆様のニーズを教えていただきました。どこまでそのニーズに応えられているかはわかりませんが、本書が少しでも読者の皆様のお役に立てるとすれば、それは浅沼氏の珠玉のアドバイスによるものです。紙上をお借りして、浅沼氏に深く感謝申し上げます。

令和2年9月　　　　　　　　　　　　　　　　弁護士　権　田　修　一

第 4 版はしがき（平成 29 年 6 月）

　平成 23 年 10 月に本書の第 3 版が刊行されてから約 6 年が経過し、新しい判例など、記載内容のアップデートが必要になりました。また、平成 29 年 5 月には、民法（債権法）が改正されました。そのため、第 4 版では、改正民法の内容をはじめとして、最新の情報を盛り込むことに努めました。

　他方、第 3 版に載せていた事項のうち、「基本のき」にしては難しい内容や、手形のジャンプや会社更生など、最近の実務では遭遇することがあまりないと思われるものは削除し、いたずらに分量が増えることを避けました。

　第 4 版は、このような意図のもとに執筆したものですが、基本となる考え方は初版以来変わっていません。本書は、新入社員あるいは新配属社員が短期間で企業の戦力に育つことの一助となるための本です。本書で勉強したことを実務に活かしていただくことを念願しています。

　第 3 版は、幸いにも多くの皆様にお読みいただけました。そのおかげで第 4 版執筆の機会を得ることができました。この場をお借りいたしまして、読者の皆様に御礼を申し上げます。

　最後になりましたが、第 4 版の上梓にあたりましては、株式会社商事法務の水石曜一郎氏に多大なご尽力をいただきました。水石氏の献身的なご尽力がなければ、この時期に第 4 版を刊行することはできませんでした。記して深く感謝申し上げます。

第 3 版はしがき（平成 23 年 9 月）

　平成 20 年 1 月に本書の改訂版が刊行された後、瞬く間に 3 年余りの歳月が流れました。改訂版は幸いにも多くの方々にお読みいただけたようです。紙上をお借りして、読者の皆様に感謝申し上げます。

　改訂版は数度増刷されましたが、その間に注目すべき最高裁判所の新しい判例が現れたほか、裁判所の運用に変化があったり、事業再生ADRのような新しい制度が始まったりするなどしています。

　これら最新の実務を盛り込み、第 3 版といたしました。また、初版および改訂版では説明を簡略化していた箇所について、実務的なノウハウを含めて説明を充実させました。改訂版と比較して、より実務に直結した内容となっています。

　読者の皆様が本書で勉強したことを実務に活かし、所属する企業の発展に寄与していただくことを熱願しています。

　最後になりますが、第 3 版の上梓にあたりましても、株式会社商事法務の大林譲代表取締役には、多大なご尽力をいただきました。記して厚く御礼申し上げます。

改訂版はしがき（平成 19 年 12 月）

　本書の初版は、平成 17 年 11 月に公刊されました。その後、平成 18 年 5 月 1 日に会社法が施行され、また、最近、債権回収に関する最高裁判所の新しい判例が複数出ています。

　筆者が本書をテキストとしてセミナーをする際にも、最新の実務の内容をレジュメで補充しなければなりませんでした。

　そこで、本書を改訂し、最新の実務を盛り込むことにしました。

　改訂版の基本的な姿勢は初版と変わりありません。主に事業会社に勤務されていて、これから債権回収の勉強を始めようとする方に、債権回収全般に関する基礎的な知識を短時間で身につけていただくことを目標としています。

　この目標を達成するために、初版と比較して図を増やし、また章立てを一部変えています。

　読者の皆様が本書で勉強したことを基礎として実力を身に付け、企業の重要な戦力に育っていただくことを念願しています。

　本書の初版は、幸いにも多くの方々の支持を得られたようです。初版の読者の皆様をはじめ、お力添えをいただいた皆様に対する感謝の気持ちでいっぱいです。

　最後になりましたが、今回の改訂につきましても、株式会社商事法務の大林譲取締役に大変お世話になりました。大林譲取締役のご尽力がなければ改訂版の刊行はなかったものと思います。ここに記して御礼申し上げます。

初版はしがき（平成 17 年 8 月）

　企業が利益をあげ繁栄していくためには、売上を上げることが重要です。しかし、売上があがっても、代金を回収できなければ意味がありません。

　そのため販売の最前線にいる営業マンは、代金の回収も念頭に入れて営業活動をしなければなりません。また、管理部門の法務マンは、会社の利益を確保する最後の砦であるという自覚をもって業務に取り組む必要があります。そのためには、債権回収に関する知識が必要不可欠です。

　そこで本書は、主に事業会社に勤務されている方、特に新入社員の方や初めて管理部門に配属された方が、債権回収に関する必要最小限の知識を短時間で身につけることを目標としています。

　本書は 2 部構成になっています。

　第 1 部では、債権回収の流れを大きくつかむことを目標としています。細かい点はともかくとして短時間で債権回収の最初から最後までを見通すことが有益であると考えられます。また、第 1 部のうち右側のページはすべて基本用語の解説にあてて

います。読者が法律を勉強したことがないことを前提として、法律の制度、法律用語などを説明しています。わかりやすさを優先し、法律用語の定義として正確とはいえない表現をあえてしているところもあります。

　第2部は、想定される場面ごとに、どのように対応すればよいのかについて説明しています。業務の中で問題が生じたときに、とりあえず何をしておけばよいのか、あるいは何をしなければならないのか、がわかるようになることが目標です。

　本書が、新入社員あるいは新配属社員が短期間で企業の戦力に育つことの一助となるのであれば幸いです。

　なお、本書は巻末の参考文献に掲げた諸文献も参考にして書かれています。紙幅の都合上、逐一引用していませんが、債権回収の「基本のき」を習得した後は、これらの文献にあたってより深い知識を身につけられるとよいでしょう。

　最後になりましたが、株式会社商事法務の大林讓取締役には本書執筆の機会を与えていただくとともに、本書の構成、表現等について貴重なアドバイスをしていただきました。また、池羽知子氏には校正等で大変な労力を費やしていただきました。紙上をお借りして両氏に心から御礼申し上げます。

目 次

第1部　債権回収の流れを大きくつかむ ……………………… I

第1章　債権回収の基本的な流れ ………………………………… 2
　Ⅰ　キーワード　2
　Ⅱ　商取引の基本的な流れ　2
　　1　契約の成立　3
　　2　売掛債権の発生　3
　　3　売掛債権の回収　3
　Ⅲ　債権回収の基本的な流れ　3
　　1　取引の開始　3
　　2　債権管理　3
　　3　債権回収　4
　基本用語の解説　5

第2章　取引を開始する ……………………………………………… 8
　Ⅰ　取引相手を知る　8
　　1　取引相手が会社の場合　8
　　2　取引相手が個人の場合　8
　Ⅱ　契約書を作る　9
　　1　契約の内容　9
　　2　契約書の作成　9
　Ⅲ　権利を保全する　9
　基本用語の解説　10

第3章　債権を管理する ……………………………………………… 12
　Ⅰ　取引の記録がすぐに取り出せるように保管する　12
　　1　取引先ごとに取引の記録を整理する　12
　　2　取引の記録がすぐに取り出せるように保管する　12
　Ⅱ　入金の状況をチェックする　13

 Ⅲ 与信限度額を守る 13

 Ⅳ 債権が時効で消滅しないように注意する 13

  1 債権の消滅時効 13

  2 消滅時効期間 14

  3 時効により債権が消滅することを阻止する 14

 Ⅴ 手形・小切手のしくみを理解する 14

  基本用語の解説 15

第4章 話し合いによって債権を回収する ········ 19

 Ⅰ 取引先に請求することから始める 19

 Ⅱ 支払いを約束させたら文書化する 19

  1 取引先に支払わせる 19

  2 取引先が持っている財産から支払いを受けられるようにする 20

 Ⅲ 約束を守らないときに備える 21

  1 金銭の支払いの約束は公正証書にする 21

  2 物の引渡しの約束などは即決和解を利用する 21

  基本用語の解説 22

第5章 担保によって債権を回収する ········ 25

 Ⅰ 契約により成立する担保権の実行方法 25

  1 抵当権・根抵当権 25

  2 所有権留保売買 25

  3 動産譲渡担保・集合動産譲渡担保 26

  4 集合債権譲渡担保 26

  5 債権質権 26

  6 保証人からの回収 26

 Ⅱ 法律上当然に成立する担保権の実行方法 26

  1 動産売買先取特権 26

  2 留置権 27

  基本用語の解説 27

第6章 強制的に債権を回収する ········ 30

 Ⅰ まず相手の動きを止める 30

    1　仮差押え　30

    2　仮処分　30

  Ⅱ　裁判所を使い分ける　30

    1　民事調停　31

    2　支払督促　31

    3　少額訴訟　31

    4　手形訴訟　31

    5　通常の民事訴訟　32

  Ⅲ　最後は強制執行で決着をつける　32

    1　不動産に対する強制執行　32

    2　動産に対する強制執行　32

    3　債権に対する強制執行　33

  基本用語の解説　33

第7章　取引先が倒産してもあきらめない……………………………36

  Ⅰ　倒産情報が入ったら、まず真偽の確認をする　36

  Ⅱ　倒産の種類によって対応を変える　36

    1　倒産の種類　36

    2　法的整理と私的整理のそれぞれの対応　36

    3　清算型と再建型のそれぞれの対応　37

  Ⅲ　保証人に請求する　38

  基本用語の解説　38

第2部　こんなときどうする……………………………41

第1章　取引の開始……………………………42

  第1節　新取引先の概要の調査　42

  Ⅰ　まず商業登記簿謄本を入手する　42

  Ⅱ　商業登記簿謄本の入手方法　42

    1　法務局の窓口で申請して入手する方法　42

  書式1　（会社法人用）登記事項証明書、登記簿謄抄本交付申請書の見本　44

    2　郵送で入手する方法　45

    3　オンラインで請求し、入手する方法　45

コラム1　もっと簡単に登記の内容を確認できないか？　45

Ⅲ　商業登記簿謄本の読み方　46

書式2　商業登記簿謄本（履歴事項全部証明書）の見本　47

　1　商号　48

　2　本店　49

　3　会社成立の年月日　49

　4　目的　50

　5　資本金の額　50

　6　役員に関する事項　50

　7　登記記録に関する事項　51

Ⅳ　相手会社から入手すべき情報のポイント　52

　1　相手会社の代表者と面談する　52

　2　相手会社の実地調査をする　52

Ⅴ　信用調査会社の利用のポイント　53

　1　信用調査会社の選び方　53

　2　信用調査会社の調査報告の分析　54

コラム2　取引の相手が個人の場合は？　54

第2節　不動産の権利関係を調べる　55

Ⅰ　まず不動産登記簿謄本を入手する　55

Ⅱ　不動産登記簿謄本の入手方法　55

　1　法務局の窓口で申請して入手する方法　55

書式3　（不動産用）登記事項証明書、登記簿謄本・抄本交付申請書の見本　57

　2　郵送で入手する方法　58

　3　オンラインで請求し、入手する方法　58

Ⅲ　不動産登記簿謄本の読み方　58

　1　土地登記簿謄本の読み方　58

書式4　土地登記簿謄本（全部事項証明書）の見本　62

　2　建物登記簿謄本の読み方　64

書式5　建物登記簿謄本（全部事項証明書）の見本　66

第3節　取引基本契約書を作成する　67

Ⅰ　同種取引の契約書を利用する　67

Ⅱ　最低限、定めておくべき条項がもれていないかを確認する　67

　1　1条（目的）　67

  2 2条（個別契約） 67

  3 3条（売買価格および支払方法） 67

  4 記名捺印 68

  5 作成日付 68

 Ⅲ 有利な条項を盛り込む 68

  1 4条（検収） 68

  2 7条（期限の利益喪失） 69

  3 8条（契約解除） 69

  4 9条（担保の提供） 70

  5 12条（合意管轄） 70

 Ⅳ 収入印紙を用意する 70

 書式6 取引基本契約書 70

 コラム3 新型コロナウイルス対応 74

第2章 取引開始時の債権保全 ………………………… 76

第1節 商品の売買取引を開始するときの債権保全（所有権留保） 76

 Ⅰ 所有権留保特約をつけることが適切な場合 76

 書式7 取引基本契約書（所有権留保条項つき） 77

 Ⅱ 所有権留保特約つき売買契約書のポイント 80

  1 所有権留保の特約を契約書中に明記する 80

  2 代金完済まで対象物件の処分を禁じておく 81

 Ⅲ 対象物件が自社の所有物件である旨のプレートを貼る 81

 Ⅳ 転売が予定されている商品の場合 81

 書式8 所有権留保特約つき売買契約書 82

 コラム4 留保した所有権を行使するための要件 85

第2節 保証金を預かる 87

 Ⅰ 保証金とは 87

 Ⅱ 保証金のとり方 87

  1 一時金方式 87

  2 積立方式 87

 書式9 取引基本契約書（保証金条項つき） 88

第3節 保証人を立てさせる 92

 Ⅰ 保証 92

Ⅱ　単純な保証と連帯保証の相違点　92

　1　催告の抗弁権　92

　2　検索の抗弁権　92

　3　分別の利益　93

Ⅲ　単純な保証・連帯保証と根保証との相違点　93

Ⅳ　おすすめは連帯根保証　93

Ⅴ　保証人の立てさせ方　94

　書式10　取引基本契約書（連帯保証条項つき）　94

第3章　債権の管理 ……………………………………………………………99

第1節　取引中の債権を管理する　99

Ⅰ　与信管理の重要性　99

Ⅱ　債権・債務がいくら発生しているかを確実に把握する　99

Ⅲ　商品が確実に納品されているかを確認する　100

Ⅳ　請求額と入金額をつき合わせる　100

Ⅴ　与信限度額を守る　101

Ⅵ　将来の訴訟に備えて書類を整理しておく　101

Ⅶ　定期的に残高確認書を送り、記名捺印を求める　102

　書式11　残高確認依頼書（残高確認書）　103

Ⅷ　手形・小切手を受け取ったときは不備がないかすぐに確認する　103

　書式12　約束手形（表面）の見本　105

　書式13　約束手形（裏面）の見本　106

Ⅸ　支払期日（満期日）までに確実に手形を取立てに回す　107

第2節　消滅時効の意味と対処方法　107

Ⅰ　債権の消滅時効期間　107

　1　一般の債権　108

　2　不法行為による損害賠償請求権　108

　3　人の生命・身体侵害による損害賠償請求権　109

Ⅱ　時効の援用　109

Ⅲ　時効の完成を阻止する制度　110

　1　時効の完成猶予のイメージ　110

　2　時効の更新のイメージ　110

　3　時効の完成猶予事由と更新事由　111

書式14　協議を行う旨の合意書　113

第4章　担保の取得 ………………………………………………… 115

第1節　担保の狙いのつけ方　115

Ⅰ　取引先の決算書（貸借対照表）に注目する　115

Ⅱ　取引先の資産を「不動産」「動産」「債権」に分類する　115

　　1　不動産　116

　　2　動産　116

　　3　債権　116

Ⅲ　取引先の決算書が入手できないとき　116

第2節　不動産を担保にとる（抵当権・根抵当権）　118

Ⅰ　担保の設定を受ける物件を調査する　118

　　1　取引先から不動産登記簿謄本をもらう　118

　　2　公図を閲覧する　118

　　3　不動産登記簿謄本を入手する　118

　　4　取引先からもらった不動産登記簿謄本とあらたに入手した不動産登記簿謄本を比較する　118

　　5　対象物件を見に行く　119

Ⅱ　抵当権・根抵当権設定契約を締結する　119

書式15　根抵当権設定契約書　120

　　1　1条（根抵当権の表示）　122

　　2　末尾（不動産の表示）　123

Ⅲ　抵当権・根抵当権設定登記をする　123

コラム5　1番抵当権をとっていても税金には勝てない？　123

第3節　取引先が使用している機械・設備を担保にとる（動産譲渡担保）　124

Ⅰ　動産譲渡担保が適切な場合　124

Ⅱ　動産譲渡担保権設定契約書のポイント　124

書式16　動産譲渡担保権設定契約書　124

　　1　担保にとる物件の所有権を担保目的で自社に移転させることを明記する　126

　　2　担保にとる物件を占有改定によって自社に引き渡すことを明記する　127

　　3　担保にとる物件を明確に特定する　127

Ⅲ　対象物件が自社の所有物件である旨のプレートなどを貼る　127

第4節　取引先の在庫商品を担保にとる（集合動産譲渡担保）　128

 Ⅰ 集合動産譲渡担保が適切な場合　128

 Ⅱ 集合動産譲渡担保権設定契約書のポイント　128

書式17　集合動産譲渡担保権設定契約書　128

  1 担保にとる在庫商品の所有権を担保目的で自社に移転させることを明記する　131

  2 担保にとる在庫商品を占有改定によって自社に引き渡すことを明記する　131

  3 販売した商品を補完させる　131

  4 在庫商品の保管状況を定期的に報告させる　132

  5 担保にとる在庫商品を明確に特定する　132

 Ⅲ 在庫商品が譲渡担保の目的である旨のプレートを貼る　132

 Ⅳ 動産譲渡登記を利用する　133

第5節 取引先の他社に対する売掛金を担保にとる（集合債権譲渡担保）　133

 Ⅰ 集合債権譲渡担保が適切な場合　133

 Ⅱ 集合債権譲渡担保権設定契約書のポイント　133

書式18　集合債権譲渡担保権設定契約書　134

  1 債権を担保する目的で集合債権の譲渡を受けることを明記する　136

  2 債権譲渡を受ける債権の範囲を明確にする　136

  3 相殺や債権譲渡制限特約等の対抗を受けないことを確認する　137

  4 対抗要件を備える　137

  5 債権譲渡時点で第三債務者が特定していない場合　138

第6節 取引先の敷金・入居保証金や保険金を担保にとる（債権質）　139

 Ⅰ 債権質権が適切な場合　139

 Ⅱ 債権質権設定契約書のポイント　139

書式19　債権質権設定契約書　139

  1 どの債権を質権にとるのかを明示し、証書を預かる　141

  2 「質権設定承諾書」を併記し、賃貸人から承諾をとる　142

第7節 取引先以外の他人からも債権を回収できるようにする（保証・連帯保証・根保証）　143

 Ⅰ 信用のある第三者から書面で保証を取り付ける　143

 Ⅱ 保証人となる第三者には面前で保証書に署名させる　144

 Ⅲ 根保証をとるときは、合理的な保証限度額・保証期間を定める　144

  1 合理的な保証限度額を定める　144

  2 合理的な保証期間を定める　145

Ⅳ　保証人に対する情報提供義務　145

　　1　契約締結時の主たる債務者の情報提供義務　146

　　2　主債務の履行状況に関する債権者の情報提供義務　147

　　3　主たる債務者が期限の利益を喪失した場合の債権者の情報提供義務　147

Ⅴ　連帯保証人について生じた事由の効力　148

Ⅵ　担保保存義務　148

　書式20　連帯保証書　148

第5章　取引先の協力が得られるときの債権回収 ……………………… 150

第1節　支払いが遅れている取引先に請求する　150

Ⅰ　請求書を送る　150

Ⅱ　支払いが遅れている理由を聞き出す　150

Ⅲ　支払いを請求する方法　151

　　1　電話で請求する　151

　　2　取引先に出向いて請求する　151

　　3　書面で請求する　151

Ⅳ　債務確認書をとる　152

　書式21　債務確認書　152

Ⅴ　誠意のある対応がないときは内容証明郵便を送る　153

　　1　内容証明郵便の効果　153

　書式22　内容証明郵便　154

　　2　内容証明郵便の作成方法　155

　コラム6　電子内容証明郵便　157

第2節　取引先に分割で支払わせる　158

Ⅰ　分割払いを認めることによって債権回収の効果をあげる　158

Ⅱ　債務弁済契約書を作成し、署名させる　158

　書式23　債務弁済契約書　159

Ⅲ　準消費貸借契約に切り替える　160

　書式24　準消費貸借契約書　160

　　1　1条（債務の確認）、2条（準消費貸借）　162

　　2　3条（支払方法）、6条（期限の利益喪失）　162

　　3　7条（連帯保証）　163

　　4　8条（公正証書の作成）　163

Ⅳ　公正証書にすることの意味　163

　　1　強い証拠力が認められる　163

　　2　債務名義になる　163

　　3　任意の支払いを心理的に強制することができる　164

Ⅴ　公正証書の作成方法　164

　　1　作成場所　164

　　2　事前に用意しておくべき資料　165

　　3　公証人との打合せ　166

　　4　公正証書への署名捺印　166

　　5　正本の受取りと謄本の送達申請　167

　　6　手数料の支払い　167

第3節　取引先に対して買掛金があるときは相殺する　168

Ⅰ　内容証明郵便で相殺通知書を送る　168

　　1　売掛金と買掛金を相殺することにより、売掛金を回収したのと同じ効果
　　　を得る　168

　　　書式25　相殺通知書　168

　　2　一方的に相殺することができる条件　169

Ⅱ　取引先と相殺の合意をする　170

　　　書式26　相殺契約書　170

　　　コラム7　手形債権でも相殺できる？　171

Ⅲ　取引先から商品などを仕入れて買掛金を作り、相殺する　172

　　　コラム8　相殺が制限される場合がある？　172

第4節　取引先の他社に対する売掛金から債権を回収する　173

Ⅰ　他社に対する売掛金についての契約書を確認する　173

Ⅱ　債権譲渡契約を結ぶ　174

　　　書式27　債権譲渡契約書　174

　　1　1条（債権譲渡）　175

　　2　2条（対抗要件）　176

　　3　3条（保証）　176

Ⅲ　債権譲渡を取引先から第三債務者に通知させるか、第三債務者の承諾書を
　　とる　176

　　1　取引先から第三債務者に対する通知　176

　　　書式28　債権譲渡通知書　177

　　2　第三債務者の承諾書　177

書式29　第三債務者の承諾書　178

　Ⅳ　債権譲渡制限特約が存在していた場合の回収方法　178

　　1　自社が債権譲渡制限特約の存在を知っていた場合　178

書式30　譲渡人である取引先への支払いを求める請求書　179

　　2　自社が債権譲渡制限特約の存在を知らなかった場合　180

書式31　供託所への供託を求める請求書（通常の場合）　180

書式32　民法466条の2第1項に基づく供託書　182

　　3　債権の譲受人である取引先が破産手続開始の決定を受けた場合　182

書式33　供託所への供託を求める請求書（破産手続開始決定があった場合）　183

書式34　民法466条の3に基づく供託書　184

　Ⅴ　債権譲渡制限特約がついているときは、代理受領か振込指定の方法を検討
　　する　184

　　1　代理受領　184

書式35　代理受領委任契約書　185

書式36　代理受領委任状　187

　　2　振込指定　188

書式37　振込指定の依頼書　189

第5節　取引先の在庫商品から債権を回収する　189

　Ⅰ　取引先の同意のもとに自社が納入した商品を引き揚げる　189

　　1　売買契約の合意解除　190

　　2　商品の引揚げについての取引先の同意　190

書式38　返品願い書　190

　　3　ただちに商品を自社の占有下におく　190

　Ⅱ　他社が取引先に納入した商品を代物弁済として受け取る　191

書式39　代物弁済証書　191

　Ⅲ　他社が取引先に納入した商品を動産譲渡担保として差し入れさせる　192

第6章　担保権の実行による債権回収 ······················· 193

第1節　抵当権・根抵当権を実行して債権を回収する　193

　Ⅰ　担保不動産競売を申し立てる　193

　　1　担保不動産競売の方法を選択する事案　193

　　2　担保不動産競売の手続　193

書式40 担保不動産競売申立書 194

　　3　担保不動産競売申立てにかかる費用　197

　　4　任意売却の可能性　197

　Ⅱ　担保不動産収益執行を申し立てる　198

　　1　担保不動産収益執行の方法を選択する事案　198

　　2　担保不動産収益執行の手続　199

　　3　担保不動産収益執行申立てにかかる費用　199

　コラム9　抵当にとった土地の上に第三者が建物を建ててしまったら、どうすればよいの？　200

第2節　動産譲渡担保権を実行して債権を回収する　201

　Ⅰ　動産譲渡担保権の実行通知を送付する　201

書式41 譲渡担保権実行通知書 201

　Ⅱ　動産譲渡担保の目的物を引き揚げて換価処分する　202

　Ⅲ　取引先が動産譲渡担保の目的物を第三者に譲渡する危険性がある場合には、処分禁止の仮処分などの法的手続をとる　203

　Ⅳ　あらためて取引先と交渉する　203

　コラム10　集合動産譲渡担保権に基づく保険金請求権への物上代位　203

第3節　債権譲渡担保権を実行して債権を回収する　204

　Ⅰ　債権譲渡通知書の空欄を補充して、内容証明郵便で第三債務者に送付する　204

　Ⅱ　債権譲渡登記をしている場合は、第三債務者に登記事項証明書を渡す　205

　Ⅲ　第三債務者から支払いを受け、債権に充当する　205

　コラム11　債権譲渡担保権は、税金に勝てるか？　205

第4節　動産売買先取特権を実行して債権を回収する　206

　Ⅰ　動産売買先取特権が成立する場面　206

　Ⅱ　売り渡した商品が取引先の手元にある場合の実行方法　207

　　1　動産競売開始の要件　207

　　2　当該動産の提出・差押承諾文書の提出　207

　　3　担保権の存在を証する文書の提出＝動産競売開始許可　207

　Ⅲ　売り渡した商品が第三者に転売され、引き渡されてしまった場合の実行方法　208

　　1　動産売買先取特権に基づく物上代位の要件　208

　　2　転売代金の差押え　209

　　3　担保権の存在を証明する文書の提出　210

　　4　代理人弁護士への依頼　211

書式42　債権差押命令申立書（動産売買先取特権に基づく物上代位）　211

コラム12　動産売買先取特権と集合動産譲渡担保権は、どちらが強い？　212

第7章　裁判所を利用した債権回収 ……………………………………… 213

第1節　勝手な財産処分を許さない　213

　Ⅰ　保全手続　213

　Ⅱ　金銭債権を保全したいときは、仮差押えの手続をとる　214

　　1　仮差押えの手続をとる場面　214

　　2　仮差押えの要件　214

　　3　仮差押えの対象　215

　　4　保証金の準備　215

　Ⅲ　金銭債権以外の債権を保全したいときは、仮処分の手続をとる　216

　　1　仮処分の手続をとる場面　216

　　2　仮処分の要件　216

　　3　保証金の準備　216

　Ⅳ　仮差押え・仮処分をするべきか、しない方がよいか　217

第2節　訴訟をせずに、強制執行の手続をとる　217

　Ⅰ　支払督促の申立てをする　217

　　1　支払督促の申立て　217

　書式43　支払督促申立書　218

　　2　裁判所書記官による審査・支払督促正本の送達　220

　　3　督促異議の申立て　220

　Ⅱ　仮執行宣言の申立てをする　221

　　1　仮執行宣言の申立て　221

　書式44　仮執行宣言申立書　221

　　2　督促異議の申立て　222

　Ⅲ　強制執行の手続に入る前に、もう1度だけ取引先と交渉する　222

第3節　売掛金の額が少ないときは少額訴訟を利用する　222

　Ⅰ　売掛金の額が60万円以下であれば、少額訴訟を提起する　222

　　1　支払督促の弱点　222

　　2　少額訴訟の申立て　223

　書式45　訴状（少額訴訟）　224

　　3　少額訴訟の審理　225

Ⅱ　和解でまとめられるようにする　226

第4節　手形が不渡りになったときは手形訴訟を利用する　227

Ⅰ　不渡りの理由を調べて、次の行動を考える　227

1　1号不渡り　227

2　2号不渡り　227

3　0号不渡り　228

Ⅱ　裏書人がいるときは、裏書人に請求する　228

Ⅲ　手形訴訟を提起する　228

書式46　訴状（手形訴訟）　229

第5節　全面的に争う姿勢を見せているときは訴訟を提起する　231

Ⅰ　訴訟を提起するかどうかの検討　231

1　取引先に支払能力がなく、資産もない場合　231

2　支払能力があるのに、理由にならない理由をつけて支払わない場合　232

Ⅱ　訴訟提起のための証拠をそろえる　232

Ⅲ　訴訟を提起する　233

1　訴訟の提起　233

2　訴訟の大まかな流れ　233

3　訴訟の進行　233

第6節　強制的に債権を回収する　234

Ⅰ　強制執行の条件　234

Ⅱ　不動産に対する強制執行　235

1　不動産に対する強制執行の大まかな流れ　235

2　手続の流れの補足説明　235

Ⅲ　動産に対する強制執行　236

1　動産に対する強制執行の大まかな流れ　236

2　手続の流れの補足説明　236

Ⅳ　債権に対する強制執行　237

1　債権に対する強制執行の大まかな流れ　237

2　手続の流れの補足説明　238

書式47　債権差押命令申立書　239

3　少額訴訟債権執行　241

第8章　倒産時の債権回収 ……………………………………… 242

第1節　倒産情報が入ったときの対応　242

I　取引先に急行し、状況を確認する　242

1　倒産情報が入ったときの心がまえ　242

2　状況の確認が第一歩　242

II　在庫商品などの引揚げを検討する　244

1　在庫商品などを引き揚げるときの注意点　244

2　取引先が法的整理の申立てをする場合、あるいは申立てをした場合　245

III　取引先との債権債務関係を調査する　245

1　社内でまずすること　245

2　債権・債務のチェックポイント　245

3　チェック方法　247

IV　回収できるものは回収する　248

1　取引先が倒産状態にあっても、取引先から回収することは可能　248

2　詐害行為取消権の対象となる危険性　248

第2節　取引先が破産手続に入ったときの流れ　248

I　破産手続内でも債権回収は可能　248

II　破産手続の大まかな流れ　249

1　破産手続開始申立て　249

2　破産手続開始決定　249

3　破産管財人選任　249

4　破産手続において債権者がすべきこと　250

5　破産手続において破産管財人がすること　250

6　債権者集会・債権調査期日　250

7　配当　251

第3節　破産手続における債権回収　253

I　債権届出書を提出する　253

書式48　破産債権届出書　254

1　破産債権者の表示　255

2　事務担当者名　255

3　代理人　255

4　届出破産債権　255

5　別除権の種類および訴訟の有無　256

Ⅱ　相殺　256

　1　相殺の可能性のチェック　256

　2　内容証明郵便で相殺通知を送付する　257

　3　相殺が制限される場合がある　257

Ⅲ　担保権（別除権）　257

　1　担保権の実行　257

　2　配当手続への参加　258

Ⅳ　破産管財人から配当を受ける　259

　1　配当手続の大まかな流れ　259

　2　配当を受けるときの注意点　260

　コラム13　債権者集会に欠席したとき、その後どうすればよいか？　260

第４節　取引先が民事再生手続に入ったときの流れ　261

Ⅰ　民事再生手続の大まかな流れ　261

　1　再生手続開始申立て　261

　2　保全処分・監督委員選任　261

　3　債権者説明会・再生手続開始決定　262

　4　民事再生手続において債権者がすべきこと　262

　5　民事再生手続において債務者がすること　262

　6　債権者集会・書面投票　263

　7　可決・認可　263

　書式49　保全処分　265

　書式50　監督命令　266

Ⅱ　債権者説明会に出席する　267

Ⅲ　債権者説明会の大まかな流れ　267

　1　受付　267

　2　資料の配布　267

　3　債権者説明会の開催　268

Ⅳ　債権者説明会でのチェックポイント　268

　1　取引先の現状、財産状況、今後の方針　268

　2　取引先が破産した場合の配当率の見込み　268

　3　取引先が再生した場合の配当率の見込み　269

　4　いくらまでの債権が少額債権として弁済を受けられるか　269

　5　他社の動向　270

第 5 節　民事再生手続における債権回収　270

　I　民事再生手続での債権者の立場　270

　II　再生債権　270

　　1　原則　270

　　2　例外　271

　　3　債権届出書の提出　271

　　4　相殺　271

　III　別除権　272

　　1　原則　272

　　2　例外（その 1 ）＝別除権協定　272

　　3　例外（その 2 ）＝担保権消滅請求　272

　　4　例外（その 3 ）＝担保権の実行手続の中止命令　273

　　5　再生計画による弁済　273

　IV　共益債権　274

　　1　原則　274

　　2　双方未履行双務契約の主張による共益債権化　274

　V　一般優先債権　274

　VI　再生計画による債権カットの対象　275

　VII　再生計画に従って支払いを受ける　275

　　1　再生計画の可決要件　275

　　2　再生計画の種類　275

　　3　再生計画に基づく弁済　276

　コラム14　取引先が倒産しても保証人には請求できるの？　276

参考文献　278

事項索引　280

執筆者紹介　284

書式一覧

書式 1　（会社法人用）登記事項証明書、登記簿謄抄本交付申請書の見本　44

書式 2　商業登記簿謄本（履歴事項全部証明書）の見本　47

書式 3　（不動産用）登記事項証明書、登記簿謄本・抄本交付申請書の見本　57

書式 4　土地登記簿謄本（全部事項証明書）の見本　62

書式 5 　建物登記簿謄本（全部事項証明書）の見本　66

書式 6 　取引基本契約書　70

書式 7 　取引基本契約書（所有権留保条項つき）　77

書式 8 　所有権留保特約つき売買契約書　82

書式 9 　取引基本契約書（保証金条項つき）　88

書式10　取引基本契約書（連帯保証条項つき）　94

書式11　残高確認依頼書（残高確認書）　103

書式12　約束手形（表面）の見本　105

書式13　約束手形（裏面）の見本　106

書式14　協議を行う旨の合意書　113

書式15　根抵当権設定契約書　120

書式16　動産譲渡担保権設定契約書　124

書式17　集合動産譲渡担保権設定契約書　128

書式18　集合債権譲渡担保権設定契約書　134

書式19　債権質権設定契約書　139

書式20　連帯保証書　148

書式21　債務確認書　152

書式22　内容証明郵便　154

書式23　債務弁済契約書　159

書式24　準消費貸借契約書　160

書式25　相殺通知書　168

書式26　相殺契約書　170

書式27　債権譲渡契約書　174

書式28　債権譲渡通知書　177

書式29　第三債務者の承諾書　178

書式30　譲渡人である取引先への支払いを求める請求書　179

書式31　供託所への供託を求める請求書（通常の場合）　180

書式32　民法466条の 2 第 1 項に基づく供託書　182

書式33　供託所への供託を求める請求書（破産手続開始決定があった場合）　183

書式34　民法466条の 3 に基づく供託書　184

書式35　代理受領委任契約書　185

書式36　代理受領委任状　187

書式37　振込指定の依頼書　189

書式38　返品願い書　190

書式39　代物弁済証書　191

書式40　担保不動産競売申立書　194

書式41　譲渡担保権実行通知書　201

書式42　債権差押命令申立書（動産売買先取特権に基づく物上代位）　211

書式43　支払督促申立書　218

書式44　仮執行宣言申立書　221

書式45　訴状（少額訴訟）　224

書式46　訴状（手形訴訟）　229

書式47　債権差押命令申立書　239

書式48　破産債権届出書　254

書式49　保全処分　265

書式50　監督命令　266

コラム一覧

コラム１　もっと簡単に登記の内容を確認できないか？　45

コラム２　取引の相手が個人の場合は？　54

コラム３　新型コロナウイルス対応　74

コラム４　留保した所有権を行使するための要件　85

コラム５　１番抵当権をとっていても税金には勝てない？　123

コラム６　電子内容証明郵便　157

コラム７　手形債権でも相殺できる？　171

コラム８　相殺が制限される場合がある？　172

コラム９　抵当にとった土地の上に第三者が建物を建ててしまったら、どう
　　　　　すればよいの？　200

コラム10　集合動産譲渡担保権に基づく保険金請求権への物上代位　203

コラム11　債権譲渡担保権は、税金に勝てるか？　205

コラム12　動産売買先取特権と集合動産譲渡担保権は、どちらが強い？　212

コラム13　債権者集会に欠席したとき、その後どうすればよいか？　260

コラム14　取引先が倒産しても保証人には請求できるの？　276

第 1 部

債権回収の流れを
大きくつかむ

第1章 債権回収の基本的な流れ

商取引および債権回収の基本的な流れを確認します。

I キーワード

本書を読み始めるにあたって、まず次のキーワードを覚えてください。

> 「売上げなくして利益なし」
> 「回収なくして売上げなし！」

　このキーワードこそが「債権回収の基本のき」です。このキーワードの意味を実感として理解できるようになることが目標です。

　この目標を達成するための第一歩として、債権回収の流れを大きくつかむことから始めましょう。債権回収の勉強をする際には、「今自分は債権回収全体の流れのなかの、どの部分の勉強をしているのか」と、常に債権回収全体の流れを意識していると、新しい知識をより効率的に身につけることができます。

II 商取引の基本的な流れ

　商品の売買やサービスの提供を行っている業種の場合、基本的な商取引の流れを分解すると次のようになります。

```
        1           2              3
 発注 ⇒ 受注 ⇒ 納品 ⇒ 請求書発行 ⇒ 代金支払い
            （サービスの提供）
    《契約の成立》 《売掛債権の発生》  《売掛債権の回収》
```

1 契約の成立

契約（基本用語（p.6））は、取引相手が商品やサービスの提供を注文（発注）し、その注文を受ける（受注）と、その時に成立します。

契約書を作成せず、口約束をしただけでも契約は成立します。

2 売掛債権の発生

注文に基づいて取引相手に商品を納品したり、サービスを提供すると、取引相手に対し代金を請求することができます。

商品の納品やサービスの提供と同時に代金を支払ってもらえれば問題はありませんが、「支払いは後で」ということもよくあります。このようなときに、売掛債権（基本用語（p.6））が発生します。

3 売掛債権の回収

その後、取引相手に対し請求書を発行し、代金を支払ってもらいます。請求額全額を支払ってもらったときに売掛債権の回収は終了し、1つの商取引はすべて終了することになります。

Ⅲ 債権回収の基本的な流れ

商取引の流れを債権回収という視点でとらえると、次のように分解できます。

```
        1              2              3
    契約の成立  ⇒  売掛債権の発生  ⇒  売掛債権の回収
    《取引の開始》    《債権管理》      《債権回収》
```

1 取引の開始

取引を開始するときには、相手が信用できる会社あるいは人物であるかどうかを調査します。そして、しっかりとした契約書を作ります。後日、債権回収に問題が生じることを予防するためです。

2 債権管理

取引を継続していくうちに取引先の経済状態が悪化し、債権を回収できなくなる危険性があります。

取引継続中は債権をしっかりと管理し、債権回収に支障が生じないようにします。

　わが国は法治国家ですから、相手方との争いについては、最終的には訴訟（基本用語（p.6））で決着をつけます。訴訟に勝つためには、証拠が必要です。債権管理（基本用語（p.6））にあたっては、「訴訟に勝てるように証拠を集め、整理しておく」という意識をもつことが肝要です。

3　債権回収

　取引先が約束どおりに支払ってくれないときに、どうやって支払わせるかが、債権回収のヤマ場です。

　債権回収の基本的な流れは、次のようになります。

```
         (1)              (2)              (3)
      任意の回収　⇒　担保による回収　⇒　強制的な回収
```

(1)　任意の回収

　取引先の協力を得て、裁判手続によらずに債権を回収することを任意の回収といいます。裁判手続などをとるよりも費用がかかりませんから、まず取引先と話し合って債権を回収することをめざします。

(2)　担保による回収

　取引先が約束どおりに支払わないときに備えて担保（基本用語（p.6））を取得します。担保が取得できた場合には、担保権を行使することによって債権を回収することができます。

　担保を取得していると、「約束どおりに支払わないと、担保権を行使するぞ！」と取引先に圧力をかけることができますので、任意の回収もしやすくなります。また、各種倒産手続において担保権は優先されていますので、取引先が倒産（基本用語（p.38））した場合でも、有利な立場に立つことができます。

(3)　強制的な回収

　取引先が協力的ではないし担保も取得していない、という場合には、裁判所に訴訟（基本用語（p.6））を起こして勝訴判決（基本用語（p.7））をもらいます。そのうえで、取引先の財産に対して強制執行（基本用語（p.7））をし、強制的に債権を回収します。

●基本用語の解説●

「売上げなくして利益なし」：会社が利益をあげるには、まず何よりも売上げを
あげることが必要である。売上げをあげて、原価や必要経費を差し引いた残り
が利益となる。たとえば、1,000万円の商品を販売し、原価と必要経費が800万
円かかったとすると、1,000万円－800万円＝200万円が利益となる。200万円
の利益があがったのは、1,000万円の売上げがあったからである。「売上げなく
して利益なし」とは、このことを意味している。

「回収なくして売上げなし！」：1,000万円の商品を販売した時点で、会計上は
1,000万円の売上げが計上される。しかし、会社の「利益」という観点からみた
場合、1,000万円の商品を販売し、1,000万円の売掛債権（基本用語（p.6））が発
生しただけであり、その時点では何らの利益も得ていない。もし1,000万円の
売掛債権を回収できなければ、会社は利益を得るどころか、原価と必要経費
800万円の損害を被るうえ、債権回収のためのコストもかかるなど、莫大な損
失を計上する結果となってしまう。あくまでも1,000万円の売掛債権を回収す
るからこそ会社は200万円の利益を得るのである。
　「売上げなくして利益なし」ではあるが、売掛債権を回収しなければ、会社は
利益を得られない。したがって、「回収して初めて売上げがあがった」と考える
必要がある。「回収なくして売上げなし！」とは、このことを意味している。

債権（債務）：商品を売った場合、売主は買主に「代金を支払え」と要求できる。
このように、相手に一定の行為をするように要求できる権利を「債権」という。
　逆に、買主が売主に対して代金を支払う義務を負うように、相手に対し一定
の行為をしなければならない義務を「債務」という。

物権（担保物権）：自分が買った物であれば、どのように使おうが、すべて自分
の自由にできる。このように特定の物を使ったり、処分したりできる権利を
「物権」という。物権の典型的なものが所有権である。
　また、相手が代金を支払わない場合に、他人が所有する物を競売（基本用語
（p.27））して強制的に債権を回収できる権利もある。このような債権を担保
（基本用語（p.6））するための物権を「担保物権」という。

債権回収：相手から商品やサービスの代金を支払ってもらうこと、あるいは強
制的に取り立てることを「債権回収」という。
　ここでいう「債権」は、「売掛債権」（基本用語（p.6））のこと。

契約：相手と取り交わす法律上の約束のこと。100万円の商品の売買契約が成立した場合、売主はその商品を納品期日までに納品しなければならないし、買主は支払期日までに100万円を支払わなければならないなど、お互いにその契約の内容に拘束される。

売掛金（売掛債権）：売主が商品を売ったが、まだ買主から代金を受け取っていない状態を「売掛け」（うりかけ）、売掛けになっている代金を「売掛金」（うりかけきん）という。

　売掛金の支払いを要求できる権利を「売掛債権」（うりかけさいけん）というが、売掛金と売掛債権を特に区別せずに使うこともある。

買掛金（買掛債務）：買主が商品を買ったが、まだ売主に代金を支払っていない状態を「買掛け」（かいかけ）、買掛けになっている代金を「買掛金」（かいかけきん）という。買掛金の支払いをしなければならない義務を「買掛債務」（かいかけさいむ）という。

期限の利益（期限の利益喪失）：「商品を買ったが、支払期限がくるまでは代金を支払わなくてもよい」というように、期限の猶予を与えられることによって得られる利益のことを、「期限の利益」という。

　「期限の利益喪失」とは、期限の利益を与えている相手に一定の事情が生じたときに、期限の利益を失わせ、支払期限を前倒しすること。

債権管理：取引額の増減や入金状況、取引相手の経済状態の変化などに注意したり、場合によっては取引を中止したりするなど、相手との取引に関し適切な処置を講じていくこと。取引相手との紛争は最終的には訴訟で決着をつけるため、訴訟で勝てるように証拠を集め、整理しておくことも重要。

担保（担保権）：債務者が代金を支払えなくなったとき他の債権者に優先して債権を回収できるようにするため、債務者の所有物をお金にかえて支払ってもらえるようにしたり、誰かに保証人になってもらってその人から代金を支払ってもらえるようにしたりしておくことがある。

　このような目的で、債務者から債権者に提供されるものを「担保」、担保についての権利を「担保権」という。

訴訟：相手と争いが生じたときに、裁判所に自分の主張を認めてくれるように求め、これに対して裁判所が両者の言い分を聞いて判断を下す手続。「裁判」と

同じ。

勝訴判決：裁判所が自分の請求を認めてくれた判決のこと。「裁判に勝った」ということ。

強制執行：裁判所などが、相手の財産を差し押さえたり、引渡しを受けたりして、相手から強制的に債権を取り立てること。
　また、相手の財産に強制執行をすることを「強制執行をかける」という。

第2章 取引を開始する

　取引相手の情報収集方法と、契約書を作成し、権利を保全する流れを説明します。

I　取引相手を知る

債権回収の第一歩は、取引相手の情報収集から始まります。

取引相手が会社か、個人かで、多少情報収集の仕方が違います。

1　取引相手が会社の場合

① 相手の商業登記簿謄本（基本用語（p.10））を入手して、会社の概要を調べます。

② 相手の不動産登記簿謄本（基本用語（p.10））を入手して、どのような不動産をもっているかを調べます。

　これにより、相手の財産状況がある程度推測できます。

　そして、いざというときに、その不動産から債権回収することができるかを判断します。

③ さらに重要なことは相手から直接情報をとることです。

　相手の代表者（あるいは経営の中心人物）と面談し、その性格や資質を見極め、取引の動機を調査してその信用性を判断します。

　また、相手の内部資料など、もらえる資料は取引を開始する前にすべてもらいます。

　さらに、相手の本社や営業所、工場に直接行って、その様子を観察し、実態をつかみます。

2　取引相手が個人の場合

① 免許証やパスポート、住民票などで、取引相手が誰なのかをはっきりさせます。

② また、相手の勤務先を聞き出します。

これは、最終手段として、相手の給料に対して強制執行（基本用語 (p.7)）をすることができるようにするためです。

③ 相手が不動産をもっている場合には、不動産登記簿謄本を入手して調べます。

Ⅱ 契約書を作る

1 契約の内容

相手が一応信用できることがわかったら、次に契約（基本用語 (p.6)）の内容をつめます。

継続的な取引の開始の時点では、基本的な内容だけを決めて、細かい点は個々の取引の時にそのつど決めるということもよくあります。

2 契約書の作成

契約の内容について合意し、その内容を契約書または取引基本契約書（基本用語 (p.10)）にまとめます。担保（基本用語 (p.6)）をとることができたときは、担保についても契約書にまとめます。

基本的にはこの契約書に従って、債権回収を進めることになります。

また、訴訟（基本用語 (p.6)）によって債権回収を図ることもあります。その場合の勝敗は証拠によって左右されます。

訴訟において、契約書はきわめて重要な証拠になりますから、取引を開始する段階で、しっかりとした契約書を作成しなければなりません。

Ⅲ 権利を保全する

担保（基本用語 (p.6)）をとることができても、それだけでは担保権を守ることはできません。

抵当権（基本用語 (p.11)）や根抵当権（基本用語 (p.11)）のような不動産に関する担保権については、登記（基本用語 (p.10)）が対抗要件（基本用語 (p.10)）になっています。

根抵当権設定契約などをしただけで登記をしないままにしておくと、その後に根抵当権設定契約をして根抵当権の登記をした者に優先されてしまいます。

担保をとったときは、ただちに登記をするなど、対抗要件を備えて、第三者から担保権を守る必要があります。

●基本用語の解説●

登記（登記簿）：会社に関する情報や不動産の権利に関する情報などを、登記簿という公式の帳簿に書き入れることを「登記」という。

抵当権（基本用語（p.11））を設定した場合には、抵当権の登記をすることにより、第三者に対しても抵当権を有していると主張できる。

商業登記簿（商業登記簿謄本）：会社の商号、本店所在地、目的、役員に関する事項など、会社に関する基本的な情報を記載した登記簿を「商業登記簿」という。

商業登記簿は各地に設置されている法務局（「登記所」とよばれることもある）に備え付けてある。商業登記簿の内容を確認することにより、その会社の基本的な情報を入手できる。

商業登記簿の写しを「商業登記簿謄本」という（書式2（p.47～））。

不動産 ⇔ 動産：土地と建物のことを「不動産」という。「不動産」以外の形のある物は、すべて「動産」である。「不動産」であるか「動産」であるかによって、所有権や担保権（基本用語（p.6））を守る方法や、強制執行（基本用語（p.7））の方法などが異なる。

不動産登記簿（不動産登記簿謄本）：不動産の所在地や面積、不動産の権利関係に関する事項などを記載した登記簿を「不動産登記簿」という。

「不動産登記簿」は、法務局に備え付けてある。不動産登記簿の内容を確認することにより、その不動産の基本的な情報を入手できる。

不動産登記簿の写しを「不動産登記簿謄本」という（書式4（p.62～）、書式5（p.66））。

取引基本契約書：同じ相手と継続的に取引することになった場合、取引のたびに細かな契約書を作成することはわずらわしい。そのため、取引を開始する時点で、毎回共通する条件は継続的取引のすべてに適用される契約書で決定してしまい、個別の取引ではそのつど異なる事項だけを決めることが多い。この継続的取引のすべてに適用される契約書を「取引基本契約書」という（書式6（p.70～））。

対抗要件：不誠実な売主が同一の物を2人以上の者に売り渡し、買主が互いに「自分こそが権利者である」と主張することもある。そのようなとき、法律でど

ちらの買主を真の権利者と認めるかの基準を定めていることがある。

このような、自分が権利者であることを他人に主張できるようにするための基準となるものを「対抗要件」という。

不動産に関する物権の変動については、どちらが先に登記（基本用語（p.10））をしたかが「対抗要件」。動産に関する物権の変動については、どちらが先に引渡しを受けたかが「対抗要件」。債権譲渡（基本用語（p.23））については、どちらが先に確定日付（基本用語（p.22））のある証書による通知をし、あるいは承諾を得たか、または債権譲渡登記をしたかが「対抗要件」とされている。

抵当権：不動産を対象とする担保物権（基本用語（p.5））の一種。相手から支払いを受けられない場合、債権の担保のために提供された不動産を競売（基本用語（p.27））したり、その不動産の賃料を差し押さえたりすることにより、他の債権者に先立って債権の弁済を受けることができる。

同じ不動産に複数の抵当権を設定することもできる。その場合、抵当権者間の優先順位は、登記の順序で決まり、順に「1番抵当」「2番抵当」などとよぶ。

根抵当権（ねていとうけん）：不動産を対象とする担保物権の一種。他の債権者に先立って債権の弁済を受ける方法は抵当権の場合と同様。

継続的に取引をする場合、納品すれば債権が発生し、代金の支払いを受ければ債権が消滅する、というサイクルを繰り返すことになる。しかし、抵当権は1つの債権を担保するために設定するものであり、抵当権を設定した後に発生した債権を担保できない。そのため、継続的取引の場合には、抵当権は担保権として不適当である。

これに対し、根抵当権は継続的取引関係から生じる多数の債権について、あらかじめ一定の限度額（極度額（きょくどがく））を定めておいて、その範囲内で将来確定する債権額を担保するものである。継続的取引をするときは根抵当権を利用する必要がある。

第3章 債権を管理する

債権管理のポイントと手形・小切手の概略を説明します。

Ⅰ 取引の記録がすぐに取り出せるように保管する

1 取引先ごとに取引の記録を整理する

立派な契約書ができても、その後の債権管理（基本用語（p.6））をおろそかにしていると、結局、債権を回収することができなくなります。

債権管理の基本は、現在その取引先にどれだけの債権があるのか、いつ回収できる予定なのか、取引先が予定どおりに支払わないときにどのような手段で回収できるのかを常に把握しておくことです。

そのためには、取引先ごとに取引の記録を整理しておく必要があります。

2 取引の記録がすぐに取り出せるように保管する

取引先に対して仮差押え（基本用語（p.16））や仮処分（基本用語（p.16））を利用する必要が生じた場合や取引先が倒産（基本用語（p.38））したときは、一刻も早く書類をそろえて債権回収のスタートを切らなければなりません。

そのためには、記録は整理しておくだけではなく、すぐに取り出せるようにしておくことが必要です。

また、訴訟（基本用語（p.6））になったときは、証拠となる書類がそろっているかどうかが勝敗の分かれ目になります。

証人の証言も証拠になりますが、その裏づけとなる書類が1つもないと、裁判官はなかなかその証言を信用してくれません。

債権回収の最終手段は、取引先を相手に訴訟を起こして強制的に債権を回収することです。債権の管理にあたっては、「訴訟になっても絶対に勝てるように証拠をそろえておく」という意識を持たなければなりません。

II 入金の状況をチェックする

　取引の記録を整理しておくだけでは、債権を確実に回収することはできません。

　取引先に請求すべき時期に請求すべき金額を請求し、回収予定日に請求した金額が入金されているかどうかを、そのつどチェックすることが必要です。

　予定どおりに入金されていなかったときはすぐに取引先に連絡し、入金するように催促します。請求もれなどの問題があることが判明したときは、ただちにその問題点を修正し、支払いを求めます。

　入金状況のチェックを怠ると、どうして予定どおりに入金されなかったのか、責任はどちらにあったのか、などがわからなくなり、容易に回収できたはずの債権が回収できなくなる危険性があります。

III 与信限度額を守る

　債権を確実に回収するために重要なことは、与信限度額（基本用語 (p.15)）を設定し、売掛金の額がこの与信限度額を超えないようにすることです。

　与信限度額の設定は取引先の資力にあった取引をするためのものです。与信限度額を定めないと、取引先から注文されるままに商品を出荷してしまい、取引先が支払いきれないほどの多額の売掛金を抱えることになりかねません。

　また、営業マンなどに「取引継続中はこの与信限度額を守る」という意識を持たせる必要があります。売上げをあげたいがため過大な注文を受け、結局多額の売掛金を焦げつかせてしまうおそれがあるからです。

IV 債権が時効で消滅しないように注意する

1 債権の消滅時効

　長期間債権を回収できないままでいると、その債権が時効（基本用語 (p.15)）により消滅してしまうことがあります。

　債権が時効で消滅する前に、何としても債権を回収しなければなりません。

　債権を時効で消滅させることは、支払うべき代金を支払わない不誠実な相手に、代金を支払わない法律上の根拠を与えてしまうことを意味します。

　債権を管理する立場にある人にとってはきわめて重大なミスであり、取り返しがつかないことになります。

2 消滅時効期間

債権は、原則として、①債権者が権利を行使できることを知った時から5年間行使しないとき、または②権利を行使することができる時から10年間行使しないとき、のいずれか早い方の経過によって時効が完成し、権利が消滅してしまいます（民法166条1項）。

ただし、消滅時効期間を経過しても、相手方が時効を援用（基本用語 (p.16)）するまでは、権利を主張することはできます（民法145条）。

なお、不法行為による損害賠償請求権および人の生命・身体侵害による損害賠償請求権については、消滅時効期間が異なります（民法167条、724条、724条の2）。また、手形（基本用語 (p.17)）や小切手（基本用語 (p.17)）に関する債権については、民法の適用はなく、手形法、小切手法によって独自の消滅時効期間が定められています（手形法70条・77条1項8号、小切手法51条）。

3 時効により債権が消滅することを阻止する

債権を時効で消滅させないように注意していても、消滅時効期間内に債権全額を回収できるとは限りません。

その場合には、時効により債権が消滅することを阻止する必要があります。

そのための制度として、「時効の完成猶予」（基本用語 (p.17)）と「時効の更新」（基本用語 (p.17)）があります。

債権が時効により消滅する前に、時効の完成猶予または時効の更新の措置を取らなければなりません。

Ⅴ 手形・小切手のしくみを理解する

手形（基本用語 (p.17)）と小切手（基本用語 (p.17)）について、資金不足を理由に6か月以内に2回不渡り（基本用語 (p.18)）を出すと、その振出人（基本用語 (p.17)）はその日から2年間銀行取引停止処分を受け、事実上倒産してしまいます。

そのため、振出人は何としてでも支払期日に手形金・小切手金を支払おうとしますので、単に売掛債権を有しているよりも手形・小切手を発行してもらった方が債権回収にとって有利です。

また、万が一、その手形・小切手が不渡りになったとしても、裏書人（基本用語 (p.17)）がいれば、その裏書人に遡求（基本用語 (p.18)）することができます。

そのためには、通常の約束手形の場合、支払期日とこれに続く2取引日に支払呈示（基本用語（p.18））しなければなりません。通常の小切手の場合には、支払呈示期間は振出の日付から10日間と定められています。

　有効に支払呈示したにもかかわらず、振出人・裏書人が支払ってくれないときは、手形訴訟（基本用語（p.18））を起こして支払いを求めることができます。

　手形訴訟は通常の訴訟よりも簡易迅速に手続が進められます。

　このように、手形・小切手はこれを受け取った側に有利になるように工夫されています。

　なお、最近では、手形・小切手にかわるものとして、電子記録債権（基本用語（p.18））も普及してきています。

手形取引の大まかな流れ

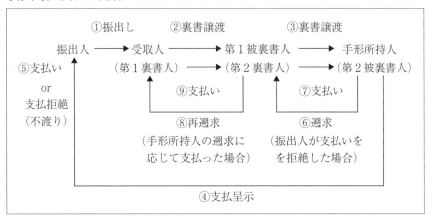

　●基本用語の解説●

与信限度額：相手を信用して商品を先に渡し、代金を後から受け取ることにしたり、金銭を貸し付けたりすることを「与信」という。
　「与信限度額」とは、その取引先ごとに定めた売掛金の額や貸付金の額の上限。

時効（消滅時効）：他人の物を自分の物のように使い続けていると、第三者からは使っている人の所有物のように見える。また、代金を支払っていないが、請求すらされない状態が続くと、もはや支払わなくてもよいように思える。このようにある事実状態が一定期間継続した場合、その事実状態に即した法律効果を与える制度を「時効」という。

時効には、一定期間占有することによって、その所有権を取得できる「取得時効」と、債権などを一定期間行使しないでいると、権利自体が消滅する「消滅時効」とがある。

　債権管理・回収の場面で問題になるのは、ほとんどが「消滅時効」。

商事債権・民事債権：債権者・債務者の双方または一方が商人である場合、その商取引によって生じた債権を「商事債権」という。債権者・債務者の双方が商人ではない場合には、その債権を「民事債権」という。

時効の援用：債務者が債権の消滅時効の完成を債権者に主張すること。

差押え：強制執行（基本用語（p.7））手続において、目的財産に対する債務者の処分権を制限すること。債務者が売掛金を差し押さえられた場合には、債務者は売掛金の支払いを受けることができなくなり、差押債権者がその売掛金から債権を回収することができる。

仮差押え：訴訟を起こして売掛金を回収しようとする場合、訴訟中に相手が財産を隠したり、処分してしまったりすることがある。そうすると、勝訴判決をもらっても強制執行の対象となる財産がなく、結局売掛金を回収できなくなるため、これを防止する必要がある。

　このように「金銭の支払いを目的とする債権」について、将来強制執行ができなくなるおそれがあるときに、訴訟を起こす前に債務者の財産を現状のままにしておくための手続を「仮差押え」という。

仮処分：相手と特定の商品の売買契約を締結したのに、相手が商品の引渡しに協力せず、勝手に第三者に売却してしまったりすることがある。このような事態が生じないように、あらかじめ防止策を講ずる必要がある。

　このように「金銭の支払いを目的とする債権以外の債権」について、相手に権利の実現を妨害させないようにする手続を「仮処分」という。

承認：他人の物を使い続けている者が、「実はこれは○○さんの物で私の物ではありません」と認めたり、代金をずっと支払わないでいた者が、「未払代金が○○万円あります」と確認したりするように、時効の利益を受けることができる者が、権利の不存在（取得時効の場合）または権利の存在（消滅時効の場合）を権利者に対して表示することを「承認」という。

催告：裁判外で、債権者が債務者に対して支払いを請求すること。書面でも口頭でも、電話での請求でもかまわない。

時効の完成猶予：一定の事由がある場合に、その事由が発生しただけでは時効期間の進行自体は止まらないが、本来の時効期間の満了時期を過ぎても、その事由の終了または消滅から一定期間を経過するまでは時効が完成しないこと。

時効の更新：一定の事由の発生によって、それまで進行してきた時効期間の経過が無意味なものとなり、新たに０から時効期間の進行が始まること。

協議を行う旨の合意による時効の完成猶予：「権利についての協議を行う」旨の合意を「書面」でした場合に、①当該合意があった時から１年を経過した時、②当該合意において当事者が協議を行う期間（１年に満たないものに限る）を定めたときは、その期間を経過した時、または、③当事者の一方が相手方に対して「協議の続行を拒絶する」旨の「書面」による通知をした時から６か月を経過した時のいずれか早い時までの間は、時効は完成しないとするもの。

手形：100万円の商品を買ったときに、すぐに支払うのではなく、60日後に支払うことにする、などという場合に、「あなた、またはあなたが指名した人に60日後に100万円を支払います」という約束を記載し、一定の形式で発行される有価証券を「手形」（約束手形）という（**書式12**（p.105）、**書式13**（p.106））。

小切手：あらかじめ銀行にお金を預けておき、商品を買ったときには、現金で支払わずに、銀行から売主に支払ってもらうようにする場合、銀行に支払いを委託する形式で発行される有価証券を「小切手」という。
　　実務上は実際に発行した日ではなく将来の日付を振出日として記載した小切手も利用されており、そのような小切手を「先日付小切手」（さきひづけこぎって）という。

振出人（振出し）・受取人：手形・小切手を発行する行為を「振出し」（ふりだし）、手形・小切手の振出しをする者として手形・小切手に署名した者を「振出人」（ふりだしにん）という。
　　また、手形・小切手の振出しを受ける者として、手形・小切手に記載された者を「受取人」という。

裏書人（裏書）・被裏書人：手形上の権利を譲渡する行為を「裏書」（うらがき）

といい、手形上に裏書をした者を「裏書人」（うらがきにん）、裏書を受けた者を「被裏書人」（ひうらがきにん）という。通常は、手形の裏面に手形上の権利を譲渡する旨を記載するので、この名称がついている（**書式 13**（p.106））。

　被裏書人がさらに裏書することもできるが、裏書人はそれぞれその後者全員に対して、原則として支払いを担保する義務（償還義務）を負う。

　すなわち、振出人が手形金を支払わないときには、裏書人が支払わなければならない。

遡求（そきゅう）：手形の所持人が振出人から手形金の支払いを受けられないことがある。そのようなときに、手形の所持人が、裏書人に対し本来の手形金の支払いにかえて一定額の支払いを請求することを「遡求」という。

　遡求に応じて支払いをした裏書人が、さらに自分より先に裏書をした者に対して遡求することもでき、これを「再遡求」という。

不渡り（ふわたり）：正規の支払呈示（基本用語（p.18））をしたのに、手形金または小切手金の支払いを拒絶されること。

　「不渡り」になる事由としては、資金不足を原因とする「第 1 号不渡事由」と手形の紛失・盗難や偽造などを理由とする「第 2 号不渡事由」がある。

　6 か月以内に 2 回の「第 1 号不渡事由」による不渡りを出すとその後 2 年間銀行取引停止処分を受けてしまう。

支払呈示：手形・小切手を持っている人が、手形金・小切手金の支払いを受けるために、手形・小切手を見せてその支払いを求めること。

　通常は、取引銀行あてに手形・小切手の取立てのための裏書（基本用語（p.17））をし、取引銀行が手形交換所にその手形・小切手を持ち込むことによって、適法な支払呈示をすることになる。

手形訴訟：手形を持っている人が簡易迅速に判決を得ることができるように工夫された、特別の訴訟制度。

　「手形訴訟」では、原則として証拠が手形や契約書などの文書に限られていることや裁判所の審理が 1 回だけで終わることなどの特色がある。

電子記録債権：権利の発生または譲渡について、電子記録債権法の規定による電子記録を要件とする金銭債権（基本用語（p.33））のこと。

　手形と同様の機能をもつが、権利を分割して譲渡できることや、印紙税がかからないことなど、手形と比較してメリットがある。

第4章　話し合いによって債権を回収する

　話し合いによる債権回収のポイントと取引先に支払いの約束を守らせる方法を説明します。

I　取引先に請求することから始める

　入金状況を確認し、支払いが遅れていることを発見したら、まず、取引先に支払いが遅れていることを伝え、すぐに支払ってくれるように請求する必要があります。

　再度請求書を送るのでもよいですし、営業担当者が口頭や電話で請求するのでもかまいません。

　それでも支払いに応じないときは、憶することなく執拗に請求を繰り返します。

　通常の請求書や口頭での請求では効果があがらないときは、内容証明郵便（基本用語（p.22））で請求します。

　倒産していないうちは、取引先に資金がまったくない、ということはありません。すべての取引先に約束どおりに支払うだけの資金はない、というだけです。取引先は支払いの優先順位をつけ、優先順位の高いところから支払っているはずです。

　執拗に請求を繰り返すことにより、取引先に自社の優先順位をあげさせることができれば第1段階としては成功です。

II　支払いを約束させたら文書化する

1　取引先に支払わせる

　取引先が「支払います」といったとしても、約束どおりに支払ってくれるとは限りません。執拗な請求から逃げるために、とりあえず支払うと言っているだけかもしれません。

　そのような場合には、債務弁済契約（基本用語（p.22）、書式23（p.159〜））を締結させます。

複数の債権の支払いが滞っている場合には、それらを１つにまとめて準消費貸借契約（基本用語（p.22）、書式24（p.160〜））を締結させます。

あらたに準消費貸借契約を締結することによって消滅時効期間を延長させるとともに、消滅時効期間の起算点を同一にして、時効の管理を容易にするためです。

2　取引先が持っている財産から支払いを受けられるようにする

取引先に十分な手持資金がないときは、手持資金以外の財産に着目します。

(1)　相殺

一番簡単な方法が、取引先との間で売掛金もあるが買掛金もあるという場合に、この売掛金と買掛金を相殺（基本用語（p.22））してしまうことです。

相殺すると買掛金を支払う必要がなくなります。つまり、売掛金を回収してその金銭で買掛金を支払ったのと同じ効果を得ることができます。

取引先に対し、一方的に相殺通知書（書式25（p.168〜））を送ることによって相殺することもできますし、取引先と相殺契約書（書式26（p.170〜））を作成して相殺することもできます。

(2)　債権譲渡

取引先が第三者に売掛債権を持っているときは、その売掛債権を自社に債権譲渡（基本用語（p.23））させます。

こうすることによって、第三者から支払いを受けることができます。

また、債権譲渡契約を担保として利用することもできます（債権譲渡担保）。

債権譲渡担保（基本用語（p.23））を設定したときは、債権譲渡登記（基本用語（p.23））をすると効果的です。

(3)　代理受領、振込指定

取引先の第三者に対する売掛債権について、債権譲渡制限特約（基本用語（p.23））がついている場合、債権譲渡を受けることは可能ですが、第三者から支払いを受けるのに手間がかかることがあります。

そのようなときは、取引先に代理受領（基本用語（p.23））の委任状や振込指定（基本用語（p.24））の依頼書を書かせ、債権譲渡を受けたのと同様に、第三者から支払いを受けられるようにします。

(4)　代物弁済

取引先が価値のある在庫商品などを持っているときは、代物弁済（基本用語（p.24））として、その商品を受け取ることも検討に値します。

⑸ 詐害行為取消権に注意

取引先が経済的な危機に瀕しているときに、上記のような方法で支払いを受けると、その支払いを受ける行為が詐害行為（基本用語（p.24））であるとして、詐害行為取消権（基本用語（p.24））の対象になることがあります。

その場合、受け取ったお金や物を返還しなければならなくなる危険性があります。

しかし、詐害行為にあたるかどうかは、最終的には裁判所が判断することです。債権回収の現場ではあまり神経質になることなく、回収できそうであれば1円でも多く回収するという姿勢で臨む方がよいでしょう。

その結果、詐害行為取消訴訟を提起されても、訴訟に勝てるかもしれませんし、和解により、ある程度の金額は確保できるかもしれないからです。

Ⅲ 約束を守らないときに備える

1 金銭の支払いの約束は公正証書にする

債務弁済契約書や準消費貸借契約書を作成しても、取引先が契約どおりに支払うとは限りません。

契約違反があった場合、取引先に強制的に支払わせるためには、原則として訴訟を提起し、勝訴判決を得たうえで、強制執行の手続をとる必要があります。

しかし、訴訟を提起するには費用もかかりますし、時間も労力もかかります。できることなら、訴訟を経ずに強制執行を利用したいところです。

そのためには、債務弁済契約や準消費貸借契約を締結するときに、その内容を公正証書（基本用語（p.24））にし、公正証書の規定中に「約束を破ったときは、ただちに強制執行を受けてもかまいません」という内容の文言（「強制執行認諾文言」といいます）を入れさせます。

こうしておけば、万が一取引先が約束を守らないときでも公正証書をもとに強制執行の手続をとることができます。

取引先としては、強制執行されないようにするために、できる限り約束を守ろうという意識が働きますので、より確実に債権の回収ができます。

ただし、公正証書によって強制執行の手続をとることができるのは、金銭の支払いを目的とする債権（金銭債権）についてだけです。

2 物の引渡しの約束などは即決和解を利用する

物の引渡しなどを約束させるときは、その内容を公正証書にしても、強制執

行の手続をとることができません。

このような場合には、即決和解（基本用語（p.24））を利用します。

即決和解は確定した判決と同じ効力をもちますので、相手が和解で定めた内容に従わないときは、ただちに強制執行の手続をとることができます。

●基本用語の解説●

内容証明郵便（配達証明付内容証明郵便）・確定日付：相手に請求書を送っても、「そんな請求書など知らない」ととぼけられることもある。「内容証明郵便」は、日本郵便株式会社が郵便の記載内容および差出日を証明してくれる郵便であり、内容証明郵便で請求すれば、相手の言い逃れを防ぐことができる。

また、内容証明郵便に配達証明をつけてもらえば（「配達証明付内容証明郵便」という）、相手にいつその内容証明郵便が配達されたかを日本郵便株式会社に証明してもらえる。そのため、相手が「そのような郵便は受け取っていない」と弁解することも防止できる。

「確定日付」とは、公的機関が記載した日付で、当事者が後から変更することが不可能なものをいう。「確定日付」は、公証役場で公証人から付与を受けることができるが、日本郵便株式会社が内容証明郵便に記載した日付も、当事者が後から変更することができないので、「確定日付」にあたる。

債務弁済契約（弁済）：買主が支払期日に代金を支払うなど、債務者が契約どおりに債権を消滅させる行為を「弁済」といい、現在の債務をどのように弁済していくかを定めた契約を「債務弁済契約」という。

準消費貸借（消費貸借）：金銭などを借りて、これを消費し、同種・同等・同量の物を返還する契約を「消費貸借」という。金銭の貸借は消費貸借である。

また、売買契約の買主が、未払いの買掛金を消費貸借の目的とすることに同意する場合がある。これを「準消費貸借」という。

相殺（そうさい）・自動債権・受働債権：債権者と債務者が互いに同種の債権を持っているときに、一方の意思表示によって対当額（同額）について互いの債権を消滅させること。

取引先に対し500万円の売掛金があるが、買掛金も300万円あるという場合には、相殺の意思表示をすることにより、お互いに300万円の債権が消滅する。そうすると、売掛金500万円のうち、取引先から300万円を回収したのと同様の効果があり、あと200万円を回収すればよいことになる。

相殺の意思表示をする者が持っている債権（上記の例では 500 万円の売掛金）を「自働債権」（じどうさいけん）、相殺の意思表示の相手方が持っている債権（上記の例では 300 万円の買掛金）を受働債権（じゅどうさいけん）という。

債権譲渡・第三債務者：取引先が代金を支払えないが、第三者に売掛債権を持っている場合がある。代金を支払うかわりにこの売掛債権を取引先から自社に移転させ、自社がその第三者に対する債権者となることを「債権譲渡」という。この場合、その第三者のことを「第三債務者」という。

　資金繰りが苦しい取引先が、別の債権者にも同じ売掛債権を譲渡していることもある。そのため、すぐに対抗要件（基本用語（p.10））を備える必要がある。

　債権譲渡の第三者に対する対抗要件は、①債権譲渡したことを取引先から第三債務者に対して確定日付（基本用語（p.22））のある証書で通知すること、②第三債務者が確定日付のある証書で承諾すること、③債権譲渡登記（基本用語（p.23））である。いずれか 1 つの対抗要件を備えればよい。

債権譲渡担保（集合債権譲渡担保）：代金の支払いを確実に受けられるように、担保の目的で債権譲渡をすることを「債権譲渡担保」という。また、継続的取引の当事者間で、現在の債権および将来発生する債権を一括して譲渡担保の目的物とする場合を「集合債権譲渡担保」という。

債権譲渡登記：法人が債権譲渡した場合、登記所の債権譲渡登記ファイルに債権譲渡の登記をすること。債権譲渡の第三者に対する対抗要件の 1 つ。

債権譲渡制限特約：債権者・債務者間で、その債権の譲渡を禁止し、または制限すると定めること。

　債権者がこの特約に反して債権を譲渡したときであっても、その債権譲渡は有効である（民法 466 条 2 項）。

　ただし、債権譲渡制限特約のある債権が譲渡された場合、その譲受人が債権譲渡制限特約の存在について悪意（知っていること）または重過失のときには、債務者は、譲受人に対する債務の履行を拒絶することができ、かつ、譲渡人に対する弁済や相殺のような債務を消滅させる事由をもって譲受人に対抗することができる（民法 466 条 3 項）。また、債務者は、その債権の全額に相当する金銭を供託することができる（民法 466 条の 2 第 1 項）。

代理受領：債務者が第三者に債権を持っている場合に、債権者が債務者に代わって第三者から支払いを受け、この受領した金銭を債権者の債務者に対する債権

の弁済にあてること。

債権の弁済を受領する権限があるだけで、債権を譲渡するわけではないから、債権譲渡制限特約のある債権についても利用できる。

振込指定：債務者が第三者に債権を持っている場合に、債権者が第三者から直接、債権者が指定する銀行口座に振り込んでもらう方法。

債権者はこの方法によって債権の回収ができるが、債権譲渡ではないから、債権譲渡制限特約のある債権についても利用できる。

代物弁済：債務者が債権者の承諾により、本来弁済すべきである物の代わりに、別の物を渡して債権を消滅させること。

詐害行為（詐害行為取消権）：債務者が倒産寸前の状態にあるのに、特定の債権者に対してのみ支払ったり、担保権を設定したりする場合がある。このように、債務者の財産を減少させて、すべての債権者に完全な弁済をすることができない状態にする債務者の行為を「詐害行為」という。

また、債権者が詐害行為の効力を否定して、減少した債務者の財産を取り戻すことを請求できる権利を「詐害行為取消権」という。

公正証書：公証人が当事者の依頼に基づいて、権利義務に関する事実について作成した書面のこと。

当事者間で契約書を作成するだけでも、お互いにその契約の内容に拘束されるが、契約書の内容を無視する者もいる。また、契約違反があっても、原則として訴訟を起こして勝訴判決を得ない限り、相手の財産に強制執行をすることはできない。

契約の内容を公正証書にすることにより、金銭債権については、契約違反の場合にただちに強制執行をすることが可能となる。

即決和解：民事訴訟の目的となりうる紛争があったが、当事者間で一定の合意ができた場合に、訴えを提起する前に、簡易裁判所においてされる和解のこと。「訴え提起前の和解」ともいう。

家の立退きを求める場合に、立退料の支払いを条件として立退きの合意ができたときなどに利用するのが典型。

第5章 担保によって債権を回収する

　主な担保権の実行方法について、契約によって成立する担保権と法律上当然に成立する担保権とに分けて説明します。

I　契約により成立する担保権の実行方法

1　抵当権・根抵当権

(1)　担保不動産競売

　取引先が約束どおりに支払わない場合、抵当権（基本用語（p.11））・根抵当権（基本用語（p.11））の設定を受けているときは、抵当権・根抵当権に基づいて、裁判所に担保不動産競売（基本用語（p.27））を申し立て、競売代金から債権を回収することができます。同じ不動産に複数の抵当権・根抵当権が設定されていることもありますが、その優先順位は登記の順番で決まります。

　担保不動産競売の競売代金は、1番抵当権者から順番に配当されますが、担保不動産競売の申立ては1番抵当権者でなくてもできます。

　ただし、担保不動産競売をしても1円も配当が受けられる見込みがないことが明らかな抵当権者は、担保不動産競売の申立てをすることができません。

(2)　担保不動産収益執行

　収益物件に抵当権・根抵当権の設定を受けているときは、裁判所に担保不動産収益執行（基本用語（p.27））を申し立て、担保不動産の収益（家賃など）から債権を回収することもできます。

2　所有権留保売買

　所有権留保売買（基本用語（p.27））により商品を引き渡した場合、取引先が代金の支払いを怠ったときは、所有権に基づいて売買の目的物を取り戻し、これを売買代金債権にあてることができます。

　ただし、取引先が法的整理手続（基本用語（p.38））に入ったときは、あらかじめ取引先から占有改定（基本用語（p.28））の方法などにより、対抗要件（基本用語（p.10））を備えておく必要があります。

3　動産譲渡担保・集合動産譲渡担保

　動産譲渡担保・集合動産譲渡担保（基本用語（p.28））の設定を受けているときは、担保の目的物を引き揚げて換価処分し、その処分代金を債権の弁済にあてることができます。

　取引先が担保の目的物を第三者に譲渡するおそれがあるなど、動産譲渡担保・集合動産譲渡担保の実行を妨害する危険性があるときは、裁判所に仮処分（基本用語（p.16））の申立てをして予防します。

4　集合債権譲渡担保

　集合債権譲渡担保（基本用語（p.23））をとっているときは、債権譲渡通知書の空欄部分を補充して、配達証明付内容証明郵便（基本用語（p.22））で第三債務者に対して発送します。その後、第三債務者から債権を回収します。

　また、債権譲渡登記（基本用語（p.23））をしているときは、第三債務者に対して登記事項証明書を渡して通知したうえで、債権を回収します。

5　債権質権

　敷金や入居保証金の返還請求権を債権質権（基本用語（p.28））にとっているときは、取引先の退去後、賃貸人に対し、敷金・入居保証金を自社に支払うように請求して、賃貸人から回収します。

　保険金請求権を債権質権にとっている場合に、保険事故があったときは、保険会社に対して保険金の支払いを請求して保険会社から回収します。

6　保証人からの回収

　取引先が約束どおりに支払わない場合、保証人がいれば、保証人から債権を回収することができます。

　保証には、（通常の）保証、連帯保証、根保証（基本用語（p.28））という種類があり、保証人の権利や負担する義務の範囲が異なりますが、保証人からの債権回収の方法は基本的にどの種類の保証でも同じです。

Ⅱ　法律上当然に成立する担保権の実行方法

1　動産売買先取特権

　動産（基本用語（p.10））を売買して目的物を渡したのに、売買代金を支払ってもらえない場合、民法はその動産について動産売買先取特権（基本用語

（p.29））という法定の担保権を認めています。

　動産売買先取特権の実行方法には２つあります。

　１つめは、対象となる動産が取引先のもとにある場合に、動産競売の申立てをし、配当金から債権を回収する方法です。

　２つめは、対象となる動産が転売されて、まだ転売代金が取引先に支払われていない場合に、物上代位（基本用語（p.29））によりその転売代金債権を差し押さえて、転売先から債権を回収する方法です。

2　留置権

　留置権（基本用語（p.29））には、民事留置権と商事留置権とがあり、いずれも留置物に対する競売の申立てが認められています。

　しかし、手続的にも手間がかかるので、競売による債権回収は得策ではありません。留置権によって債権回収を図るには、売掛債権を支払うまでは取引先にその留置物を返還しないことを伝え、心理的に強制する方が効果的です。

　●基本用語の解説●

担保不動産競売（競売（けいばい））：競売によって不動産担保権を実行することを「担保不動産競売」という。「競売」とは、裁判所が入札を実施し、一番高い価額の札を入れた者に対し、代金の支払いを条件に対象物件を売却すること。

　抵当権者・根抵当権者は、裁判所に納められた競売代金から配当を受けることによって債権を回収する。

担保不動産収益執行：不動産担保権の実行方法のうち、不動産から生ずる家賃などの収益を被担保債権の弁済にあてる方法。

　まず、裁判所がその不動産の管理人を選任する。管理人はその不動産を管理するほか、家賃などを取り立てることもできる。

　抵当権者などは、管理人から配当を受けることにより債権を回収する。

所有権留保売買：売買契約において、代金債権を担保するために、売買代金が支払われるまで目的物の所有権を売主のもとにとどめておく方法。

　ローンを利用した自動車の売買のときに、買主が自動車ローンを支払い終わるまで売主である販売会社がその自動車の所有者である（車検証の所有者の欄に販売会社の名称が記載される）のが典型。

　相手が代金の支払いをしないときは、所有権に基づいて目的物を取り戻すこ

とができる。

占有改定：もともと占有している動産を「今後は相手方のために占有する」と意思表示するだけで、相手方にその動産を引き渡したことになること（民法183条）。

相手方にその動産を使わせるためには現実に引渡しを受けるわけにはいかないが、対抗要件（基本用語（p.10））である「引渡し」（民法178条）を受ける必要がある場合に利用価値がある。

動産譲渡担保・集合動産譲渡担保：相手のめぼしい財産が大型工作機械などしかない場合、債権の担保のために形式上は担保権者に機械を譲渡して所有権を移転させるが、債務者にその動産の使用収益を認めることにする。これを「動産譲渡担保」という。

担保目的物の所有権は自社にあるから、相手が契約どおりに支払わないときは、目的物を引き揚げてお金にかえることができる。

また、動産譲渡担保のうち、債務者の特定の店舗や倉庫内にある在庫商品を一括して譲渡担保の目的とするような場合を「集合動産譲渡担保」という。店舗や倉庫内の個々の商品は絶えず入れ替わるが、全体として見れば一定の価値のある在庫商品が常にあり、これを担保にとりたいという場合などに利用する。集合動産譲渡担保の目的物は、①種類、②所在場所、③量的範囲の3つの基準で特定する。

質権・債権質権：「質権」とは、債権の担保として債務者などから受け取った物を占有し、債務者が支払いをしないときは、その物について他の債権者に先立って弁済を受けることができる担保物権をいう。

敷金や入居保証金の返還請求権や保険金請求権などの債権も質権の目的とすることができる。債権を質権の目的とすることを「債権質権」という。

保証・連帯保証・根保証：債務者が契約どおりに支払わない場合に、債務者（「主たる債務者」という）にかわって支払う義務を負うことを「保証」という。

保証のうち、保証人が主たる債務者と連帯して債務を負担するものを「連帯保証」という。

普通の保証では、保証人は、まず主たる債務者に催告しろと債権者に請求することができたり（「催告の抗弁権」という）、まず主たる債務者の財産に執行しろと債権者に請求することができたり（「検索の抗弁権」という）するが、連帯保証ではこれらの抗弁権はない。連帯保証人に生じた事由が主たる債務者に

対しても効力を及ぼす場合がある点も異なる。債権者としては、普通の保証よりも連帯保証の方が有利なので、第三者に保証させるのであれば連帯保証にした方がよい。

「根保証」とは、一定の継続的取引関係から発生する不特定の債務を保証することをいう。

物上保証（物上保証人）：他人の債務を担保するために自分の財産に担保権を設定することを「物上保証」といい、物上保証をした人を「物上保証人」という。保証人と違って自分が債務を負うわけではないが、担保に提供した財産を失うこともあり、実質的には保証人と同様の地位に立つ。

第三取得者：担保権の設定されている財産（多くの場合は、抵当権が設定されている不動産）の所有権を取得した人をいう。

動産売買先取特権（さきどりとっけん）：動産の売買契約をし、売主が動産を買主に引き渡したが、買主が代金を支払っていない場合、売主にはその動産から優先的に代金および利息の支払いを受けられる特権が法律上当然に認められている。これを「動産売買先取特権」という。

物上代位（ぶつじょうだいい）：担保物権（基本用語（p.5））の目的物が売却されたり、賃貸されたり、破損したりする場合がある。

このとき、担保物権の効力が売買代金、賃料、保険金などに及び、これらのものから債権を回収できることを「物上代位」という。

留置権（民事留置権）・商事留置権：他人の物を占有している者がその物に関して生じた債権を持っている場合に、その債権の弁済を受けるまでその物を留置することができる権利を「留置権」（民事留置権）という。自動車の修理をしたときに、修理代を支払ってもらうまで、その自動車を返さなくてもよいことなどがその例である。

また、商人間の商行為について認められる留置権を「商事留置権」という。

第6章　強制的に債権を回収する

裁判所を利用して強制的に債権を回収する方法を説明します。

I　まず相手の動きを止める

　訴訟を提起してもすぐに判決は出ません。判決が出るまでの間に、相手が財産を第三者に譲渡してしまったり、隠してしまったりすることもあります。

　相手の財産に強制執行をして債権を回収するためには、勝手に財産を処分したり隠したりしないように、相手の動きを止める必要があります。

　その方法として、仮差押え（基本用語（p.16））と仮処分（基本用語（p.16））とがあります。

1　仮差押え

　取引先に対する債権が売掛金などの金銭債権（基本用語（p.33））であるときは、仮差押えを利用します。

2　仮処分

　取引先に対する債権が金銭債権以外の債権であるときは、仮処分を利用します。

　もっとも、仮差押えを利用するにも仮処分を利用するにも費用と手間がかかります。その費用対効果を考え、訴訟のみを起こした方がよい場合には、仮差押えや仮処分を利用しなくてもかまいません。

II　裁判所を使い分ける

　裁判所に訴訟を提起する場合でも、相手の態度、債権の種類、債権の額などさまざまな事情によって、利用すべき裁判所および裁判制度が異なります。

1 民事調停

第三者に間に入ってもらえば話し合いで解決できそうな場合や、訴訟を提起しても証拠がそろっておらず必ず勝てるとは限らない場合などは、相手の所在地（住所地）の簡易裁判所に民事調停（基本用語（p.33））の申立てをします。

民事調停で解決できれば、訴訟と比較して費用もかかりません。

しかし、民事調停は話し合いで解決を図るのですから、ある程度の譲歩をする必要があり、1円でも多く回収したいときには適しません。

また、相手を調停期日に強制的に出席させることもできませんので、相手が全面的に争う姿勢をみせているときは民事調停の申立てをしても意味がありません。

2 支払督促

取引先に対し売掛金などの金銭債権を持っており、証拠書類もそろっているという場合には、相手の所在地（住所地）の簡易裁判所の裁判所書記官に対し、支払督促（基本用語（p.33））の申立てをします。

支払督促では、申立人の申立書類のみに基づいて裁判所書記官が支払督促状を相手に送達しますので、債権者が法廷に行く必要はありません。

支払督促に対し相手が異議の申立てをすると、通常の民事訴訟（基本用語（p.34））に移行しますが、異議の申立てがなければ、仮執行宣言（基本用語（p.34））の申立てをして、支払督促に仮執行宣言を付してもらいます。

仮執行宣言付支払督促は債務名義（基本用語（p.33））になりますから、すぐに強制執行の手続をとることができます。

3 少額訴訟

金銭債権があるがその金額が60万円以下の場合には、相手の所在地（住所地）の簡易裁判所に対し、少額訴訟（基本用語（p.34））を起こします。

少額訴訟では、原則として1回の審理で証拠や証人を調べ、判決が出ます。

判決が出ると、強制執行の手続をとることも可能になりますが、債権額が少額なので、強制執行の手続をとると費用倒れに終わる危険性があります。

そのため、和解で解決を図った方が得策である場合もあります。

4 手形訴訟

受け取った手形が支払期日に決済されなかった場合、その手形の振出人（基

本用語（p.17））、場合によっては裏書人（基本用語（p.17））を被告（基本用語
（p.35））として、手形訴訟（基本用語（p.18））を起こします。

5 通常の民事訴訟

簡易な訴訟を利用できないときは、通常の民事訴訟を起こします。

その場合、請求額（訴額（そがく）といいます）が140万円以下のときは、（原則として）相手の所在地（住所地）の簡易裁判所に訴訟を起こします。

請求額（訴額）が140万円を超えるときは、（原則として）相手の所在地（住所地）の地方裁判所に訴訟を起こします。

III 最後は強制執行で決着をつける

訴訟で勝訴判決（基本用語（p.7））を得て確定するか、仮執行宣言付きの勝訴判決を得ると、相手の財産に強制執行（基本用語（p.7））をすることができます。

また、公正証書（基本用語（p.24））や即決和解（基本用語（p.24））の調書に基づいても強制執行の手続をとることができます。

強制執行の対象となる財産の種類により、強制執行手続に違いがあります。

1 不動産に対する強制執行

不動産に対する強制執行をするには、不動産の所在地の地方裁判所に不動産の強制競売の申立てを行います。

それを受けて、裁判所はその不動産に差押え（基本用語（p.16））の登記をします。その後、物件の調査や売却基準価額などを決めて入札などの方法でその不動産を売却します。

債権者は、その売却代金から配当を受けることによって債権を回収します。

2 動産に対する強制執行

動産に対する強制執行をするには、動産の所在地の地方裁判所の執行官（基本用語（p.35））に動産執行の申立てを行います。

これを受けて、執行官がその動産を差し押さえて換価します。

債権者は、執行官から配当を受けることによって債権を回収します。

3 債権に対する強制執行

　債権に対する強制執行をするには、債務者の所在地（住所地）の地方裁判所に、債権差押命令の申立てを行います。同時に第三債務者（基本用語（p.23））に対する陳述催告（基本用語（p.35））の申立ても行います。

　債権差押命令が債務者に送達された日から1週間（差押えの対象が給与等の債権である場合は4週間）が経過すると、債権者は第三債務者から直接債権を取り立てることができます。

　不動産に対する強制執行と動産に対する強制執行では、裁判所や執行官からの配当を待てばよいのですが、債権に対する強制執行では、債権者が自ら第三債務者に働きかけて回収しなければなりません。

　●基本用語の解説●

　金銭債権：金銭の支払いを目的とする債権のこと。売掛金、貸付金、立替金などの支払いを求める債権がこれにあたる。

　民事調停：簡易裁判所において調停委員という第三者が間に入って、当事者間の紛争の解決を図る制度。基本的には当事者間の話し合いの場であるから、互いに譲歩して解決を図ることになる。

　債務名義：強制執行によって実現される請求権の存在および範囲を表示したもので、強制執行の基礎となる公の文書のこと。強制執行の手続をとる場合には、原則として、「債務名義」を提出する必要がある。

　　民事執行法では、債務名義として、①確定判決、②仮執行宣言付判決、③仮執行宣言付支払督促、④金銭債権について公証人が作成した公正証書で債務者がただちに強制執行に服する旨の陳述が記載されているもの（「執行証書」という）、⑤確定判決と同一の効力を有するもの、などを規定している。

　支払督促：金銭債権などの請求について、債権者の申立てにより、裁判所書記官が債務者から事情を聞かないで債務者にその支払いを命じる処分のこと。

　　仮執行宣言（基本用語（p.34））がついた支払督促は債務名義（基本用語（p.33））になるから、すぐに相手の財産に強制執行をしたいときに利用するとよい。

支払督促の大まかな流れは次のとおり。

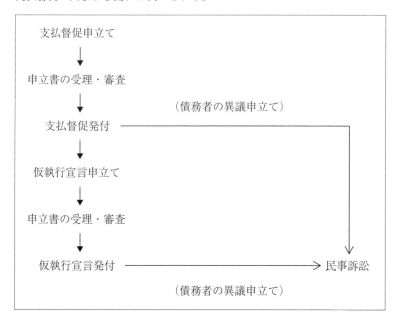

通常の民事訴訟：私人の生活関係から生ずる紛争について、裁判所が当事者の主張を聞いたうえで法律的、強制的に解決するための手続を「民事訴訟」という。

　本書では、「民事訴訟」のうち、支払督促（基本用語（p.33））、少額訴訟（基本用語（p.34））、手形訴訟（基本用語（p.18））など、特殊な手続を除いたものを「通常の民事訴訟」とよんでいる。

仮執行宣言：裁判が確定する前に仮に強制執行することができる効力を与える裁判のこと。

　本来は、裁判は確定した時、すなわち、通常の不服申立方法によっては取り消したり変更したりすることができない状態になった時に、強制執行することができる効力が発生する。

　しかし、相手方が勝ち目がないのに上訴（上級の裁判所に訴えること）して裁判の引き延ばしを図ると、勝訴した者が不利益を被る。そのため、一定の要件のもとに裁判が確定する前に、仮に強制執行することができるようにするもの。

少額訴訟：訴訟の目的の価額が60万円以下の金銭の支払いの請求を目的とする

少額の訴えのこと。簡易裁判所の訴訟手続の特則。

　「少額訴訟」では、原則として、第1回目の裁判期日において審理を完了しなければならず、当事者はその期日前またはその期日において証拠を提出し、証人の取調べを請求する必要がある。

　また、判決の言渡しは、原則として、その審理が終わった後ただちにすることになっているなど、きわめて迅速に手続が終了する。

原告・被告：民事訴訟で訴えを起こした人のことを「原告」、訴えを起こされた人のことを「被告」という。

執行官：強制執行や担保権の実行としての競売などの事務を取り扱う裁判所の職員のこと。

陳述催告：第三債務者（基本用語（p.23））に対して、差押えの対象となっている債権が存在するか、存在するとして金額はいくらか、支払う意思はあるか、などについて回答を求めること。

　売掛債権などを差し押さえた場合でも、第三債務者がすでに支払った後かもしれないし、相殺（基本用語（p.22））の主張をされることもある。そのようなときはすぐに別の強制執行の方法を考える必要がある。陳述催告によって第三債務者にあらかじめ回答を求めることにより、時間のむだを防ぐ意味がある。

財産開示手続：金銭債権（基本用語（p.33））について、一定の債務名義（基本用語（p.33））を有する債権者の申立てにより、裁判所が債務者を呼び出し、その財産について陳述させる手続。

第7章　取引先が倒産してもあきらめない

取引先が倒産した場合の債権回収のポイントを説明します。

I　倒産情報が入ったら、まず真偽の確認をする

取引先の倒産情報が入ったときは、その情報をすぐに信じることなく、真偽を確認する必要があります。

なぜなら、「倒産」の種類によってとるべき対応が異なるからです。

正確な情報を早くつかむことが、倒産時の債権回収の第一歩です。

そのためには、少なくとも営業担当者はただちに取引先の本社や工場、倉庫などの重要施設に出向いて現場の様子を確認する必要があります。

II　倒産の種類によって対応を変える

1　倒産の種類

倒産の種類のうちで、重要なポイントは、①法的整理（基本用語（p.38））か私的整理（任意整理）（基本用語（p.38））か、という視点と、②清算型（基本用語（p.39））か再建型（基本用語（p.39））か、という視点です。

この①②2つの視点で区別して考えることができれば、その後のとるべき対応を大きく間違えることはありません。

2　法的整理と私的整理のそれぞれの対応

(1)　法的整理の場合

法的整理の場合は、法律で定められた方法以外での債権回収はできません。しかし、逆にいえば、取引先が法的整理に入っても、法律で定められた方法によれば債権回収ができるということです。

債権届出期間内に債権の届出をする、相殺（基本用語（p.22））が可能な期間内に相殺通知書を送るなど、当たり前のことを確実に実行することが重要です。

(2) 私的整理の場合

私的整理は当事者間の合意に基づいて進められる手続ですから、その手続に参加するもしないも自由です。

その手続に乗って債権回収を図った方が得策であると判断すれば、他の債権者とも協力しながら債権回収の極大化を図ります。また、担保や保証人をとっている場合には、私的整理手続に参加せず淡々と担保権を実行し、保証人から債権を回収してもかまいません。

ただし、当初は私的整理であったものが、その後破産（基本用語（p.39））などの法的整理に移行する場合もあります。

その場合、破産申立前の債権回収行為について、破産管財人（基本用語（p.39））が否認権（基本用語（p.39））を行使してくることがあります。

しかし、破産管財人との裁判で負けるとは限りませんし、私的整理から破産に移行するかどうかもわかりませんから、私的整理の場合には、積極的に債権回収を図る姿勢でいた方がよいでしょう。

3 清算型と再建型のそれぞれの対応

(1) 清算型の場合

清算型の場合、取引先の財産をお金にかえて、それを配当することによって手続が終了します。

法律で認められた債権回収方法を確実に履行することに重点をおきます。

(2) 再建型の場合

民事再生（基本用語（p.39））や会社更生（基本用語（p.39））のような再建型の場合は、取引先が事業を継続して収益をあげ、その収益のなかから一定程度の金額の支払いをするのが原則です。

法律で認められた債権回収方法を確実に履行することは清算型と同じですが、取引先は事業を継続しますから、今後も取引を継続して、その取引の中からあらたに利益を得ることも可能です。

しかし、計画どおりに事業を再建できないことも多く、事業を継続したことによって財産を減らしてしまい、配当が減ってしまうこともあります。

このように、再建型の場合には、取引を継続した方が得策か、再建に協力せずただちに清算に追い込んだ方が得策かなど、どうやって債権を回収するかという視点とは違った視点で検討する必要があります。

Ⅲ　保証人に請求する

　取引先が倒産し、債権回収が不可能になるか、あるいは著しく困難になっても、保証人に対しては、債権全額を支払うように請求することができます。

　たとえば、取引先が民事再生の申立てをして、債権額の80％を免除するという再生計画が認可されたとしても、保証人の保証債務まで80％免除されるわけではありません。再生計画は保証人の保証債務には影響しないことになっていますので、保証人に対しては債権全額を支払うように請求できます。

●基本用語の解説●

倒産：企業が経済的に破綻する社会現象のこと。法律上の用語ではない。

　破産法、民事再生法、会社更生法などを総称して倒産法とよぶことがあるが、倒産はこれらの手続に限られない。法律の定めによらず、裁判所の関与も受けないことも多い。

　「倒産」とよばれているものは、大別すると次のような種類に分けることができる。

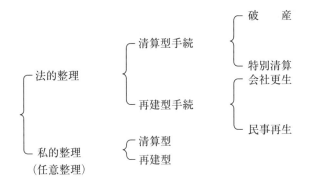

法的整理：法律の定めに従い、裁判所の関与のもとで手続を進めていく倒産手続のこと。破産、特別清算、会社更生、民事再生など、さまざまな手続がある。

私的整理（任意整理）：裁判所の関与なしに手続を進めていく倒産手続のこと。中には法律の定めがある私的整理もある。

　「私的整理（任意整理）」は当事者間の合意で手続が進められる。そのため、柔軟な対応ができ、法的整理によるよりも高額の配当が得られる場合もある。

清算型：倒産手続のうち、倒産した会社の財産を集めて債権者に分配することによって債権債務関係を整理することを目的とする類型。清算が終わると、会社は法的に消滅する。

再建型：倒産手続のうち、債権者の同意のもと債務の一部を免除してもらうことによって債権債務関係を整理し、事業の再建を図ることを目的とする類型。会社の事業は継続する。

破産（自己破産）：債務者が経済的に破綻して、すべての債権者に債務を完済することができない状態になることがある。この場合に、債務者の全財産を管理し、お金にかえて全債権者に公平に弁済するための裁判所の手続が「破産」である。

　破産の申立てができるのは、債権者と債務者。このうち債務者自らが破産の申立てをすることを「自己破産」という。

破産管財人：破産者の財産を管理、換価するほか、債権者の債権を調査し、換価した財産を破産債権者に配当するなどの事務を行う者。

　破産者の財産の管理処分権は、原則として破産管財人に専属する。

　通常は、裁判所が弁護士の中から適任の者を選任する。

否認権：破産法上、破産者が破産手続開始決定前に破産債権者を害する行為や特定の債権者のみを有利に扱う行為を行った場合に、破産管財人がその行為の効力を失わせる権利のこと。

　民事再生法、会社更生法にも同様の権利が規定されている。

民事再生：再生計画に基づいて債務の一部の免除を受け、債務者の事業または経済生活の再生を図るための裁判所の手続。

　原則として従来の経営者が引き続き経営にあたることができ、事業を継続することにより再建を図るのが基本である。

　再生計画の期間は原則として 10 年以内。債権者集会に出席した債権者の頭数の過半数、かつ債権額の 2 分の 1 以上の同意によって再生計画が可決される。

　株式会社に限らず、すべての法人と個人が利用できる。

会社更生：更生計画に基づいて債務の一部の免除を受け、その株式会社の事業の維持、更生を図るための裁判所の手続。

　会社更生を利用できるのは株式会社のみであり、事実上、大規模な株式会社

に限られる。

　従来の経営陣は退陣するのが通常であり、裁判所は更生手続の開始決定をするのと同時に管財人を選任する。

　管財人は会社の業務および財産の管理を行うとともに更生計画案を作成し、債権者多数の同意を得たうえで裁判所が認可すると、管財人がその更生計画の遂行にあたる。

第 2 部

こんなときどうする

第1章　取引の開始

　新取引先の概要と不動産の調べ方および取引の基本となる契約書の作成方法について説明します。

第1節　新取引先の概要の調査

　商業登記簿謄本の入手方法と読み方および相手会社や信用調査会社から情報を入手するときのポイントを説明します。

Ⅰ　まず商業登記簿謄本を入手する

　新しい取引先との取引を開始しようとするときには、まず相手会社の商業登記簿謄本を入手します。

　商業登記簿謄本には、その会社の概要が記載されているからです。

　なお、コンピュータ化が済んだ商業登記簿の謄本は、「商業登記簿謄本」とはよばずに「登記事項証明書」といいます。

　ただし、不動産登記に関するものも「登記事項証明書」といいます。まぎらわしいので、本書では、説明の便宜上、「商業登記簿謄本」とよぶことにします。

Ⅱ　商業登記簿謄本の入手方法

　商業登記簿謄本の入手方法には、3とおりあります。

1　法務局の窓口で申請して入手する方法

　1つめの方法は法務局の窓口で申請して入手する方法です。法務局の所在地は、法務局のホームページ「管轄のご案内」(http://houmukyoku.moj.go.jp/homu/static/kankatsu_index.html) から検索できます。

(1)　備付けの申請書に必要事項を記載する

　法務局には、書式1 (p.44) のような申請書が備え付けてあります。申請書の太枠の中の必要事項に記入またはチェックします。

相手会社の概要を知るには、過去にさかのぼってすべての登記事項を調べた方がよいので、全部事項証明書のうちの履歴事項証明書の交付を申請します。書式1の申請書であれば、「①全部事項証明書（謄本）」の欄の「履歴事項証明書（閉鎖されていない登記事項の証明）にチェックします。

(2)　**手数料分の収入印紙を貼り、受付に提出する**

　申請書の右側の欄に手数料分の収入印紙を貼ります（従来は登記印紙というものを貼っていました。現在も使用できます）。

　収入印紙は法務局で買うか、あらかじめ郵便局などで買っておきます。

　手数料は1通あたり600円です。1通の枚数が50枚を超える場合は、超える枚数50枚までごとに100円増えます。

　初めて相手会社の商業登記簿謄本をとるときは、何枚になるかわからないので、とりあえず600円の収入印紙を貼って受付に提出します。

　不足するようであれば、後から収入印紙を買い足せば足ります。

| 会社法人用 | 登 記 事 項 証 明 書
登 記 簿 謄 抄 本　交付申請書
概要記録事項証明書 |

※ 太枠の中に書いてください。

（地方）法務局　　　　支局・出張所　　　　　　　　年　　月　　日 申請

窓口に来られた人 （申　請　人）	住　所	収入印紙欄
	フリガナ 氏　名	
商 号・名 称 （会社等の名前）		収 入 印 紙
本店・主たる事務所 （会社等の住所）		
会 社 法 人 等 番 号		収 入 印 紙

※ 必要なものの□に✓印をつけてください。

請　　　　求　　　　事　　　　項	請求通数
①全部事項証明書（謄本） 　□　履歴事項証明書（閉鎖されていない登記事項の証明） 　※現在効力がある登記事項に加えて、当該証明書の交付の請求のあった日の3年前の日の属する年の1月1日から請求があった日までの間に抹消された事項等を記載したものです。 　□　現在事項証明書（現在効力がある登記事項の証明） 　□　閉鎖事項証明書（閉鎖された登記事項の証明） 　※当該証明書の交付の請求があった日の3年前の属する年の1月1日よりも前に抹消された 　事項等を記載したものです。	通
②一部事項証明書（抄本）　　※ 必要な区を選んでください。 　□　履歴事項証明書　　　　　□　株式・資本区 　□　現在事項証明書　　　　　□　目的区 　□　閉鎖事項証明書　　　　　□　役員区 　　　　　　　　　　　　　　　□　支配人・代理人区 　※商号・名称区及び会社・法人　※2名以上の支配人・参事等がいる場合で、そ 　状態区は、どの請求にも表示　の一部の者のみを請求するときは、その支配 　されます。　　　　　　　　　人・参事等の氏名を記載してください。 　　　　　　　　　　　　　　　（氏名　　　　　　　　　） 　　　　　　　　　　　　　　　（氏名　　　　　　　　　） 　　　　　　　　　　　　　　　□　その他（　　　　　　　）	通
③□代表者事項証明書（代表権のある者の証明） 　※2名以上の代表者がいる場合で、その一部の者の証明のみを請求するときは、その代表者の 　氏名を記載してください。　　　　　　　　　（氏名　　　　　　　　　）	通
④コンピュータ化以前の閉鎖登記簿の謄抄本 　□　コンピュータ化に伴う閉鎖登記簿謄本 　□　閉鎖謄本（　　　　年　　月　　　日閉鎖） 　□　閉鎖役員欄（　　　年　　月　　　日閉鎖） 　□　その他（　　　　　　　　　　　　　　　）	通
⑤概要記録事項証明書 　□　現在事項証明書（動産譲渡登記事項概要ファイル） 　□　現在事項証明書（債権譲渡登記事項概要ファイル） 　□　閉鎖事項証明書（動産譲渡登記事項概要ファイル） 　□　閉鎖事項証明書（債権譲渡登記事項概要ファイル） 　※請求された登記記録がない場合には、記録されている事項がない旨の証明書が発行されます。	通

収入印紙は割印をしないでここに貼ってください。
（登記印紙も使用可能）

交 付 通 数	交 付 枚 数	手　　数　　料	受 付・交 付 年 月 日

（乙号・6）

2　郵送で入手する方法

商業登記簿謄本は、郵送でも入手することができます。

近くに法務局がない場合などは、郵送で入手した方がよいでしょう。

申請方法は1で説明したのと同様です。直接法務局に行くか郵送するかの違いしかありません。

ただし、郵送で入手する場合には、

① 近くの法務局で、あらかじめ登記事項証明書交付申請書をもらってきておくか、法務局のホームページ（http://houmukyoku.moj.go.jp/homu/content/001188552.pdf）からダウンロードする。
② 謄本の枚数が50枚を超える場合を想定して、収入印紙を多めに入れておく（用紙に貼ってしまうと、返送してもらうのに手間がかかるので、クリップなどで止めておくだけにしておく）。
③ 返信用封筒を同封することを忘れない。

の3点に注意しましょう。

3　オンラインで請求し、入手する方法

商業登記簿謄本（正確には登記事項証明書）の送付をオンラインで請求し、入手することも可能です。請求はインターネットを通じて行いますが、商業登記簿謄本（正確には登記事項証明書）は法務局の窓口で入手できるのと同じものが郵送されてきます。また、インターネットを通じて請求したうえで、法務局の窓口に受け取りに行く、ということもできます。

オンラインで請求し入手する方法の方が、法務局の窓口で申請して入手する方法や郵送で入手する方法に比べて、手数料が安くてすみます（1通500円。法務局の窓口で交付を受ける場合には、1通480円）。

なお、オンラインによる請求方法の詳細は、法務省ホームページの「オンラインによる登記事項証明書及び印鑑証明書の交付請求について（商業・法人関係）」（http://www.moj.go.jp/MINJI/minji71.html）に掲載されていますので、参照してください。

コラム1　もっと簡単に登記の内容を確認できないか？

本文で説明した登記簿謄本の入手方法は、法務局に行くか、郵送されてくるのを待つしかありません。それなりの時間とコストがかかります。

「とりあえず登記の内容だけ確認できればよい」という場合には、一般財団法

人民事法務協会の登記情報提供サービス（http://www1.touki.or.jp/）を利用すると便利です。

　このサービスによれば、商業登記簿および不動産登記簿に登記されている内容をパソコンの画面上で確認できますし、ダウンロードして保存することも、プリントアウトすることもできます。

　料金は、商業登記情報の場合は１法人あたり334円、不動産登記情報の場合は１筆あたり334円です。

　ただし、登記情報提供サービスで入手した登記情報には、法的な証明力はありませんので、訴訟を提起するような場合には、登記簿謄本（登記事項証明書）を入手する必要があります。

Ⅲ　商業登記簿謄本の読み方

　商業登記簿謄本が入手できたら、その内容を確認します。

　書式２（p.47〜）を例にとって、商業登記簿謄本（履歴事項全部証明書）の読み方のポイントを説明します。

書式2　商業登記簿謄本（履歴事項全部証明書）の見本

<table>
<tr><td colspan="3" align="center">履歴事項全部証明書</td></tr>
</table>

東京都○○区○○町○丁目○番○号
株式会社○○○○

会社法人等番号	○○○○－○○－○○○○○○
商　号	株式会社○○○○
本　店	東京都○○区○○町○丁目○番○号
公告をする方法	官報に掲載してする
会社成立の年月日	昭和○○年○月○○日
目　的	1．一般惣菜類の製造販売 2．食品の冷凍及び冷蔵業 3．食品の冷凍及び冷蔵材料の販売 4．冷凍食品の製造販売 5．上記に附帯する一切の業務
発行可能株式総数	3万2000株
発行済株式の総数 並びに種類及び数	発行済株式の総数 　　2万株
株券を発行する旨 の定め	当会社の株式については，株券を発行する 　　　　　　　平成17年法律第87号第 　　　　　　　136条の規定により平成 　　　　　　　18年5月1日登記
資本金の額	金1000万円
株式の譲渡制限に 関する規定	当会社の株式を譲渡するには，取締役会の承認を受けなければならない。

役員に関する事項	取締役　　　　○○○○	令和○○年　○月○○日重任
		令和○○年　○月○○日登記
	<u>取締役　　　　○○○○</u>	令和○○年　○月○○日重任
		令和○○年　○月○○日登記
		令和○○年　○月○○日辞任
		令和○○年　○月○○日登記
	取締役　　　　○○○○	令和○○年　○月○○日重任
		令和○○年　○月○○日登記
	取締役　　　　○○○○	令和○○年　○月○○日就任
		令和○○年　○月○○日登記

整理番号　　ア○○○○○○　　＊下線のあるものは抹消事項であることを示す。　　　　1／2

東京都〇〇区〇〇町〇丁目〇番〇号
株式会社〇〇〇〇

	〇〇県〇〇市〇〇町〇丁目〇番地 代表取締役　　〇〇〇〇	令和〇〇年　〇月〇〇日重任	
		令和〇〇年　〇月〇〇日登記	
		令和〇〇年　〇月〇〇日辞任	
		令和〇〇年　〇月〇〇日登記	
	〇〇県〇〇市〇〇町〇丁目〇番地 代表取締役　　〇〇〇〇	令和〇〇年　〇月〇〇日就任	
		令和〇〇年　〇月〇〇日登記	
	監査役　　　〇〇〇〇	令和〇〇年　〇月〇〇日就任	
		令和〇〇年　〇月〇〇日登記	
取締役会設置会社 に関する事項	取締役会設置会社	平成17年法律第87号第 136条の規定により平 成18年5月1日登記	
監査役設置会社に 関する事項	監査役設置会社	平成17年法律第87号第 136条の規定により平 成18年5月1日登記	
支　　店	1 〇〇県〇〇市〇〇町〇番地		
	2 〇〇県〇〇市〇区〇〇町〇丁目〇番地	令和〇〇年　〇月〇〇日移転	
		令和〇〇年　〇月〇〇日登記	
登記記録に関する 事項	令和〇〇年〇〇月〇〇日〇〇県〇〇市〇〇町〇〇番地〇から本店移転		
	令和〇〇年〇〇月〇〇日登記		

これは登記簿に記録されている閉鎖されていない事項の全部であることを証明
した書面である。
　　　　令和〇〇年〇〇月〇〇日
　　　　東京法務局
　　　　登記官　　　　　　　〇　〇　〇　〇　　　　印

整理番号　　ア〇〇〇〇〇〇　　＊下線のあるものは抹消事項であることを示す。　　2／2

1　商号

会社の名称を「商号」といいます。

同じ「〇〇〇〇」という名称でも、「株式会社〇〇〇〇」と「有限会社〇〇
〇〇」とでは、別の会社です。また、「株式会社〇〇〇〇」と「〇〇〇〇株式
会社」も別の会社です。

万が一、相手会社が称していた名称の会社が存在しない場合には、相手会社
に確認を求めます。納得のできる説明がない場合には、取引はしない方がよい

でしょう。

　なお、まったく同じ商号の会社が複数存在する可能性があります。「商業登記簿謄本を入手したのはよいが、同じ商号の別の会社だった」ということもありえます。

　ただし、同一の本店所在地で同一の商号の登記はできないことになっています。したがって、商号の確認と同時に、次に説明する本店所在地も確認すれば、同じ商号の会社でも区別することができます。

2　本店

　「本店」は個人でいえば本籍にあたります。多くの場合、相手会社が本社と称している所在地が本店所在地として登記されていますが、まったく別の場所が本店として登記されている場合もあります。

　本社の所在地と登記上の本店所在地が異なっていても、ただちに問題が生じるわけではありません。しかし、そのような場合には、相手会社の代表者に対して、「登記上の本店所在地が本社の住所と異なっているのはどうしてですか？」と確認を求めた方がよいでしょう。この質問に対して、相手会社の代表者が合理的な説明ができないようであれば、取引を開始することはやめた方がよいでしょう。

3　会社成立の年月日

　「会社成立の年月日」は、まさしく会社がいつ成立したかを示すものです。最近成立したばかりの会社だから信用できないとか、古い会社だから信用できるというものではありません。成立年月日は古いがまったく活動していない会社（「休眠会社」といいます）を買い取って事業を始めることもあるからです。しかし、会社成立の年月日は、その会社の信用度を測る一応の目安にはなります。

　また、会社成立の年月日は、相手会社との代表者との面談のときに、話しのきっかけとして使うことができます。

　たとえば、相手会社の成立年月日が「昭和40年4月1日」の場合は、「御社は創業50年以上のようですね。お父さまが御社を設立されたのですか？御社は創業以来どのような事業を展開されてきたのですか？」などと、創業から現在に至るまでの相手会社の歴史を相手会社の代表者に尋ねてみましょう。本当の老舗企業であれば、創業から現在に至るまで、合理的な説明があるはず

です。これに対し、相手会社の代表者が支離滅裂な説明しかできないようであれば、成立年月日の古い休眠会社を買い取って何か悪いことを考えているのかもしれません。そのような会社と取引を開始することはやめた方がよいでしょう。

　それでは、相手会社の成立年月日が「ごく最近」の場合はどうすればよいでしょうか。相手会社がごく最近設立された会社である場合には、相手会社の歴史を尋ねても意味がありません。このような場合は、相手会社の代表者が、この会社を設立するまでに何をしてきたのかを尋ねてみてください。そして、相手会社の代表者が信用するに足る人物であるかを見定めてください。特に中小零細企業では、会社の信用＝代表者の信用だからです。

4　目的

「目的」は、その会社がどのような目的で設立されたのかを示すものです。

　会社は「目的」の範囲内でなければ権利義務の主体となることができません。つまり、これから取引しようとする内容が、相手会社の「目的」の範囲内になければ、その取引は無効になる危険性があります。

　そればかりでなく、「目的」の範囲外の取引をあえて行おうとするような相手会社は、取り込み詐欺（商品などを大量に注文して転売し、代金を踏み倒して姿をくらますような詐欺）を狙っている危険性すらあります。そのような会社と取引を開始することはやめた方がよいでしょう。

5　資本金の額

「資本金」は、会社債権者の保護のために、株主の出資を一定金額以上会社財産として保有させる仕組みです。

　「資本金の額」が多ければそれだけ会社の規模も大きいことになります。

　しかし、資本金の額が多くても、現実にそれだけの現金がプールされているということではありません。逆に資本金の額が少なくても、資金が潤沢にある会社もあります。

　「資本金の額」は、信用度を測る一応の目安として確認します。

6　役員に関する事項

「役員」とは、「代表取締役」「取締役」「監査役」などをいいます。

　まず、代表者として行動している相手会社の中心人物が、代表取締役として

登記されているかを確認します。

　万が一、登記されていないときは、登記できない事情や登記に名前を載せたくない事情があることが多いので、取引をするには注意が必要です。

　次に、代表取締役の欄には、代表取締役の名前だけでなく、自宅の住所も記載されています。新規に取引を開始しようとする場合には、必ず相手会社の代表取締役の自宅を訪問してください。自宅を外から見るだけでも、暮らしぶりがある程度はわかります。万が一、登記に記載された住所に相手会社の代表取締役が住んでいないときは注意が必要です。自宅を明らかにできない何らかの理由があることが多いからです。

　さらに、相手会社の代表取締役の自宅の不動産登記簿謄本を入手して、相手会社の代表取締役の財産状況も調べます（不動産の権利関係の調べ方は、**第2節**（p.55〜）で説明します）。

　また、他の取締役の欄も確認します。交渉の窓口になっている人が「専務取締役」や「常務取締役」の肩書の入った名刺を使用していても、登記簿上は取締役ではないということもよくあるからです。

　なお、役員欄のなかに下線が引かれているものがありますが、これは「かつては役員として登記されていたが、現在は登記が抹消されている」という意味です。この部分を確認することによって、従前は誰が代表取締役や取締役であったかがわかります。もし、相手会社の代表取締役の妻や息子と思われる人物が最近取締役を辞任していたら、要注意です。相手会社の業績が悪く倒産しそうなので、妻や息子が経営責任を問われないようにしたのかもしれません。あるいは、妻や息子が代表取締役を務める、いわゆる第二会社に優良な事業を移して、現在の会社はつぶしてしまうつもりかもしれないからです。

7　登記記録に関する事項

　この欄には、設立や本店移転などの記録が記載されています。

　本店が移転しているときは、この欄に従前の本店所在地が記載されています。念のため、従前の本店所在地で閉鎖登記簿謄本（閉鎖事項証明書）を入手した方がよいでしょう。

　現在の登記の内容と閉鎖登記簿謄本の内容を比較して、現在の役員構成や目的と、従前のそれらとがほぼ一致しているのであれば問題はありません。

　しかし、それらがまったく異なっている場合には、相手会社の代表者が休眠会社を買い取り、表面的には成立年月日の古い歴史のある会社のように装って、

取り込み詐欺を狙っている危険性もあります。

Ⅳ　相手会社から入手すべき情報のポイント

　商業登記簿謄本を分析すると、相手会社の概要を把握できます。しかし、その実態まではわかりません。相手会社の実態を知るためには相手会社から直接情報を入手することが効果的です。

1　相手会社の代表者と面談する

　相手会社がどういう会社かを知るためには、相手会社の代表者（あるいは経営の中心人物）と面談することが重要です。特に相手会社が中小零細企業の場合には、会社＝代表者であるといっても過言ではないからです。

　相手会社の代表者との面談で入手すべき情報のポイントは次のとおりです。

---

① 相手会社の代表者の性格、資質、信用性を判断する。
② 相手会社の実態、代表者のその取引についての知識の程度を確認する。
③ 取引の動機を調査する。
④ 相手会社の決算書や登記簿謄本など、特に経営状況がわかる資料は、もらえる限りすべてもらう。

---

　①は、相手会社の代表者が信用するに値しないような人物であれば、その会社も信用に値しないこと、②と③は、取り込み詐欺をたくらんでいるのではないか、という疑いの目で面談する必要があること、④は、取引を開始してしまうと、その後はなかなか経営に関する情報を提供してもらえなくなること（特に相手会社の信用が悪化したときには、まず拒否されます）から、少なくともこの程度のポイントはつかんでおく必要があります。

2　相手会社の実地調査をする

　相手会社の代表者との面談だけでは、相手会社の実態をつかみきれたとはいえません。特に相手会社の代表者が狡猾な人物である場合には、その本性を見破れないこともあるでしょう。そのため、相手会社の実地調査をすることは必要不可欠です。

　相手会社の実地調査で入手すべき情報のポイントは次のとおりです。

① 相手会社の本社・営業所・工場など主要施設の様子を観察する。
② 相手会社の社員の勤務態度を観察する。
③ 担保に提供するといわれている物件がある場合には、現地あるいは現物を確認する。

　取り込み詐欺をするような会社は、(i)すぐに逃げられるように必要最小限の備品しか置いていない、(ii)逆に信用度を増そうとして必要以上に華美な調度品をそろえている、などの特徴があるといわれています。

　また、経営が苦しい会社は、(i)整理整頓まで行き届かないため、雑然としていて汚い、(ii)社員が全般に覇気がない、(iii)来客時の対応も満足にできない、などの特徴があります。

　①と②は、相手がそのような会社かどうかを判断する基準の1つになります。

　③は、提供された担保の価値を見誤らないようにするために必要になります。また、相手の誠実度・信用度も判断できます（価値のない物件を価値のあるものとして担保に提供したという場合、それだけで相手の信用度はゼロです）。

　上記のポイント、特に①と②は、取引開始後も定期的・継続的に収集すべき情報です。相手会社の信用が悪化していないか、取引を継続してよいかを判断するには、定期的・継続的な情報収集が有効です。

V　信用調査会社の利用のポイント

　できる限りの調査をしたとしても限界があります。そのようなときに、信用調査会社に相手会社の概要や信用度を調査してもらえれば、これから取引を開始すべきかどうかの判断の参考になります。

1　信用調査会社の選び方

　信用調査会社には大別して、全業種を調査することが可能な会社と、特定の業界には絶対的な強みをもつ会社があります。信用できる会社であればいずれのタイプの会社でもよいのですが、その業界のことに精通していることが前提になります。

　また、どの範囲まで調査してもらうかによって信用調査会社の費用が増減します。費用対効果を考えて、調べきれなかったところに絞って調査を依頼するなどの工夫が必要です。

2 信用調査会社の調査報告の分析

　相手会社から経営に関する情報や書類が入手できなかった場合には、信用調査会社の調査報告は、特に貴重な情報源になります。

　しかし、信用調査会社の調査報告が絶対に間違いのないものである保証はありません。

　信用調査会社の調査報告の利用の仕方としては、

① 　これまでの調査結果と信用調査会社の調査報告とで違っているところはないか、調査にもれがなかったか、などをチェックする。
② 　これまでの調査結果と違っているところがある場合には、信用調査会社に問い合わせる。
③ 　相手会社が虚偽の情報を提供していたことがわかったら、相手会社を問いただし、場合によっては取引をやめる。

というように、「調査報告の内容を分析し、危険な会社と取引することを未然に防止するために利用する」という姿勢が重要です。

コラム２　取引の相手が個人の場合は？

　取引の相手が個人の場合は、勝手に戸籍謄本や住民票を入手することはできません。

　そのため、個人と取引を開始するにあたっては、相手の顔写真が入った本人確認資料（運転免許証やパスポート、勤務先が発行した身分証明書など）の提出を求める必要があります。

　また、その他の個人情報についても、取引開始時に債権回収に必要な範囲内でできるだけ多く取得するようにします。

　特に重要なのは、相手の勤務先についての情報です。相手に目ぼしい財産がない場合には、相手の給料を差し押さえることによって債権回収を図るしかないからです。

　ただし、個人情報の取扱いを誤ることがないように、情報管理を徹底することが必要です。

　なお、いわゆるフランチャイズ店などと取引しようとする場合、取引の主体は会社ではなく、その店舗を経営している個人事業主である場合もあります。その場合には、その個人事業主の氏名、住所等をしっかりと確認する必要があります。

第2節　不動産の権利関係を調べる

> 不動産登記簿謄本の入手方法および読み方を説明します。

Ⅰ　まず不動産登記簿謄本を入手する

　取引を開始するにあたって、相手会社から決算書などの財産状況がわかる資料を提供してもらえればよいのですが、必ずしも入手できるとは限りません。

　そのような場合でも、相手会社の所有する不動産の登記簿謄本を入手して権利関係を調べれば、ある程度の財産状況を推測できます。

　なお、コンピュータ化が済んだ不動産登記簿の謄本は、「不動産登記簿謄本」とはよばずに「登記事項証明書」といいます。

　ただし、商業登記に関するものも「登記事項証明書」といいます。まぎらわしいので、本書では、説明の便宜上、「不動産登記簿謄本」とよぶことにします。

Ⅱ　不動産登記簿謄本の入手方法

　不動産登記簿謄本の入手方法には、3とおりあります。

1　法務局の窓口で申請して入手する方法

　1つめの方法は、法務局の窓口で申請して入手する方法です。法務局の所在地は、法務局のホームページ「管轄のご案内」（http://houmukyoku.moj.go.jp/homu/static/kankatsu_index.html）から検索できます。

⑴　不動産の登記簿上の地番を調べる

　最近の住所は「○丁目○番○号」などと表示されていることが多いのですが、これは住居表示といって登記簿上の地番とは異なります。土地の登記簿謄本を入手する場合には、登記簿上の地番を調べる必要があります。

　住居表示から登記簿上の地番を調べる方法としては、①その不動産を管轄する法務局や図書館に備え付けてあるブルーマップ（住居表示地番対照住宅地図）で調べるか、②その不動産を管轄する法務局に電話して教えてもらうのが一般的とされています。なお、建物の登記簿謄本を入手したい場合は、家屋番号がわかれば一番よいのですが、家屋番号がわからなくても建物の所有者名と所在地の登記簿上の地番がわかっていれば、登記簿謄本を入手することは可能です。

(2)　備付けの申請書に必要事項を記載する

　法務局には、書式3（p.57）のような申請書が備え付けてあります。申請書の太枠の中の必要事項に記入またはチェックします。

　「種別」の欄の、「土地」「建物」にチェックし、登記簿上の地番と家屋番号または所有者を記入します。

　次に、共同担保目録（債権者の共同の担保となった不動産をすべて記載した目録で、不動産登記簿に附属しているもの）も全部の物件についてとった方がよいので、全部の物件の番号を記入したうえ、「全部（抹消を含む）」の欄にチェックします。

　そして、登記簿謄本を入手するには、「登記事項証明書・謄本（土地・建物）」の欄にチェックします。

(3)　手数料分の収入印紙を貼り、受付に提出する

　申請書の右側の欄に手数料分の収入印紙を貼ります。

　手数料は、各不動産登記簿謄本の枚数が50枚以内であれば600円です。50枚を超える場合は、超える枚数50枚までごとに100円増えます。

　はじめて相手方の所有する不動産の登記簿謄本をとるときは、何枚になるかわからないので、とりあえず土地、建物1つごとに600円ずつの収入印紙を貼って受付に提出します。

　不足するようであれば、後から収入印紙を買い足せば足ります。

書式3 （不動産用）登記事項証明書、登記簿謄本・抄本交付申請書の見本

| 不動産用 | 登記事項証明書 登記簿謄本・抄本 交付申請書 |

※ 太枠の中に記載してください。

| | | 収入印紙欄 |

	住　所		
	フリガナ		
	氏　名		

※地番・家屋番号は、住居表示番号（〇番〇号）とはちがいますので，注意してください。

種　別 （レ印をつける）	郡・市・区	町・村	丁目・大字・地 字	番	家屋番号 又は所有者	請求 通数
1 □土地						
2 □建物						
3 □土地						
4 □建物						
5 □土地						
6 □建物						
7 □土地						
8 □建物						
9 □財団（□目録付） 　□船舶 　□その他						

収入印紙欄

収　入
印　紙

収　入
印　紙

収入印紙は割印をしないでここに貼ってください。

（登記印紙も使用可能）

※共同担保目録が必要なときは，以下にも記載してください。
次の共同担保目録を「種別」欄の番号_____番の物件に付ける。
　□現に効力を有するもの　□全部（抹消を含む）□（　）第_____号

※該当事項の□にレ印をつけ，所要事項を記載してください。

□　登記事項証明書・謄本（土地・建物）
　　専有部分の登記事項証明書・抄本（マンション名_____）
　　□ただし，現に効力を有する部分のみ（抹消された抵当権などを省略）

□　一部事項証明書・抄本（次の項目も記載してください。）
　　共有者_____に関する部分

□　所有者事項証明書（所有者・共有者の住所・氏名・持分のみ）
　　□所有者　　□共有者_____

□　コンピュータ化に伴う閉鎖登記簿
□　合筆，滅失などによる閉鎖登記簿・記録（昭和/平成____年____月____日閉鎖）

交付通数	交付枚数	手　数　料	受付・交付年月日

（乙号・1）

2 郵送で入手する方法

不動産登記簿謄本は、郵送でも入手することができます。

申請方法は1で説明したのと同様です。直接法務局に行くか郵送するかの違いしかありません。

ただし、郵送で入手する場合には、

① 近くの法務局で、あらかじめ登記事項証明書交付申請書をもらってきておくか、法務局のホームページ（http://houmukyoku.moj.go.jp/homu/content/000130851.pdf）からダウンロードする。
② 謄本の枚数が50枚を超える場合を想定して、収入印紙を多めに入れておく（用紙に貼ってしまうと、返送してもらうのに手間がかかるので、クリップなどで止めておくだけにしておく）。
③ 返信用封筒を同封することを忘れない。

の3点に注意しましょう。

3 オンラインで請求し、入手する方法

不動産登記簿謄本（正確には登記事項証明書）の送付をオンラインで請求し、入手することも可能です。請求はインターネットを通じて行いますが、不動産登記簿謄本（正確には登記事項証明書）は法務局の窓口で入手できるのと同じものが郵送されてきます。また、インターネットを通じて請求したうえで、法務局の窓口に受け取りに行く、ということもできます。

オンラインで請求し入手する方法の方が、法務局の窓口で申請して入手する方法や郵送で入手する方法に比べて、手数料が安くてすみます（1通500円。法務局の窓口で交付を受ける場合には、1通480円）。

なお、オンラインによる請求方法の詳細は、法務省ホームページの「オンラインによる登記事項証明書等の交付請求（不動産登記関係）について」（http://www.moj.go.jp/MINJI/minji73.html）に掲載されていますので、参照してください。

Ⅲ 不動産登記簿謄本の読み方

不動産登記簿謄本が入手できたら、その内容を確認します。

1 土地登記簿謄本の読み方

土地登記簿謄本（全部事項証明書）の読み方のポイントは次のとおりです

（書式4（p.62～）を参照してください）。

(1) 表題部

　土地登記簿謄本の冒頭に、「表題部（土地の表示）」が記載されています。表題部には、その土地の「所在」「地番」「地目」「地積」が記載されていて、その土地の概要を知ることができます。

(2) 甲区欄

　土地登記簿謄本の表題部（土地の表示）の次に、「権利部（甲区）」があります。この欄を「甲区欄」といいます。甲区欄には、所有権に関する事項が記載されています。

ア　所有者

「権利者その他の事項」の欄に、「所有者」と「原因」が記載されています。

　「所有者」を見れば、その土地の所有者がわかります。また、「原因」を見れば、その所有者がその土地を所有するに至った原因がわかります。

イ　差押え

　また、甲区欄には、差押え（基本用語（p.16））や仮差押え（基本用語（p.16））についても登記されている場合があります。「差押え」の登記には、㋐競売開始決定による差押えの登記と、㋑税金等による差押えの登記とがあります。

㋐　競売開始決定による差押えの登記

　書式4の甲区欄の順位番号2の欄を参照してください。このような競売開始決定による差押えの登記がなされているときは、「相手会社のメインバンクが、その会社に対する融資を不良債権に分類して処理を開始した」ということを意味しています。

　このようなメインバンクが見放したような会社と取引を開始してはいけません。また、「相手会社と取引を開始した時点では競売開始決定による差押えの登記がなかったのに、最近とり直してみたら差押えの登記がついていた」という場合には、その会社との取引を打ち切る方向で対応を考えましょう。

㋑　税金等による差押えの登記

　書式4の甲区欄の順位番号3の欄を参照してください。このような税金等による差押えの登記がなされているときは、「相手会社は、長期間、税金も満足に支払えないような資産状況にある」ということを意味しています。

　このような会社と取引を開始してはいけません。また、すでに取引を開始している場合には、取引を打ち切る方向で対応を考えましょう。

⑶　乙区欄

「権利部（甲区）」の次に、「権利部（乙区）」があります。この欄を「乙区欄」といいます。乙区欄には、所有権以外の権利に関する事項が記載されています。

　　ア　登記の目的

「登記の目的」の欄を見れば、その土地にどのような担保権が設定されているかがわかります。抵当権（基本用語（p.11））か根抵当権（基本用語（p.11））のいずれかであることが通常です。

　　イ　担保権者と極度額

　その土地に根抵当権が設定されている場合には、「権利者その他の事項」の欄には、根抵当権者が誰で、極度額（その根抵当権で担保できる債権額の上限）がいくらか、が登記されています。金融機関から極度額いっぱいに借りている会社が多いので、極度額の記載から相手会社のおおよその金融負債の金額を推測することができます。

　書式4の乙区欄の順位番号1を見ると、株式会社○○銀行が極度額1億7,000万円の根抵当権の設定を受け、順位番号2を見ると、○○信用金庫が極度額5,500万円の根抵当権の設定を受けていることがわかります。したがって、相手会社はおおよそ2億2,500万円の金融負債を抱えているのではないか、と推測できます。

　また、根抵当権の優先順位は登記した順番で決まります。したがって、この土地に1番根抵当権者の極度額1億7,000万円と2番根抵当権者の極度額5,500万円の合計2億2,500万円以上の価値がなければ、これからこの土地を担保にとったとしても、いざというときに1円も回収できない危険性があります。

　さらに、「根抵当権者が誰であるか」も重要なポイントです。

　銀行や信用金庫、信用組合のような金融機関であれば特に問題視する必要はありません。しかし、高利の金融業者が根抵当権者として登記されていた場合は要注意です。「この会社は、取引している金融機関から融資が受けられない状況にある」ということを意味しているからです。取引金融機関も追加融資に応じないような会社と取引をしてはいけません。

　　ウ　根抵当権の移転＝債権譲渡

　書式4の乙区欄の順位番号1の欄の付記2号を参照してください。「登記の目的」の欄に、このような「根抵当権移転」の登記があり、「権利者その他の事項」の欄に、「原因　令和○年○月○日債権譲渡」という登記があった場合も、

注意しなければなりません。

　根抵当権移転＝債権譲渡の登記がなされているときは、「相手会社のメインバンクが、その会社に対する貸付債権を不良債権として売却した」ということを意味しているからです。メインバンクが見放したような会社と取引をしてはいけません。

　　エ　信用保証協会による代位弁済

　書式４の乙区欄の順位番号２の欄の付記２号を参照してください。「登記の目的」の欄に、「根抵当権一部移転」の登記があり、「権利者その他の事項」の欄に「原因　令和○年○月○日一部代位弁済」という登記があり、かつ、根抵当権者として「○○信用保証協会」と登記されている場合は、さらに注意が必要です。

　中小企業の場合、金融機関からの融資の大半は信用保証協会（中小企業が金融機関から融資を受けるときに、保証人になることによって融資を受けやすくするための公的機関）の保証つきになっています。中小企業単独では信用力が乏しいからです。

　上記のような信用保証協会による一部代位弁済（融資を受けた中小企業の代わりに、保証協会が融資の一部を金融機関に支払うこと）の登記があるということは、「相手会社が約定どおりに融資の返済ができなくなったため、信用保証協会が融資の返済の肩代わりをした」ということです。これ以降、金融機関は相手会社に融資をしなくなります。したがって、相手会社はいずれ資金繰りにいきづまり、倒産する危険性が高い、といえます。

　このような倒産寸前の会社と取引をしてはいけません。

(4)　共同担保目録

　「共同担保目録」には、担保権者がその土地と共同して担保にとった不動産が記載されています。

　「共同担保目録」を見ると、２つの共同担保目録のいずれも「番号２」の欄に建物が記載されており、株式会社○○銀行（○○債権回収株式会社）も○○信用金庫（○○信用保証協会）もいずれもこの土地のほかに建物も担保にとっていることがわかります。

　このような場合、株式会社○○銀行（○○債権回収株式会社）も○○信用金庫（○○信用保証協会）も、この土地のほか建物からも債権回収を図ることができます。

　したがって、この土地と建物をあわせて２億2,500万円以上の価値があれば、

これから担保にとっても債権回収できる可能性があります。

　また、「共同担保目録」を見ることによって、これまで知らなかった相手会社所有の不動産の存在がわかることもあります。

書式4　土地登記簿謄本（全部事項証明書）の見本

表 題 部 （土地の表示）	調製	令和○年○月○日	不動産番号	・・・・・・・
地図番号　○－○	筆界特定	余白		
所　　在　　○市○町○丁目		余白		

①地　番	②地　目	③地　積　㎡	原因及びその日付〔登記の日付〕
○番○	宅地	○○○ ┊ ○	○番△から分筆 令和○年○月○日

権　利　部（甲区）	（所有権に関する事項）		所有者は誰か？
順位番号	登記の目的	受付年月日・受付番号	権利者その他の事項
1	所有権移転	令和○年○月○日 第○○○○号	原因　令和○年○月○日売買 所有者　○市○町○丁目○番○号 　　　　株式会社○○○○
2	差押 差し押さえられていないか？	令和○年○月○日 第○○○○号	原因　令和○年○月○日○○地方 　　裁判所担保不動産競売開始決定 債権者　○市○町○丁目○番○号 　　　　株式会社○○債権回収株式会社
3	差押	令和○年○月○日 第○○○○号	原因　令和○年○月○日差押 債権者　○市

権　利　部（乙区）	（所有権以外の権利に関する事項）		
順位番号	登記の目的	受付年月日・受付番号	権利者その他の事項
1	根抵当権設定 担保権が設定されていないか？	令和○年○月○日 第○○○○号 極度額はいくらか？	原因　令和○年○月○日設定 極度額　金1億7，000万円 債権の範囲　銀行取引　手形債権 　小切手債権 債務者　○市○町○丁目○番○号 　　　　株式会社○○○○ 根抵当権者　○市○町○丁目○番○号 　　　　株式会社○○銀行 　　　　（取扱支店　○○支店） 　担保権者は誰か？ 共同担保　目録（あ）第○○○号

＊下線のあるものは抹消事項であることを示す。　　整理番号　K・・・・（1／1）　1／3

順位番号	登記の目的	受付年月日・受付番号	権利者その他の事項
付記1号	1番根抵当権元本確定	令和○年○月○日第○○○○号	原因　令和○年○月○日確定
付記2号	1番根抵当権移転	令和○年○月○日第○○○○号	原因　令和○年○月○日債権譲渡 根抵当権者　○市○町○丁目○番○号 　　○○債権回収株式会社

銀行が債権譲渡していないか？

2	根抵当権設定	令和○年○月○日第○○○○号	原因　令和○年○月○日設定 極度額　金5，500万円 債権の範囲　信用金庫取引　手形 　債権　小切手債権 債務者　○市○町○丁目○番○号 　株式会社○○○○ 根抵当権者　○市○町○丁目○番 　○号 　○○信用金庫 　（取扱支店　○○支店） 共同担保　目録（い）第○○○号
付記1号	2番根抵当権元本確定	令和○年○月○日第○○○○号	原因　令和○年○月○日確定
付記2号	2番根抵当権一部移転	令和○年○月○日第○○○○号	原因　令和○年○月○日一部代位 　弁済 弁済額　金4，400万円 根抵当権者　○市○町○丁目○番 　○号 　○○信用保証協会

信用保証協会が代位弁済していないか？

共　同　担　保　目　録				
記号及び番号	（あ）第○○○号		調製	令和○年○月○日
番号	担保の目的である権利の表示	順位番号	予　備	
1	○市○町○丁目○番○号の土地	1	余白	
2	○市○町○丁目○番○号 家屋番号○番○の建物	1	余白	

＊下線のあるものは抹消事項であることを示す。　　整理番号　K・・・・（1／1）　2／3

ほかに担保にとっている不動産はないか？

共 同 担 保 目 録					
記号及び番号	（い）第○○○号			調製	令和○年○月○日
番号	担保の目的である権利の表示	順位番号	予 備		
1	○市○町○丁目○番○号の土地	2	余白		
2	○市○町○丁目○番○号 家屋番号○番○の建物	2	余白		

　これは登記記録に記録されている事項の全部を証明した書面である。

（○○地方法務局管轄）

令和○年○月○日

東京法務局新宿出張所　　　　　登記官　　　○　○　○　○　印

＊下線のあるものは抹消事項であることを示す。　　　整理番号　K・・・・（1／1）　3／3

2　建物登記簿謄本の読み方

　建物登記簿謄本（全部事項証明書）の読み方のポイントは次のとおりです（書式5（p.66）を参照してください）。

　なお、乙区欄と共同担保目録の読み方のポイントは土地登記簿謄本の場合と同じですので、ここでは説明を省略します。

(1)　表題部

建物登記簿謄本の冒頭に、「表題部（主である建物の表示）」が記載されてい

ます。表題部には、その建物の「所在」「家屋番号」「種類」「構造」「床面積」が記載されていて、その建物の概要を知ることができます。

「種類」の欄には、その建物がどのような目的で利用されているかが記載されています。

「構造」の欄には、その建物がどのような構造になっているのかが記載されています。「木造」なのか「鉄筋コンクリート造」なのか、何階建てなのかなどがわかります。

「床面積」の欄には、その建物のそれぞれの階の床面積が記載されています。

「原因及びその日付」の欄を見ると、その建物がいつ新築されたのかがわかります。築年数が新しい方が担保価値は高くなります。あまりにも古い建物の場合には、担保価値がまったくないということもあります。

(2) 甲区欄

建物登記簿謄本の「表題部（主である建物の表示）」の次に、「権利部（甲区）」があります。甲区欄には、所有権に関する事項が記載されています。

「権利者その他の事項」の欄を見れば、その建物の所有者がわかります。

ここでのポイントは、その建物が建っている土地の所有者と建物の所有者が一致しているかを確認することです。

土地の所有者と建物の所有者が一致していない場合には、相手会社に土地の利用権について確認しましょう。

どのような土地の利用権に基づいて建物を建てているのかによって、建物の担保価値が変わってくるからです。

書式5　建物登記簿謄本（全部事項証明書）の見本

表題部（主である建物の表示）	調製	令和○年○月○日	不動産番号	・・・・・・・

所在図番号	余白		
所　　在	○市○町○丁目○番地○	余白	
家屋番号	○番○	余白	

①種　　類	②構　　造	③床　面　積　　㎡	原因及びその日付〔登記の日付〕
店舗・事務所	鉄筋コンクリート造陸屋根6階建	1階　○○　○ 2階　○○　○ 3階　○○　○ 4階　○○　○ 5階　○○　○ 6階　○○　○	令和○年○月○日新築 〔令和○年○月○日〕
所有者	○市○町○丁目○番○号　株式会社○○○○		

（構造は？）
（新築年月日は？）
（所有者は誰か？）

権　利　部（甲区）　　（所有権に関する事項）			
順位番号	登記の目的	受付年月日・受付番号	権利者その他の事項
1	所有権保存	令和○年○月○日 第○○○○号	所有者　○市○町○丁目○番○号 　　　　株式会社○○○○
2	差押	令和○年○月○日 第○○○○号	原因　令和○年○月○日○○地方 裁判所担保不動産競売開始決定 債権者　○市○町○丁目○番○号 　　　　株式会社○○債権回収株式会社
3	差押	令和○年○月○日 第○○○○号	原因　令和○年○月○日差押 債権者　○市

＊下線のあるものは抹消事項であることを示す。　　　整理番号　K・・・（1／1）　　　1／3

（乙区欄および共同担保目録は省略）

第3節　取引基本契約書を作成する

取引基本契約書の作成方法とその狙いについて説明します。

Ⅰ　同種取引の契約書を利用する

取引基本契約書（基本用語（p.10））は、今後の取引の基礎となる重要な契約書ですから、しっかりとしたものを作成しなければなりません。

取引基本契約書を作成するときは、過去に同種の取引をしたときの契約書を調べ、それを参考にしながら作成するとよいでしょう。

適当な契約書がない場合には、市販の書式集を参考にすることが効率的です。巻末の「参考文献」（p.278～）で書式集を紹介していますので、使いやすそうなものを選んでください。

Ⅱ　最低限、定めておくべき条項がもれていないかを確認する

書式6（p.70～）のうち、最低限定めておいた方がよい条項は次のとおりです。

1　1条（目的）

1条に契約の趣旨・目的を具体的に記載し、この契約の目的を明確に理解できるようにしておきます。

なお、商品名等を特定せず、「甲が製造する商品」のように対象を広く設定することもあります。

2　2条（個別契約）

取引基本契約はあくまでも取引の基本となる契約にすぎませんから、個別の具体的な取引は今後行われることになります。

そのため、この取引基本契約がすべての個別契約に適用されることを確認し、あわせて個別契約の成立方法についても定めておきます。

3　3条（売買価格および支払方法）

売買契約において、売買価格と支払方法は不可欠の条項です。したがって、売買に関する取引基本契約においても、この条項は落とせません。

しかし、取引基本契約では「別途協議する」という内容の条項がおかれるこ

ともあります。取引状況に応じて売買価格や支払方法を変更したい場合に、柔軟に対応できるようにするためです。

4　記名捺印

契約当事者が、間違いなくその当事者の意思で契約したことを明らかにするために必要不可欠です。

契約書に捺印する印鑑は、法律上は認印でもかまいません。

しかし、相手会社とはじめて取引基本契約書を締結する場合には、実印を押させたうえ、印鑑証明書を添付させるようにしましょう。

5　作成日付

作成日付は、契約の有効期間の確定や代表者の正当な権限に基づいて作成された契約書であるかを判断する基準になります。

Ⅲ　有利な条項を盛り込む

書式6では、甲（自社）に有利な条項がいくつか盛り込まれています。それぞれの条項の狙いは次のとおりです。

1　4条（検収）

相手会社に受領書の発行とすみやかな検査の実施を義務づける条項です。

相手会社に納品されたか、それはいつか、を相手会社の受領書によって明らかにし、納品についてのトラブルを避けることが狙いの1つです。

もう1つの狙いは、相手会社にすみやかに検査を実施させることにより、納品後長期間経過してから「不良品が入っていたから交換しろ」などと要求されるのを防止することにあります。

なお、納品した商品の品質または数量が契約の内容に適合しないとき（「契約不適合」といいます。）は、原則として、買主に、商品の修補、代替品の引渡しまたは不足分の引渡しによる履行の追完（納品のやり直し）を請求する権利があります（民法562条1項本文）。これに対し、売主は、買主に不相当な負担を課すものでないときは、買主が請求した方法と異なる方法による履行の追完をすることができます（同条同項ただし書き）。書式6では、一歩進めて、当社に有利になるように、売主である当社に選択権を認める内容にしています。

2 7条（期限の利益喪失）

　期限の利益とは、「商品を先に受け取っていても支払期限がくるまでは売買代金を支払わなくてもよい」というように、期限がまだ到来しないことによって当事者が受ける利益のことをいいます（基本用語（p.6））。

　個別契約で支払期限を定めると、たとえ相手会社が民事再生（基本用語（p.39））の申立てをした場合でも、支払期限がくるまでは相殺（基本用語（p.22））することはできません。

　そのような場合でも、期限の利益喪失条項を設けておけば、支払期限を前倒しすることになり、すぐに相殺することができます。

　なお、**書式6**では、期限の利益喪失事由を重大なものとそこまでではないものとに分け、重大なものについては、1項で、乙は甲からの通知催告がなくとも当然に期限の利益を失うものとし、そこまでではないものについては、2項で、乙は甲の請求によって期限の利益を失うものとしています。何もしなくても相手会社の期限の利益を失わせることにした方が当社に有利に思えます。しかしその反面、期限の利益を喪失した時点から消滅時効（基本用語（p.15））が進行してしまいますので、すぐに債権回収に取り掛からなければならなくなります。そのため、債権保全の必要性がそれほど高くない場合には、あえて当社の請求により期限の利益を失わせるものとしています。

3 8条（契約解除）

　相手会社の信用状態が悪化した場合に、期限の利益を喪失させるのと同時に、これ以上売掛金が増えることがないように、契約を解除することができるようにしておきます。

　なお、民法543条は、債権者に帰責事由があるときは、債権者は契約の解除ができないと規定しています。取引基本契約の契約解除条項に基づく解除にもこの制限が及ぶと解する余地もありますので、その手当てとして、**書式6**では、当社の帰責事由の有無にかかわらず契約を解除できるものとしています。

　また、民法415条1項ただし書は、債務不履行が債務者の責めに帰することができない事由によるものであるときは、損害賠償責任を免れることを規定しています。**書式6**では、この規定の適用を排除し、当社に有利になるようにしています。

4 9条（担保の提供）

取引開始の時点で相手会社から担保（基本用語（p.6））を取っておいた方が安心ではありますが、なかなか担保を取れないのが実情だと思われます。取引を拡大していくためには多少のリスクを取ることはやむを得ません。しかし、相手会社の財産状態が悪化したにもかかわらず、漫然と取引を継続していたのでは、当社は大きな損害を被ります。

そこで、当社が債権保全のため必要な場合には、相手会社に担保の提供を請求できるようにして、リスクを減らせるように手当てしておきます。

また、相手会社から提供された担保の価値が下がった場合や、相手会社から支払猶予の要請を受けた場合には、債権保全の必要性がさらに高まります。そのようなときに備えて、追加の担保の提供を請求できるようにしておきます。追加の担保のことを、「増担保」（ましたんぽ）といいます。

5 15条（合意管轄）

裁判は、その事件を管轄している裁判所に起こさなければなりません。そのため、場合によっては遠隔地の裁判所に裁判を起こさざるをえないこともあります。

そこで、自社の本店所在地で裁判を起こせるように、相手会社との間で合意しておきます。

Ⅳ 収入印紙を用意する

契約書を作成したときは、1通ごとに印紙税法に定める額の収入印紙を貼らなければなりません。そして、書式6の例のように、契約書を2通作成して各社1通ずつ保有し、収入印紙も各社が用意して貼るのが通常です。

したがって、契約書を準備する段階で収入印紙も用意しておきます。

継続取引の基本契約書（契約期間3か月以内の更新の定めのないものを除く）の場合、1通につき4,000円の収入印紙を貼る必要があります。

書式6 取引基本契約書

売買取引基本契約書

○○株式会社（以下、「甲」という。）と△△株式会社（以下、「乙」という。）

とは、甲乙間の商品の継続的取引に関し、次のとおり契約（以下、「本契約」という。）を締結する。

第1条（目的）

　甲は、乙に対して、下記の商品（以下、「商品」という。）を継続的に売り渡すことを約し、乙はこれを買い受ける。

記

① ○○○○ 、② ○○○○ 、③ ○○○○

第2条（個別契約）

1　本契約は、特段の定めのない限り、甲乙間に締結される個々の取引契約（以下、「個別契約」という。）のすべてに適用する。

2　個別契約は、発注年月日、品名、仕様、単価、数量、納期、納入場所その他を記載した乙所定の注文書を乙から甲に交付し、甲がこれを承諾した時に成立するものとする。

第3条（売買価格および支払方法）

　売買価格および代金の支払方法は、甲乙協議のうえ、別に定めるものとする。

第4条（検収）

1　乙は、甲から商品の納入を受けたときは、甲に対し、ただちに受領書を発行するとともに、甲乙協議のうえ定めた検査方法によって、すみやかに商品を検査し（以下、「受入検査」という。）、合格したもののみを受け入れる（以下、「検収」という。）。

2　前項の検収をもって、甲から乙への商品の引渡しが完了したものとする。

3　受入検査の結果、乙が商品の品質または数量が契約の内容に適合しないこと（以下、「契約不適合」という。）を発見したときは、乙は甲に対し、商品受領後7日以内に書面をもって通知しなければならない。乙が商品を受領した後7日を経過しても乙から書面による通知がない場合には、受入検査に合格したものとみなす。

4　乙から前項の通知を受けたときは、甲は、すみやかにその選択により、代替品の引渡し、不足分の引渡しまたは修補を行うものとする。

第5条（契約不適合責任）

1　乙は、甲が納入した商品に、前条による受入検査によっても、ただちに発見できない契約不適合があることを発見したときは、ただちに甲に通知しなければならない。

2　乙への商品の納入後6か月以内に、乙から甲に対して前項の書面による通知がなされた場合に限り、甲は乙の指示に従い、代替品の納入、無償修理もしくは代金の減額に応じ、またはこれらに代え、あるいはこれらとともに、当該契約不適合により乙が被った損害を賠償するものとし、その後は一切の責任を負わないものとする。

第6条（危険負担）

　危険負担は、第4条2項に基づき甲から乙に商品が引き渡された時に移転するものとし、引渡し後に生じた商品の滅失・毀損・盗難・紛失等が生じたとき

は、乙は、その滅失・毀損・盗難・紛失等を理由として、履行の追完請求、代金減額請求、損害賠償請求および契約解除をすることができないものとする。この場合において、乙は、代金の支払いを拒むことができないものとする。

第7条（期限の利益喪失）

1　乙に次の事由が生じたときは、乙は甲からの通知催告がなくとも、当然に期限の利益を失い、ただちに残債務全額を支払わなければならない。

　①　乙が振出し、引受け、もしくは裏書した約束手形・為替手形・小切手が不渡りとなったとき、または電子記録債権が支払不能処分を受けたとき

　②　支払停止もしくは支払不能に陥ったとき、または銀行取引停止処分を受けたとき

　③　第三者から差押え、仮差押えまたは仮処分命令の申立てを受けたとき

　④　破産手続開始・民事再生手続開始・会社更生手続開始・特別清算開始の申立てをし、またはこれらの申立てを受けたとき

2　乙に次の事由が生じたときは、乙は甲の請求によって期限の利益を失い、ただちに残債務全額を支払わなければならない。

　①　個別契約に基づく商品の代金の支払いを怠ったとき

　②　本契約その他甲乙間で別途締結される契約等の条項に違反したとき

　③　財産状態が著しく悪化し、またはそのおそれがあると認められる相当の事由があると甲が判断したとき

　④　本契約の履行が困難になったとき、その他債権保全を必要とする相当の事由が生じたと甲が判断したとき

第8条（契約解除）

1　乙が前条の各号に該当したときは、甲は自らの帰責事由の有無にかかわらず、何らの通知催告を要せず、ただちに本契約および個別契約の全部または一部を解除することができる。

2　前項に基づいて本契約が解除されたときは、乙は、甲に対して、本契約の解除により甲が被った損害を賠償するものとする。乙は自らの責めに帰することができない事由があることを理由として、損害賠償責任を免れることはできないものとする。

第9条（担保の提供）

1　甲が債権保全のため必要と認めるときは、乙に対し、本契約および個別契約から生じる一切の債務不履行の担保として、担保物または保証金の提供を請求できるものとし、乙はこれに応じなければならない。

2　乙に次の事由が生じたときは、甲は乙に対し、増担保を請求することができるものとし、乙はただちに、乙の費用をもって、これに応じなければならない。

　①　担保目的物の価額が、乙が甲に対して負担する債務の総額の70％を下回ったとき

　②　乙が甲に対して負担する債務について、支払期限の猶予の要請をしたとき

　③　乙が第7条の期限の利益喪失事由に該当したとき

3　乙が第 7 条により期限の利益を喪失したときは、甲はただちに第 1 項の担保物を法令の定める手続によらずに、適当と認める方法および価格により任意に処分し、その代価を乙の甲に対する債務の弁済に充当し、または代物弁済としてその所有権を取得することができる。

第 10 条（譲渡制限）
　甲および乙は、相手方の事前の書面による承諾なくして、本契約または個別契約上の地位を第三者に承継させ、あるいは本契約または個別契約から生じる権利義務の全部または一部を第三者に譲渡し、または担保に供してはならない。

第 11 条（不可抗力免責）
　甲または乙は、天災地変、戦争、暴動、内乱、法令の制定改廃、公権力の行使による命令・処分、争議行為、輸送機関・通信回線の事故、感染症、伝染病、仕入先の債務不履行その他不可抗力により、本契約または個別契約の全部または一部（金銭債務を除く。）の履行遅滞もしくは履行不能が生じた場合、これによる責任を負わない。

第 12 条（機密保持）
　甲および乙は、本契約および個別契約に関する取引について知り得た相手方の業務上の機密を、本契約の有効期間中はもとより終了後も、第三者に漏洩してはならない。

第 13 条（暴力団等反社会的勢力と関わりがないことの誓約）
1　甲および乙は、自己または自己の役員が暴力団、暴力団員またはこれに準ずるものその他の反社会的勢力（以下、「反社会的勢力」という。）に該当しないこと、反社会的勢力を利用しないこと、資金提供その他の行為を行うことを通じて反社会的勢力の維持、運営に協力もしくは関与しないことを、相手方に対して表明または保証し、かつ、将来にわたってかかる事実がないことを保証する。
2　甲および乙は、相手方が前項の保証に違反した場合、何らの催告その他の手続を要せず、ただちに本契約および個別契約の全部または一部を解除することができるものとし、解除によって相手方に生じた損害について、賠償義務を負わないものとする。

第 14 条（有効期間）
1　本契約の有効期間は、本契約の締結日より 1 年間とする。期間満了 1 か月前までにいずれの当事者からも書面による別段の申出がないときは、本契約はさらに 1 年間延長されるものとし、以後も同様とする。
2　本契約の終了または解除の時に、すでに成立した個別契約がある場合は、本契約は当該個別契約の履行が完了するまで、当該個別契約の履行の目的のために、なお効力を有するものとする。

第 15 条（合意管轄）
　甲および乙は、本契約に関する紛争については、甲の本店所在地を管轄する地方裁判所を第一審の専属的合意管轄裁判所とすることに合意する。

第16条（協議）
　本契約に定めのない事項または本契約の条項の解釈につき疑義が生じた事項については、甲乙誠意をもって協議し、解決するものとする。

　本契約の成立を証するため、本契約書2通を作成し、甲乙記名捺印のうえ、各1通を保有する。

令和○年○月○日

（甲）　東京都○区○町○丁目○番○号
　　　　○○株式会社
　　　　代表取締役　　○○○○　　印

（乙）　東京都○区○町○丁目○番○号
　　　　△△株式会社
　　　　代表取締役　　△△△△　　印

コラム3　新型コロナウイルス対応

　新型コロナウイルス感染症の拡大に伴い、経済活動が著しく停滞しました。

　東日本大震災の時も大混乱しましたが、日本の中にも東日本大震災の影響を受けていない地域はありました。また、海外には直接の影響はありませんでした。

　しかし、新型コロナウイルス感染症の影響は日本全国におよんでおり、海外も影響を受けています。

　このような状況では、債務を履行したくても履行できない事態に陥ることもあります。

　そのような場合に備えて、取引基本契約書に不可抗力免責の条項を設け、感染症も不可抗力の1つであることを明記することにより、債務不履行責任を免れることができるようにしておくことが考えられます。また、サプライチェーンが壊れてしまい、仕入先から商品や原材料を仕入れることができないこともありますので、仕入先の債務不履行を不可抗力の1つとすることも考えられます。

　ただし、金銭債務の不履行については民法419条3項に特則が定められており、不可抗力をもって抗弁とすることができないとされています。そのため、金銭債務については不可抗力免責の対象から外します。

　書式6の第11条（不可抗力免責）は、このような考えに基づいています（p.73）。

また、新型コロナウイルスの影響により、取引先の資金繰りが苦しくなることもあるでしょう。そのような取引先と漫然と取引を継続してしまうと、回収できない金額が積み上がる結果になりかねません。

　そのような場合に備えて、取引継続中に、取引先に担保の提供を請求できるようにしておくとよいでしょう。さらに、担保の価値が低下したときは、増担保を請求できるようにしておきます。そして、取引先が担保の提供をしないときは、契約違反を理由として契約を解除し、自社の損害額が増えないようにします。

　書式6の第9条（担保の提供）は、このような考えに基づいています（p.72）。

　とはいえ、新型コロナウイルスの影響がおよんでいるのは自社も同様であり、自社だけが儲かれば良いという考えはやめた方がよいと思われます。

第2章　取引開始時の債権保全

　取引先が倒産したときでもできる限り損失を被らないようにするための、取引開始時の債権保全方法として、所有権留保、保証金および保証人について説明します。

第1節　商品の売買取引を開始するときの債権保全（所有権留保）

　所有権留保売買の方法および所有権留保特約つき売買契約書のポイントについて説明します。

I　所有権留保特約をつけることが適切な場合

　取引先に商品（動産）を販売する売買取引をしている場合に、取引先が倒産したとします。このような非常時には、納めた商品を取引先から取り戻して、少しでも損失を減らしたいと思うでしょう。

　しかし、取引先との契約書に何も特約がついていなければ、原則として、商品を取引先に引き渡した時点で、その商品の所有権は取引先に移ってしまいます。

　つまり、取引先から代金を支払ってもらう前に取引先が倒産した場合でも、納めた商品は取引先の所有物になっていますから、商品を取り戻すことは難しくなります。

　このような不合理な事態を招かないために、いざというときには所有権に基づいて商品を取り戻すことができるようにしておきたいところです。

　そのための方法が、取引基本契約書に所有権留保条項を入れることです（書式7（p.77〜）の6条）。

売買取引基本契約書

　○○株式会社（以下、「甲」という。）と△△株式会社（以下、「乙」という。）とは、甲乙間の商品の継続的取引に関し、次のとおり契約（以下、「本契約」という。）を締結する。

第1条（目的）

　甲は、乙に対して、下記の商品（以下、「商品」という。）を継続的に売り渡すことを約し、乙はこれを買い受ける。

記
① ○○○○ 、② ○○○○ 、③ ○○○○

第2条（個別契約）

1　本契約は、特段の定めのない限り、甲乙間に締結される個々の取引契約（以下、「個別契約」という。）のすべてに適用する。

2　個別契約は、発注年月日、品名、仕様、単価、数量、納期、納入場所その他を記載した乙所定の注文書を乙から甲に交付し、甲がこれを承諾した時に成立するものとする。

第3条（売買価格および支払方法）

　売買価格および代金の支払方法は、甲乙協議のうえ、別に定めるものとする。

第4条（検収）

1　乙は、甲から商品の納入を受けたときは、甲に対し、ただちに受領書を発行するとともに、甲乙協議のうえ定めた検査方法によって、すみやかに商品を検査し（以下、「受入検査」という。）、合格したもののみを受け入れる（以下、「検収」という。）。

2　前項の検収をもって、甲から乙への商品の引渡しが完了したものとする。

3　受入検査の結果、乙が商品の品質または数量が契約の内容に適合しないこと（以下、「契約不適合」という。）を発見したときは、乙は甲に対し、商品受領後7日以内に書面をもって通知しなければならない。乙が商品を受領した後7日を経過しても乙から書面による通知がない場合には、受入検査に合格したものとみなす。

4　乙から前項の通知を受けたときは、甲は、すみやかにその選択により、代替品の引渡し、不足分の引渡しまたは修補を行うものとする。

第5条（契約不適合責任）

1　乙は、甲が納入した商品に、前条による受入検査によっても、ただちに発見できない契約不適合があることを発見したときは、ただちに甲に通知しなければならない。

2　乙への商品の納入後6か月以内に、乙から甲に対して前項の書面による通知がなされた場合に限り、甲は乙の指示に従い、代替品の納入、無償修理もしくは代金の減額に応じ、またはこれらに代え、あるいはこれらとともに、

当該契約不適合により乙が被った損害を賠償するものとし、その後は一切の責任を負わないものとする。

第6条（所有権の移転）

1　商品の所有権は、乙が甲に対し商品の売買代金の全額を支払った時（代金の支払いが手形・小切手・電子債権による場合は、当該手形・小切手・電子債権が支払期日に決済された時）に甲から乙へ移転する。

2　乙は、甲から商品の納入を受ける都度、占有改定の方法により甲に引き渡すものとし、以後、善良な管理者の注意をもって、甲のために商品を占有するものとする。ただし、乙は、通常の営業の取引の範囲において第三者に商品を販売することができ、この場合、乙が第三者に商品を引き渡した時に、商品の所有権が、甲から乙、乙から第三者へ順次移転するものとする。

第7条（危険負担）

　危険負担は、第4条2項に基づき甲から乙に商品が引き渡された時に移転するものとし、引渡し後に生じた商品の滅失・毀損・盗難・紛失等が生じたときは、乙は、その滅失・毀損・盗難・紛失等を理由として、履行の追完請求、代金減額請求、損害賠償請求および契約解除をすることができないものとする。この場合において、乙は、代金の支払いを拒むことができないものとする。

第8条（期限の利益喪失）

1　乙に次の事由が生じたときは、乙は甲からの通知催告がなくとも、当然に期限の利益を失い、ただちに残債務全額を支払わなければならない。

　①　乙が振出し、引き受け、もしくは裏書した約束手形・為替手形・小切手が不渡りとなったとき、または電子記録債権が支払不能処分を受けたとき

　②　支払停止もしくは支払不能に陥ったとき、または銀行取引停止処分を受けたとき

　③　第三者から差押え、仮差押えまたは仮処分命令の申立てを受けたとき

　④　破産手続開始・民事再生手続開始・会社更生手続開始・特別清算開始の申立てをし、またはこれらの申立てを受けたとき

2　乙に次の事由が生じたときは、乙は甲の請求によって期限の利益を失い、ただちに残債務全額を支払わなければならない。

　①　個別契約に基づく商品の代金の支払いを怠ったとき

　②　本契約その他甲乙間で別途締結される契約等の条項に違反したとき

　③　財産状態が著しく悪化し、またはそのおそれがあると認められる相当の事由があると甲が判断したとき

　④　本契約の履行が困難になったとき、その他債権保全を必要とする相当の事由が生じたと甲が判断したとき

第9条（契約解除）

1　乙が前条の各号に該当したときは、甲は自らの帰責事由の有無にかかわらず、何らの通知催告を要せず、ただちに本契約および個別契約の全部または一部を解除することができる。

2　前項に基づいて本契約が解除されたときは、乙は、甲に対して、本契約の

解除により甲が被った損害を賠償するものとする。乙は自らの責めに帰することができない事由があることを理由として、損害賠償責任を免れることはできないものとする。

第10条（担保の提供）

1 甲が債権保全のため必要と認めるときは、乙に対し、本契約および個別契約から生じる一切の債務不履行の担保として、担保物または保証金の提供を請求できるものとし、乙はこれに応じなければならない。

2 乙に次の事由が生じたときは、甲は乙に対し、増担保を請求することができるものとし、乙はただちに、乙の費用をもって、これに応じなければならない。

　① 担保目的物の価額が、乙が甲に対して負担する債務の総額の70%を下回ったとき

　② 乙が甲に対して負担する債務について、支払期限の猶予の要請をしたとき

　③ 乙が第8条の期限の利益喪失事由に該当したとき

3 乙が第8条により期限の利益を喪失したときは、甲はただちに第1項の担保物を法令の定める手続によらずに、適当と認める方法および価格により任意に処分し、その代価を乙の甲に対する債務の弁済に充当し、または代物弁済としてその所有権を取得することができる。

第11条（譲渡制限）

　甲および乙は、相手方の事前の書面による承諾なくして、本契約または個別契約上の地位を第三者に承継させ、あるいは本契約または個別契約から生じる権利義務の全部または一部を第三者に譲渡し、または担保に供してはならない。

第12条（不可抗力免責）

　甲または乙は、天災地変、戦争、暴動、内乱、法令の制定改廃、公権力の行使による命令・処分、争議行為、輸送機関・通信回線の事故、感染症、伝染病、仕入先の債務不履行その他不可抗力により、本契約または個別契約の全部または一部（金銭債務を除く。）の履行遅滞もしくは履行不能が生じた場合、これによる責任を負わない。

第13条（機密保持）

　甲および乙は、本契約および個別契約に関する取引について知り得た相手方の業務上の機密を、本契約の有効期間中はもとより終了後も、第三者に漏洩してはならない。

第14条（暴力団等反社会的勢力と関わりがないことの誓約）

1 甲および乙は、自己または自己の役員が暴力団、暴力団員またはこれに準ずるものその他の反社会的勢力（以下、「反社会的勢力」という。）に該当しないこと、反社会的勢力を利用しないこと、資金提供その他の行為を行うことを通じて反社会的勢力の維持、運営に協力もしくは関与しないことを、相手方に対して表明または保証し、かつ、将来にわたってかかる事実がないことを保証する。

2 甲および乙は、相手方が前項の保証に違反した場合、何らの催告その他の

手続を要せず、ただちに本契約および個別契約の全部または一部を解除することができるものとし、解除によって相手方に生じた損害について、賠償義務を負わないものとする。

第15条（有効期間）
1　本契約の有効期間は、本契約の締結日より1年間とする。期間満了1か月前までにいずれの当事者からも書面による別段の申出がないときは、本契約はさらに1年間延長されるものとし、以後も同様とする。
2　本契約の終了または解除の時に、すでに成立した個別契約がある場合は、本契約は当該個別契約の履行が完了するまで、当該個別契約の履行の目的のために、なお効力を有するものとする。

第16条（合意管轄）
　甲および乙は、本契約に関する紛争については、甲の本店所在地を管轄する地方裁判所を第一審の専属的合意管轄裁判所とすることに合意する。

第17条（協議）
　本契約に定めのない事項または本契約の条項の解釈につき疑義が生じた事項については、甲乙誠意をもって協議し、解決するものとする。

　本契約の成立を証するため、本契約書2通を作成し、甲乙記名捺印のうえ、各1通を保有する。

令和○年○月○日

（甲）東京都○区○町○丁目○番○号
　　　○○株式会社
　　　代表取締役　　○○○○　印

（乙）東京都○区○町○丁目○番○号
　　　△△株式会社
　　　代表取締役　△△△△　印

Ⅱ　所有権留保特約つき売買契約書のポイント

　所有権留保特約は、継続的な売買取引に限らず、個別の売買契約書にもつけることができます。
　所有権留保特約つき売買契約書の例は、**書式8**（p.82～）のとおりです。
　この契約書の特に重要なポイントは、次の2つです。

1　所有権留保の特約を契約書中に明記する
売買契約に基づいて商品を取引先に引き渡すと、その時点で商品の所有権は

取引先に移転するのが原則です。

　したがって、代金が支払われていないのに所有権が取引先に移転することを防止するには、所有権留保特約を契約書中に明記することが必要です（5条）。

2　代金完済まで対象物件の処分を禁じておく

　所有権留保売買の目的は、いざというときに取引先のところにある対象物件（商品）を所有権に基づいて引き揚げることができるようにすることです。

　しかし、代金を完済する前に、勝手に第三者に処分されてしまっては、すみやかに引き揚げることができません。

　したがって、所有権留保の特約と同時に、代金完済まで対象物件（商品）の処分を禁じておくことも必要です（6条3項）。

Ⅲ　対象物件が自社の所有物件である旨のプレートを貼る

　取引先が処分禁止の特約に反し、代金完済前に対象物件（商品）を第三者に処分してしまった場合には、取引先の所有物であることを知らない第三者はその所有権を取得することができます。これを善意取得（または即時取得）といいます（民法192条）。

　このような事態が生じることを防止するために、対象物件（商品）が自社の所有物件である旨のプレートやステッカーなどを貼っておき、取引先の所有物ではないことを第三者がわかるようにしておきます（6条4項）。

　対象物件（商品）が取引先の所有物ではないことを第三者が知っているか、あるいは知らなかったことについて過失があるときには善意取得は成立しません。対象物件に自社の所有物件である旨のプレートなどが貼ってあれば、第三者の過失が認められやすくなります。

Ⅳ　転売が予定されている商品の場合

　書式8（p.82〜）の売買契約書は転売が予定されていない商品を前提としています。しかし、転売が予定されている商品を販売するときでも所有権留保特約をつけることはできます（書式7（p.77〜）を参照してください）。

　たしかに転売が予定されている商品の場合には、取引先の処分を禁止する条項を盛り込むことはできません。また、自社の所有物件である旨のプレートなどを貼ることもできません。

　しかし、商品が転売される前に取引先が倒産したような場合、所有権留保特

約がついていれば、所有権に基づいて商品を引き揚げることが可能です。

　このように転売が予定されているときでも、所有権留保特約をつけておくことは効果的です。

書式8　所有権留保特約つき売買契約書

売買契約書

　売主○○株式会社（以下、「甲」という。）と買主△△株式会社（以下、「乙」という。）とは、次のとおり契約（以下、「本契約」という。）を締結する。

第1条（目的物および代金）

　甲は、乙に対して、下記の商品（以下、「商品」という。）を金○○万円で売り渡し、乙はこれを買い受ける。

記

　　（商品の表示）

　　　　商品名　　○○○○

　　　　品　番　　○○○○

　　　　個　数　　○○○個

第2条（支払方法）

　　乙は甲に対し、前条の売買代金を次のとおり支払う。振込手数料は乙の負担とする。

　　①　本契約締結時に、手付金として○○万円を支払う。

　　②　残代金○○○万円は、令和○年○月から令和○年○月まで、毎月末日限り、金○○万円を甲が指定する銀行口座に振り込んで支払う。

第3条（引渡時期、引渡場所および引渡方法）

　　商品の引渡時期、引渡場所および引渡方法は、次のとおりとする。

　　①　引渡時期　令和○年○月○日

　　②　引渡場所　乙○○工場（東京都○区○町○丁目○番○号）

　　③　引渡方法　納入後7日以内に乙が検査し、検査完了後に引き渡す。

第4条（契約不適合責任）

1　乙は、前条による検査によっても、甲が納入した商品の品質または数量が契約の内容に適合しないこと（以下、「契約不適合」という。）を発見できず、その後、契約不適合があることを発見したときは、ただちに甲に通知しなければならない。

2　乙への商品の納入後6か月以内に、乙から甲に対して前項の書面による通知がなされた場合に限り、甲は乙の指示に従い、代替品の納入、無償修理もしくは代金の減額に応じ、またはこれらに代え、あるいはこれらとともに、当該契約不適合により乙が被った損害を賠償するものとし、その後は一切の責任を負わないものとする。

第５条（所有権留保特約）

　商品の所有権は、乙が甲に対し売買代金の全額を支払うまでの間、甲に留保されるものとする。

第６条（保管義務）

１　乙は、第３条３号による引渡後ただちに、商品を占有改定の方法により甲に引き渡すものとする。乙は、以後商品を甲のために乙の○○工場において占有し、その用法に従って使用するものとし、善良な管理者の注意をもって保管しなければならない。

２　乙は、商品の保管場所を変更するときは、事前に甲の了承を得なければならない。

３　乙は、商品につき、転売、担保権の設定その他一切の処分をしてはならない。

４　乙は、商品が甲の所有物であることを表示するネームプレートを商品に取りつけなければならない。

第７条（危険負担）

　危険負担は、第３条３号に基づき甲から乙に商品が引き渡された時に移転するものとし、引渡し後に生じた商品の滅失・毀損・盗難・紛失等が生じたときは、乙は、その滅失・毀損・盗難・紛失等を理由として、履行の追完請求、代金減額請求、損害賠償請求および契約解除をすることができないものとする。この場合において、乙は、代金の支払いを拒むことができないものとする。

第８条（期限の利益喪失）

１　乙に次の事由が生じたときは、乙は甲からの通知催告がなくとも、当然に期限の利益を失い、ただちに残債務全額を支払わなければならない。

　①　乙が振出し、引受け、もしくは裏書した約束手形・為替手形・小切手が不渡りとなったとき、または電子記録債権が支払不能処分を受けたとき

　②　支払停止もしくは支払不能に陥ったとき、または銀行取引停止処分を受けたとき

　③　第三者から差押え、仮差押えまたは仮処分命令の申立てを受けたとき

　④　破産手続開始・民事再生手続開始・会社更生手続開始・特別清算開始の申立てをし、またはこれらの申立てを受けたとき

２　乙に次の事由が生じたときは、乙は甲の請求によって期限の利益を失い、ただちに残債務全額を支払わなければならない。

　①　商品の代金の支払いを怠ったとき

　②　本契約その他甲乙間で別途締結される契約等の条項に違反したとき

　③　財産状態が著しく悪化し、またはそのおそれがあると認められる相当の事由があると甲が判断したとき

　④　本契約の履行が困難になったとき、その他債権保全を必要とする相当の事由が生じたと甲が判断したとき

第９条（契約解除）

１　乙が前条の各号に該当したときは、甲は自らの帰責事由の有無にかかわら

ず、何らの通知催告を要せず、ただちに本契約を解除することができる。

2　前項に基づいて本契約が解除されたときは、乙は、甲に対して、本契約の解除により甲が被った損害を賠償するものとする。乙は自らの責めに帰することができない事由があることを理由として、損害賠償責任を免れることはできないものとする。

第10条（担保の提供）

1　甲が債権保全のため必要と認めるときは、乙に対し、本契約から生じる一切の債務不履行の担保として、担保物または保証金の提供を請求できるものとし、乙はこれに応じなければならない。

2　乙に次の事由が生じたときは、甲は乙に対し、増担保を請求することができるものとし、乙はただちに、乙の費用をもって、これに応じなければならない。

　①　担保目的物の価額が、乙が甲に対して負担する債務の総額の70％を下回ったとき

　②　乙が甲に対して負担する債務について、支払期限の猶予の要請をしたとき

　③　乙が第8条の期限の利益喪失事由に該当したとき

3　乙が第8条により期限の利益を喪失したときは、甲はただちに第1項の担保物を法令の定める手続によらずに、適当と認める方法および価格により任意に処分し、その代価を乙の甲に対する債務の弁済に充当し、または代物弁済としてその所有権を取得することができる。

第11条（譲渡制限）

　甲および乙は、相手方の事前の書面による承諾なくして、本契約上の地位を第三者に承継させ、あるいは本契約から生じる権利義務の全部または一部を第三者に譲渡し、または担保に供してはならない。

第12条（不可抗力免責）

　甲または乙は、天災地変、戦争、暴動、内乱、法令の制定改廃、公権力の行使による命令・処分、争議行為、輸送機関・通信回線の事故、感染症、伝染病、仕入先の債務不履行その他不可抗力により、本契約または個別契約の全部または一部（金銭債務を除く。）の履行遅滞もしくは履行不能が生じた場合、これによる責任を負わない。

第13条（返還義務）

　乙は、第8条の各号に該当したときは、商品を使用する権利を失い、甲に対しただちに商品を返還しなければならない。

第14条（処分）

1　前条の場合、甲は返還を受けた商品を任意に換価処分もしくは評価のうえ、その処分代金もしくは評価額をもって乙の売買代金債務および諸費用の全部または一部に充当することができる。

2　前項の場合、充当金が売買代金債務および諸費用の合計額に満たないときは、乙は甲に対し、ただちにその不足額を支払う。充当の結果剰余が生じたときは、甲は乙に対し、その金額を支払う。

第 15 条（機密保持）

甲および乙は、本契約に関する取引について知り得た相手方の業務上の機密を第三者に漏洩してはならない。

第 16 条（暴力団等反社会的勢力と関わりがないことの誓約）

1　甲および乙は、自己または自己の役員が暴力団、暴力団員またはこれに準ずるものその他の反社会的勢力（以下、「反社会的勢力」という。）に該当しないこと、反社会的勢力を利用しないこと、資金提供その他の行為を行うことを通じて反社会的勢力の維持、運営に協力もしくは関与しないことを、相手方に対して表明または保証し、かつ、将来にわたってかかる事実がないことを保証する。

2　甲および乙は、相手方が前項の保証に違反した場合、何らの催告その他の手続を要せず、ただちに本契約および個別契約の全部または一部を解除することができるものとし、解除によって相手方に生じた損害について、賠償義務を負わないものとする。

第 17 条（合意管轄）

甲および乙は、本契約に関する紛争については、甲の本店所在地を管轄する地方裁判所を第一審の専属的合意管轄裁判所とすることに合意する。

第 18 条（協議）

本契約に定めのない事項または本契約の条項の解釈につき疑義が生じた事項については、甲乙誠意をもって協議し、解決するものとする。

本契約の成立を証するため、本契約書 2 通を作成し、甲乙記名捺印のうえ、各 1 通を保有する。

令和○年○月○日

（甲）東京都○区○町○丁目○番○号
　　　○○株式会社
　　　代表取締役　○○○○　印

（乙）東京都○区○町○丁目○番○号
　　　△△株式会社
　　　代表取締役　△△△△　印

コラム 4　留保した所有権を行使するための要件

本文で説明しましたように、所有権留保は、いざというときに所有権に基づいて商品を取り戻すことができるようにするために設定するものです。

しかし、取引先が破産手続や民事再生手続に入った場合には、実務上、所有

権留保も担保権（破産手続や民事再生手続においては、「別除権」といいます）
として取り扱われています。

　そして、最高裁判所は、民事再生手続（個人再生手続）における自動車の所
有権留保が問題となった事案で、当該自動車について、再生手続開始の時点で
所有権留保権者を所有者とする登録がされていない限り、留保した所有権を別
除権として行使することは許されない、と判示しました（最判平成22・6・4民
集64巻4号1107頁）。

　この判例を契機として、少なくとも法的整理手続（基本用語（p.38））におい
て留保した所有権を行使するためには、対抗要件（基本用語（p.10））を備えて
いる必要がある、との考え方が主流になっています。

　書式7（p.77〜）の6条2項本文、**書式8**（p.82〜）の6条1項は、上記の考
え方に対応したものです。

　売買契約書を作成するにあたり、取引先に所有権留保特約をつけることを認
めさせることですら、苦労することも多いと思います。それに加えて、一度取
引先に引き渡した商品を、さらに占有改定（基本用語（p.28））の方法で自社に
引き渡すことを認めさせることは、かなりハードルが高いと思います。しかし、
取引先が法的整理手続に入ったときに、留保していた所有権を行使することが
できないのでは、せっかくの苦労が報われなくなります。このような問題意識
をもって、売買契約の締結交渉に臨みましょう。

　なお、最近の判例では、破産手続における自動車の所有権留保が問題となっ
た事案で、販売会社を所有者とする登録がされている場合に、保証人が保証債
務の履行として売買代金残額を支払ったときは、保証人は販売会社が留保して
いた所有権を法律上当然に取得する（弁済による代位）ので、保証人が所有者
として登録されていなくても、留保された所有権を別除権として行使すること
ができるとされています（最判平成29・12・7民集71巻10号1925頁）。

　また、金属スクラップ等の継続的売買契約において所有権留保が定められて
いる場合に、買主が保管する金属スクラップ等を含む在庫製品等について集合
動産譲渡担保権が設定されたとき、留保所有権者（売主）と集合動産譲渡担保
権者のどちらが優先するかが争点となった事案で、最高裁判所は、金属スク
ラップ等の所有権は、所有権留保条項の定めどおり、その売買代金が完済され
るまで留保所有権者（売主）から買主に移転しないから、集合動産譲渡担保権
者は、留保所有権者（売主）に対して集合動産譲渡担保権を主張することがで
きないと判示しています（最判平成30・12・7民集72巻6号1044頁）。

第2節　保証金を預かる

> 最も確実な債権保全の方法として、保証金について説明します。

I　保証金とは

　保証金とは、取引先から一定の現金を担保として預かり、取引先が代金を支払えなくなった場合に、預かった現金を自社の債権に充当して債権回収を図るためのものです。

　取引先に対する売掛債権の額が保証金の範囲内にとどまるように取引している限り、取引先が倒産しても全額回収できます。

　保証金を預かることは、一番てっとり早く、確実な債権保全手段といえます。

II　保証金のとり方

1　一時金方式

　取引の開始時に取引先から一定の保証金を預かってしまう方法です。

　このような方法がとれるのは、実際には自社の方が取引先よりもかなり優位な立場にある場合に限られます。

　保証金を預かることができる場合には、取引基本契約書に保証金条項を入れます。保証金条項の例は、**書式9**（p.88〜）の9条のとおりです。

　①今後の取引の見込み量を想定し、その量に見合った保証金の額を設定すること、②今後の取引による売掛債権の額が、保証金の額を超えないようにしっかりと債権管理すること、がポイントです。

　なお、保証金はあくまでも担保としてお金を預かっているだけです。そのため、取引先に対し利息を支払う場合もあります。また、利息を支払ったことにして、その利息分も保証金として積み立てさせることもあります。さらに、保証金条項に「2　前項の保証金には、利息はつけない。」と明示して、そもそも利息を発生させないようにすることもできます。

2　積立方式

　商品を大量に購入してもらっている取引先に対して、「売上割戻し金」「歩戻し金」などを支払う内容の取決めをしている場合があります。

このような取決めをしている場合には、「売上割戻し金」「歩戻し金」などを保証金にあてさせる方法もあります。

　すなわち、「売上割戻し金」「歩戻し金」の額を計算し、取引先にその額を支払ったことにするが、同時に、取引先から同額を保証金として預かったことにするという方法です。

　取引先の支払いが特に遅れているわけではないが、経営状況が悪化しているらしいとの情報を得た場合や、取引先が実際に支払条件の変更を求めてきた場合などには、この保証金の積立方式を取引先に提案し、債権の保全を図った方がよいでしょう。

書式9　取引基本契約書（保証金条項つき）

売買取引基本契約書

　○○株式会社（以下、「甲」という。）と△△株式会社（以下、「乙」という。）とは、甲乙間の商品の継続的取引に関し、次のとおり契約（以下、「本契約」という。）を締結する。

第1条（目的）

　甲は、乙に対して、下記の商品（以下、「商品」という。）を継続的に売り渡すことを約し、乙はこれを買い受ける。

記

① ○○○○ 、② ○○○○ 、③ ○○○○

第2条（個別契約）

1　本契約は、特段の定めのない限り、甲乙間に締結される個々の取引契約（以下、「個別契約」という。）のすべてに適用する。

2　個別契約は、発注年月日、品名、仕様、単価、数量、納期、納入場所その他を記載した乙所定の注文書を乙から甲に交付し、甲がこれを承諾した時に成立するものとする。

第3条（売買価格および支払方法）

　売買価格および代金の支払方法は、甲乙協議のうえ、別に定めるものとする。

第4条（検収）

1　乙は、甲から商品の納入を受けたときは、甲に対し、ただちに受領書を発行するとともに、甲乙協議のうえ定めた検査方法によって、すみやかに商品を検査し（以下、「受入検査」という。）、合格したもののみを受け入れる（以下、「検収」という。）。

2　前項の検収をもって、甲から乙への商品の引渡しが完了したものとする。

3　受入検査の結果、乙が商品の品質または数量が契約の内容に適合しないこ

と（以下、「契約不適合」という。）を発見したときは、乙は甲に対し、商品受領後7日以内に書面をもって通知しなければならない。乙が商品を受領した後7日を経過しても乙から書面による通知がない場合には、受入検査に合格したものとみなす。

4　乙から前項の通知を受けたときは、甲は、すみやかにその選択により、代替品の引渡し、不足分の引渡しまたは修補を行うものとする。

第5条（契約不適合責任）

1　乙は、甲が納入した商品に、前条による受入検査によっても、ただちに発見できない契約不適合があることを発見したときは、ただちに甲に通知しなければならない。

2　乙への商品の納入後6か月以内に、乙から甲に対して前項の書面による通知がなされた場合に限り、甲は乙の指示に従い、代替品の納入、無償修理もしくは代金の減額に応じ、またはこれらに代え、あるいはこれらとともに、当該契約不適合により乙が被った損害を賠償するものとし、その後は一切の責任を負わないものとする。

第6条（危険負担）

危険負担は、第4条2項に基づき甲から乙に商品が引き渡された時に移転するものとし、引渡し後に生じた商品の滅失・毀損・盗難・紛失等が生じたときは、乙は、その滅失・毀損・盗難・紛失等を理由として、履行の追完請求、代金減額請求、損害賠償請求および契約解除をすることができないものとする。この場合において、乙は、代金の支払いを拒むことができないものとする。

第7条（期限の利益喪失）

1　乙に次の事由が生じたときは、乙は甲からの通知催告がなくとも、当然に期限の利益を失い、ただちに残債務全額を支払わなければならない。

①　乙が振出し、引受け、もしくは裏書した約束手形・為替手形・小切手が不渡りとなったとき、または電子記録債権が支払不能処分を受けたとき

②　支払停止もしくは支払不能に陥ったとき、または銀行取引停止処分を受けたとき

③　第三者から差押え、仮差押えまたは仮処分命令の申立てを受けたとき

④　破産手続開始・民事再生手続開始・会社更生手続開始・特別清算開始の申立てをし、またはこれらの申立てを受けたとき

2　乙に次の事由が生じたときは、乙は甲の請求によって期限の利益を失い、ただちに残債務全額を支払わなければならない。

①　個別契約に基づく商品の代金の支払いを怠ったとき

②　本契約その他甲乙間で別途締結される契約等の条項に違反したとき

③　財産状態が著しく悪化し、またはそのおそれがあると認められる相当の事由があると甲が判断したとき

④　本契約の履行が困難になったとき、その他債権保全を必要とする相当の事由が生じたと甲が判断したとき

第8条（契約解除）

1　乙が前条の各号に該当したときは、甲は自らの帰責事由の有無にかかわらず、何らの通知催告を要せず、ただちに本契約および個別契約の全部または一部を解除することができる。

2　前項に基づいて本契約が解除されたときは、乙は、甲に対して、本契約の解除により甲が被った損害を賠償するものとする。乙は自らの責めに帰することができない事由があることを理由として、損害賠償責任を免れることはできないものとする。

第9条（保証金）

1　乙は甲に対し、本契約の保証金として、金〇〇〇〇円を提供する。

2　前項の保証金には、利息はつけない。

3　乙が第7条の定めにより期限の利益を失ったときは、甲は何らの通知催告を要せず、第1項の保証金を本契約に基づき生じた一切の債務の弁済に充当することができる。

第10条（担保の提供）

1　甲が債権保全のため必要と認めるときは、乙に対し、本契約および個別契約から生じる一切の債務不履行の担保として、担保物または保証金の提供を請求できるものとし、乙はこれに応じなければならない。

2　乙に次の事由が生じたときは、甲は乙に対し、増担保を請求することができるものとし、乙はただちに、乙の費用をもって、これに応じなければならない。

①　担保目的物の価額が、乙が甲に対して負担する債務の総額の70％を下回ったとき

②　乙が甲に対して負担する債務について、支払期限の猶予の要請をしたとき

③　乙が第7条の期限の利益喪失事由に該当したとき

3　乙が第7条により期限の利益を喪失したときは、甲はただちに第1項の担保物を法令の定める手続によらずに、適当と認める方法および価格により任意に処分し、その代価を乙の甲に対する債務の弁済に充当し、または代物弁済としてその所有権を取得することができる。

第11条（譲渡制限）

甲および乙は、相手方の事前の書面による承諾なくして、本契約または個別契約上の地位を第三者に承継させ、あるいは本契約または個別契約から生じる権利義務の全部または一部を第三者に譲渡し、または担保に供してはならない。

第12条（不可抗力免責）

甲または乙は、天災地変、戦争、暴動、内乱、法令の制定改廃、公権力の行使による命令・処分、争議行為、輸送機関・通信回線の事故、感染症、伝染病、仕入先の債務不履行その他不可抗力により、本契約または個別契約の全部または一部（金銭債務を除く。）の履行遅滞もしくは履行不能が生じた場合、これによる責任を負わない。

第13条 (機密保持)

　甲および乙は、本契約および個別契約に関する取引について知り得た相手方の業務上の機密を、本契約の有効期間中はもとより終了後も、第三者に漏洩してはならない。

第14条 (暴力団等反社会的勢力と関わりがないことの誓約)

1　甲および乙は、自己または自己の役員が暴力団、暴力団員またはこれに準ずるものその他の反社会的勢力 (以下、「反社会的勢力」という。) に該当しないこと、反社会的勢力を利用しないこと、資金提供その他の行為を行うことを通じて反社会的勢力の維持、運営に協力もしくは関与しないことを、相手方に対して表明または保証し、かつ、将来にわたってかかる事実がないことを保証する。

2　甲および乙は、相手方が前項の保証に違反した場合、何らの催告その他の手続を要せず、ただちに本契約および個別契約の全部または一部を解除することができるものとし、解除によって相手方に生じた損害について、賠償義務を負わないものとする。

第15条 (有効期間)

1　本契約の有効期間は、本契約の締結日より1年間とする。期間満了1か月前までにいずれの当事者からも書面による別段の申出がないときは、本契約はさらに1年間延長されるものとし、以後も同様とする。

2　本契約の終了または解除の時に、すでに成立した個別契約がある場合は、本契約は当該個別契約の履行が完了するまで、当該個別契約の履行の目的のために、なお効力を有するものとする。

第16条 (合意管轄)

　甲および乙は、本契約に関する紛争については、甲の本店所在地を管轄する地方裁判所を第一審の専属的合意管轄裁判所とすることに合意する。

第17条 (協議)

　本契約に定めのない事項または本契約の条項の解釈につき疑義が生じた事項については、甲乙誠意をもって協議し、解決するものとする。

　本契約の成立を証するため、本契約書2通を作成し、甲乙記名捺印のうえ、各1通を保有する。

令和○年○月○日

　　　　　　　　　　　　　　　　(甲) 東京都○区○町○丁目○番○号
　　　　　　　　　　　　　　　　　　 ○○株式会社
　　　　　　　　　　　　　　　　　　 代表取締役　○○○○　印

　　　　　　　　　　　　　　　　(乙) 東京都○区○町○丁目○番○号
　　　　　　　　　　　　　　　　　　 △△株式会社

第3節　保証人を立てさせる

保証の種類（基本用語（p.28））と保証人の立てさせ方について説明します。

Ⅰ　保証

　保証とは、債務者（主たる債務者）が契約どおりに債務を支払わない場合に、その債務を主たる債務者にかわって支払う義務を負うことをいいます。

　取引の開始時に取引先に保証人を立てさせておけば、取引先の支払いが遅れたり、取引先が倒産したりした場合、保証人に対して、取引先にかわって支払うように請求し、債権を回収することができます。

Ⅱ　単純な保証と連帯保証の相違点

　単純な保証のほかに、連帯保証というものもあります。連帯保証とは、保証人が主たる債務者と連帯して債務を負うことをいいます。

　「連帯して」とは、次のようなことを意味しています。

1　催告の抗弁権

　単純な保証の場合には、保証人は債権者に対し、「まず主たる債務者に催告しろ」と請求することができます（民法452条）。これを「催告の抗弁権」といいます。

　これに対し、連帯保証の場合には、連帯保証人には催告の抗弁権はありません（民法454条）。債権者は、主たる債務者よりも先に連帯保証人に対して請求することもできます。

2　検索の抗弁権

　単純な保証の場合には、保証人は債権者に対し、主たる債務者に資力があり、執行が容易なことを証明したうえ、「まず主たる債務者の財産について執行しろ」と請求することができます（民法453条）。これを「検索の抗弁権」といいます。

　これに対し、連帯保証の場合には、連帯保証人には検索の抗弁権はありませ

ん（民法454条）。債権者は、主たる債務者よりも先に連帯保証人から支払い
を受けることもできます。

3 分別の利益

複数の保証人が、それぞれ単純な保証債務を負担している場合には、債務額
は保証人の数に応じて分割されます（民法456条、427条）。これを「分別の利
益」といいます。

たとえば、主たる債務者が1,000万円の債務を負っていて、保証人が2人い
るときは、それぞれの保証人は500万円ずつの支払義務を負うことになりま
す。

これに対し、連帯保証の場合には、分別の利益はないとされています。

つまり、上記の例でいえば、保証人2人がそれぞれ1,000万円全額の支払義
務を負うことになります。

債権者は、連帯保証人の中で資力のありそうな者を狙い撃ちして請求するこ
ともできますし、連帯保証人全員に対して同時に請求することもできます。

保証と連帯保証の相違点

	保証	連帯保証
催告の抗弁権	あり	なし
検索の抗弁権	あり	なし
分別の利益	あり	なし

Ⅲ 単純な保証・連帯保証と根保証との相違点

単純な保証と連帯保証のほかに、根保証というものもあります。根保証とは、
一定の継続的取引から発生する不特定の債務を保証することをいいます。

単純な保証や連帯保証の場合は、保証の対象となった主たる債務が支払われ
るなどして消滅すると、保証債務も消滅してしまいます。

これに対し、根保証は、反復・継続した取引から発生する一切の債務を保証
するための保証です。そのため、主たる債務が消滅しても、根保証債務は消滅
せず、次に発生する主たる債務を保証することになります。

Ⅳ おすすめは連帯根保証

取引先と継続的な取引を開始する際に、取引先に保証人を立てさせるときは、

必ず根保証にします。

　根保証にしておかないと、個別の取引が終了するごとに保証契約を結び直さなければならず、不都合だからです。

　また、必ず連帯保証にします。

　資力のある保証人に対し、すぐに請求できるようにするためです。

V　保証人の立てさせ方

　まず、取引先の代表者を保証人にします。「会社が支払えないときは、社長個人に支払ってもらいますよ」と圧力をかけ、取引先が期限どおりに支払うように仕向けられるからです。

　しかし、取引先が倒産するようなときは、取引先の代表者も破産状態にあることが通常です。取引先が支払うことができない状況に陥ったときのために保証人を立てさせるのですから、いざというときに、取引先にかわって支払うことができるだけの資力のある者を立てさせなければ意味がありません。

　そのため、可能であれば、取引先の代表者以外の者も保証人に立てさせます。

　しかし、これから取引を開始しようとするときに、あまり強硬な要求をすることは難しいでしょう。その場合には、取引先の代表者のみを保証人とし、連帯根保証債務を負わせるだけでもしかたありません。

　保証人を立てさせるときは、取引基本契約書に連帯保証条項を入れ、連帯根保証人に署名捺印してもらいます（書式10）。

　連帯根保証人には、面前で署名捺印してもらうことがポイントです。連帯根保証人に対して請求したときに、「この契約書に署名捺印した覚えはない」という言い逃れを許さないためです。

　なお、取引先の代表者以外の第三者から保証を取り付ける方法およびその際の注意点については、**第4章第7節**（p.143～）で詳しく説明します。

書式10　取引基本契約書（連帯保証条項つき）

売買取引基本契約書

　○○株式会社（以下、「甲」という。）、△△株式会社（以下、「乙」という。）および×××（以下、「丙」という。）は、甲乙間の商品の継続的取引に関し、次のとおり契約（以下、「本契約」という。）を締結する。

第1条（目的）

甲は、乙に対して、下記の商品（以下、「商品」という。）を継続的に売り渡すことを約し、乙はこれを買い受ける。

記

① ○○○○ 、② ○○○○ 、③ ○○○○

第2条（個別契約）

1　本契約は、特段の定めのない限り、甲乙間に締結される個々の取引契約（以下、「個別契約」という。）のすべてに適用する。

2　個別契約は、発注年月日、品名、仕様、単価、数量、納期、納入場所その他を記載した乙所定の注文書を乙から甲に交付し、甲がこれを承諾した時に成立するものとする。

第3条（売買価格および支払方法）

売買価格および代金の支払方法は、甲乙協議のうえ、別に定めるものとする。

第4条（検収）

1　乙は、甲から商品の納入を受けたときは、甲に対し、ただちに受領書を発行するとともに、甲乙協議のうえ定めた検査方法によって、すみやかに商品を検査し（以下、「受入検査」という。）、合格したもののみを受け入れる（以下、「検収」という。）。

2　前項の検収をもって、甲から乙への商品の引渡しが完了したものとする。

3　受入検査の結果、乙が商品の品質または数量が契約の内容に適合しないこと（以下、「契約不適合」という。）を発見したときは、乙は甲に対し、商品受領後7日以内に書面をもって通知しなければならない。乙が商品を受領した後7日を経過しても乙から書面による通知がない場合には、受入検査に合格したものとみなす。

4　乙から前項の通知を受けたときは、甲は、すみやかにその選択により、代替品の引渡し、不足分の引渡しまたは修補を行うものとする。

第5条（契約不適合責任）

1　乙は、甲が納入した商品に、前条による受入検査によっても、ただちに発見できない契約不適合があることを発見したときは、ただちに甲に通知しなければならない。

2　乙への商品の納入後6か月以内に、乙から甲に対して前項の書面による通知がなされた場合に限り、甲は乙の指示に従い、代替品の納入、無償修理もしくは代金の減額に応じ、またはこれらに代え、あるいはこれらとともに、当該契約不適合により乙が被った損害を賠償するものとし、その後は一切の責任を負わないものとする。

第6条（危険負担）

危険負担は、第4条2項に基づき甲から乙に商品が引き渡された時に移転するものとし、引渡し後に生じた商品の滅失・毀損・盗難・紛失等が生じたときは、乙は、その滅失・毀損・盗難・紛失等を理由として、履行の追完請求、代金減額請求、損害賠償請求および契約解除をすることができないものとする。

この場合において、乙は、代金の支払いを拒むことができないものとする。

第7条（期限の利益喪失）

1 乙に次の事由が生じたときは、乙は甲からの通知催告がなくとも、甲に対する一切の債務について当然に期限の利益を失い、ただちに残債務全額を支払わなければならない。

① 乙が振出し、引受け、または裏書した約束手形・為替手形・小切手が不渡りとなったとき

② 支払停止もしくは支払不能に陥ったとき、または銀行取引停止処分を受けたとき

③ 第三者から差押え、仮差押えまたは仮処分命令の申立てを受けたとき

④ 破産手続開始・民事再生手続開始・会社更生手続開始・特別清算開始の申立てをし、またはこれらの申立てを受けたとき

2 乙に次の事由が生じたときは、甲の請求によって、乙は甲に対する一切の債務について期限の利益を失い、ただちに残債務全額を支払わなければならない。

① 個別契約に基づく商品の代金の支払を怠ったとき

② 本契約その他甲乙間で別途締結される契約等の条項に違反したとき

③ 財産状態が著しく悪化し、またはそのおそれがあると認められる相当の事由があると甲が判断したとき

④ 本契約の履行が困難になったとき、その他債権保全を必要とする相当の事由が生じたと甲が判断したとき

第8条（契約解除）

1 乙が前条の各号に該当したときは、甲は自らの帰責事由の有無にかかわらず、何らの通知催告を要せず、ただちに本契約および個別契約の全部または一部を解除することができる。

2 前項に基づいて本契約が解除されたときは、乙は、甲に対して、本契約の解除により甲が被った損害を賠償するものとする。乙は自らの責めに帰することができない事由があることを理由として、損害賠償責任を免れることはできないものとする。

第9条（担保の提供）

1 甲が債権保全のため必要と認めるときは、乙に対し、本契約および個別契約から生じる一切の債務不履行の担保として、担保物または保証金の提供を請求できるものとし、乙はこれに応じなければならない。

2 乙に次の事由が生じたときは、甲は乙に対し、増担保を請求することができるものとし、乙はただちに、乙の費用をもって、これに応じなければならない。

① 担保目的物の価額が、乙が甲に対して負担する債務の総額の70%を下回ったとき

② 乙が甲に対して負担する債務について、支払期限の猶予の要請をしたとき

③ 乙が第7条の期限の利益喪失事由に該当したとき

3　乙が第7条により期限の利益を喪失したときは、甲はただちに第1項の担保物を法令の定める手続によらずに、適当と認める方法および価格により任意に処分し、その代価を乙の甲に対する債務の弁済に充当し、または代物弁済としてその所有権を取得することができる。

第10条（譲渡制限）

甲および乙は、相手方の事前の書面による承諾なくして、本契約または個別契約上の地位を第三者に承継させ、あるいは本契約または個別契約から生じる権利義務の全部または一部を第三者に譲渡し、または担保に供してはならない。

第11条（不可抗力免責）

甲または乙は、天災地変、戦争、暴動、内乱、法令の制定改廃、公権力の行使による命令・処分、争議行為、輸送機関・通信回線の事故、感染症、伝染病、仕入先の債務不履行その他不可抗力により、本契約または個別契約の全部または一部（金銭債務を除く。）の履行遅滞もしくは履行不能が生じた場合、これによる責任を負わない。

第12条（機密保持）

甲および乙は、本契約および個別契約に関する取引について知り得た相手方の業務上の機密を、本契約の有効期間中はもとより終了後も、第三者に漏洩してはならない。

第13条（暴力団等反社会的勢力と関わりがないことの誓約）

1　甲および乙は、自己または自己の役員が暴力団、暴力団員またはこれに準ずるものその他の反社会的勢力（以下、「反社会的勢力」という。）に該当しないこと、反社会的勢力を利用しないこと、資金提供その他の行為を行うことを通じて反社会的勢力の維持、運営に協力もしくは関与しないことを、相手方に対して表明または保証し、かつ、将来にわたってかかる事実がないことを保証する。

2　甲および乙は、相手方が前項の保証に違反した場合、何らの催告その他の手続を要せず、ただちに本契約および個別契約の全部または一部を解除することができるものとし、解除によって相手方に生じた損害について、賠償義務を負わないものとする。

第14条（有効期間）

1　本契約の有効期間は、本契約の締結日より1年間とする。期間満了1か月前までにいずれの当事者からも書面による別段の申出がないときは、本契約はさらに1年間延長されるものとし、以後も同様とする。

2　本契約の終了または解除の時に、すでに成立した個別契約がある場合は、本契約は当該個別契約の履行が完了するまで、当該個別契約の履行の目的のために、なお効力を有するものとする。

第15条（連帯保証）

1　丙は甲に対し、本契約に基づき生じた乙の一切の債務について、次の事項に従い連帯保証し、乙と連帯して弁済する責めを負う。

　①　保証限度額　金○○○○円

② 保証期間　本契約の締結日より満５年を経過する日まで

2　乙は、丙に対して次の事項について情報の提供を行い、丙は、情報の提供を受けたことを確認する。

①　乙の財産および収支の状況

②　乙が本契約に基づく債務以外に負担している債務の有無ならびにその額および履行状況

③　本契約に基づく債務の担保として他に提供し、または提供しようとするものがあるときは、その旨およびその内容

3　乙および丙は、甲から丙に対する履行の請求その他の通知が、乙に対しても効力が生じ、または通知されたものとすることに合意する。

第16条（合意管轄）

　各当事者は、本契約に関する紛争については、甲の本店所在地を管轄する地方裁判所を第一審の専属的合意管轄裁判所とすることに合意する。

第17条（協議）

　本契約に定めのない事項または本契約の条項の解釈につき疑義が生じた事項については、甲乙丙誠意をもって協議し、解決するものとする。

　本契約の成立を証するため、本契約書２通を作成し、甲乙丙記名捺印または署名捺印のうえ、甲および乙が原本各１通を保有し、丙は写しを保有する。

令和○年○月○日

（甲）東京都○区○町○丁目○番○号
　　　○○株式会社
　　　代表取締役　○○○○　印

（乙）東京都○区○町○丁目○番○号
　　　△△株式会社
　　　代表取締役　△△△△　印

（丙）東京都○区○町○丁目○番○号
　　　××××　印

第3章　債権の管理

日常の債権管理のポイント、手形・小切手を受け取ったときの対応方法と
消滅時効の対処方法について説明します。

第1節　取引中の債権を管理する

取引中の債権管理のポイントと手形・小切手を受け取ったときの対応方法に
ついて説明します。

Ⅰ　与信管理の重要性

　取引先の信用調査を行い、しっかりした契約書も作成したうえで取引を開始
することができたとしても、その後の与信管理をおろそかにすると、結果的に
債権回収に支障が生じます。

　債権を焦げつかせないように、以下に説明するようなポイントに注意を払い
ましょう。

Ⅱ　債権・債務がいくら発生しているかを確実に把握する

　有利な取引基本契約を締結できたとしても、具体的な取引の内容は、担当者
レベルで内容をつめて受発注を繰り返す個別契約によることが通常です。

　しかし、口頭で受発注を行うと、契約内容の細部で取引先と理解に相違があ
りトラブルが生じることがあります。また、経理担当者に個別契約の内容が伝
わらず、請求すべき金額を請求することができなくなったりすることもありま
す。

　そのため、少なくとも注文書・注文請書のような書面を取り交わし、請求書
を発行する部署にすぐ伝え、債権・債務がいくら発生しているかを確実に把握
しておく必要があります。

　取引先に対し、現在いくらの債権・債務があるかを把握することは、債権管
理の基本です。

なお、注文書と注文請書によって、相手方との合意内容を証明することができます。取引先と訴訟になった場合、契約書を取り交わしていないときは、この注文書・注文請書の内容を基礎として訴訟を進めることになります。決して注文書・注文請書などのやりとりを省略しないようにします。

Ⅲ　商品が確実に納品されているかを確認する

　注文を受けて商品を発送しても、取引先から「納品されていない」といわれてしまうと、売掛金を回収することができません。

　そのため、取引基本契約書で納品後ただちに受領書を発行することを義務づけ、その受領書を受け取ることにより確実に納品されていることを確認します。

　その際、受領書に受領権限のある人の署名や記名捺印があるかどうもチェックします。

　この受領書も、訴訟になったときに有力な証拠になりますので、おろそかに取り扱わないようにします。

Ⅳ　請求額と入金額をつき合わせる

　入金があったらただちに請求額と入金額をつき合わせ、1円単位で一致しているかどうかを確認します。そして、1円でも一致しないときは、なぜ一致しないのか、すぐにその理由を確認しなければなりません。

　営業マンが取引先と値引きの合意をしていたが、そのことを経理に伝えていなかったとか、請求書の一部を出し忘れていたなどの問題があることも考えられます。その場合には、売上金額を修正する、あらためて請求書を発行する、などの対応をすぐにとります。

　調査しても、請求額と入金額の不一致の理由がわからないときは、取引先に尋ねます。その結果、自社側に問題があったことが判明すれば、上記のようにすぐに対応すればすみます。

　しかし、自社側に問題がない場合には、単に取引先が請求したとおりに支払わないというだけですから、あらためて請求額を支払うよう取引先に求めることになります。

　時間が経過してから請求額と入金額が一致していないことに気がついたとしても、どちらに問題があったのか、往々にして確認がとれないものです。このような場合、たとえ取引先に問題があったとしても、それ以上強く請求することができず、債権を回収することができなくなってしまいます。

取引先から入金があったらただちに請求額と入金額をつき合わせることを励行しましょう。

V 与信限度額を守る

大量の注文が入った場合、大きな売上げを計上できますので、営業マンとしてはすぐに受注したいと思うのが人情です。

しかし、いくら売上げがあがったとしても、売掛金を回収できなければ利益にはならず、むしろ自社に損害を与えることになってしまいます（キーワード「売上げなくして利益なし」「回収なくして売上げなし！」を思い出してください（基本用語（p.5）））。

そのような損害発生を極力小さくおさえるために、取引の開始時に取引先に対する与信限度額（基本用語（p.15））を定めたはずです。

取引期間が長くなってくると、特に担当者レベルでは取引先との信頼関係ができ、注文をそのまま受けてしまいがちです。担当者の独断で与信限度額を超えた取引をしないよう、注意が必要です。

VI 将来の訴訟に備えて書類を整理しておく

取引先から任意に債権を回収することができず、担保によっても全額の回収ができない場合、訴訟を提起し、強制執行手続により強制的に回収するしかありません。

訴訟で重要なのは証拠です。

相手が争ってきた場合は、証拠を示して自分の主張が正しいことを裁判所に証明しなければなりません。

「どちらの言っていることが正しいかを裁判所が判断しきれないときは、訴えた側を敗訴させる」というのが、訴訟の原則的なルールになっているからです。

そのため、「訴訟では証拠がすべて」と言っても過言ではありません。

訴訟で証拠となりうる資料にはさまざまなものがあります。

取引基本契約書、個別の契約書、注文書・注文請書、納品書、受領書、請求書その他通常の取引で作成される書類はすべて証拠として利用できる可能性があります。

特に取引先が作成した書面は重要な証拠になることが多いので、取引先から書類を受け取ったら、取引先ごとに整理して保管しておく必要があります。

最後は訴訟で決着をつけることになるのですから、訴訟に勝てなければ意味がありません。「債権管理とは、訴訟に勝てるように債権を管理していくことである！」と常に意識することが肝要です。

債権の発生から回収までの書類のまとめ

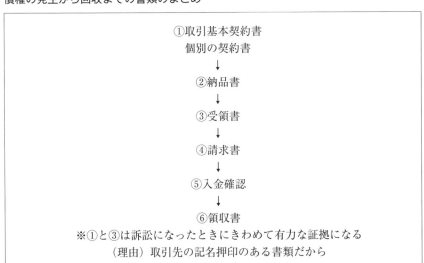

①取引基本契約書
　個別の契約書
↓
②納品書
↓
③受領書
↓
④請求書
↓
⑤入金確認
↓
⑥領収書
※①と③は訴訟になったときにきわめて有力な証拠になる
　（理由）取引先の記名押印のある書類だから

Ⅶ　定期的に残高確認書を送り、記名捺印を求める

　継続的に債権を管理する際には、書式11（p.103）のような書面を定期的に取引先に送り、記名捺印を求めるとよいでしょう。

　その目的は、①債権額を確認すること、②自社が債権を有していることを取引先に承認させ、消滅時効（基本用語（p.15））の完成を阻止すること、③訴訟になったときに、取引先がその金額の債務の存在を認めていたことの証拠にすることの３つです。

　定期的な残高確認にはこのような目的がありますが、あくまでも「自社の内部監査のため」という名目で取引先に警戒感を与えないようにすることがポイントです。

　なお、消滅時効については、第２節（p.107～）で詳しく説明します。

東京都○区○町○丁目○番○号
○○株式会社
代表取締役　○　○　○　○　　印
TEL　　　　　　　FAX

残高確認依頼の件

拝啓　貴社益々ご盛栄のこととお慶び申し上げます。
　さて，弊社は財務諸表について内部監査を実施しております。つきましては，ご多忙の
ところ恐縮に存じますが，下記年月日における勘定残高を令和○年○月○日までに弊社宛
同封の返信用封筒にてご回答下さいますようご協力のほどよろしくお願い申し上げます。
　　　　　　　　　　　　　　　　　　　　　　　　　　　　　　　　　　　　　敬具

残高確認　　　　　　　　　　　　　　　　　　令和○年○月○日現在

弊社の勘定科目	照会金額	備　考
売　掛　金	○○○○円	
受　取　手　形	○○○○円	
未　払　金	○○○○円	

残　高　確　認　書

当社の○○株式会社に対する令和○年○月○日現在の勘定残高を次のとおり確認します。

貴社の勘定科目	確認金額	相違金額の内容等

　令和　　年　　月　　日

　　　　　　　貴社所在地　_____

　　　　　　　貴社名　_____
　　　　　　　代表者名
　　　　　　　（又は部署名・責任者名）　　　　　　　　　印

Ⅷ　手形・小切手を受け取ったときは不備がないかすぐに確認する

　手形・小切手は要式証券とよばれ、法律に従った要件が手形・小切手上に記

載されていないと無効になります。

　したがって、手形・小切手を受け取ったときは、表面に空欄になっている部分がないか確認するようにします（**書式 12**（p.105））。

　また、取引先が振り出した手形ではなく、取引先が受け取った手形を裏書譲渡（基本用語（p.17））されたとき（「回り手形」とか「回し手形」などといいます）は、次の点に注意します。

　書式 13（p.106）でいうと、手形の受取人Ⓐ（基本用語（p.17））が 1 番目の裏書人となっていること、1 番目の被裏書人Ⓑ（基本用語（p.17））が 2 番目の裏書人になっていること、自社Ⓒが被裏書人として記載されていることを確認します。

　なお、白地手形といって、手形の要件の一部を欠いた手形が流通していることもあり、また、白地裏書といって、被裏書人の記載がなくても裏書として有効な場合もあります。しかし、初心者には有効か無効かを即座に判断することは難しいので、手形・小切手に不備がないかどうかだけを確実に確認しましょう。

書式 12　約束手形（表面）の見本

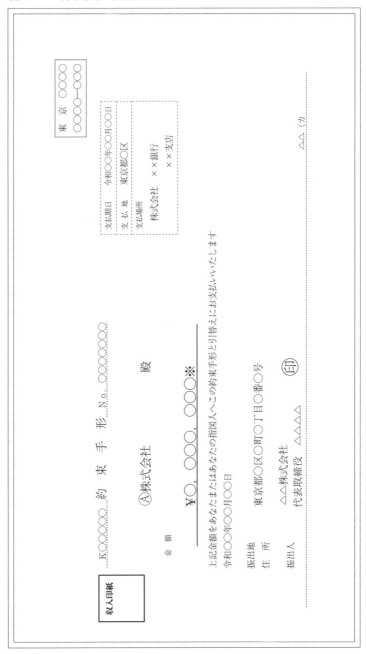

書式13 約束手形（裏面）の見本

表記金額を下記被裏書人またはその指図人へお支払ください
令和　　年　　月　　日　　　　　　　　　　拒絶証書不要
住所

Ⓐ

（目的）

被裏書人　　　　　　Ⓑ　　　　　　　　　　　殿

表記金額を下記被裏書人またはその指図人へお支払ください
令和　　年　　月　　日　　　　　　　　　　拒絶証書不要
住所

Ⓑ

（目的）

被裏書人　　　　　　Ⓒ　　　　　　　　　　　殿

表記金額を下記被裏書人またはその指図人へお支払ください
令和　　年　　月　　日　　　　　　　　　　拒絶証書不要
住所

（目的）

被裏書人　　　　　　　　　　　　　　　　　　殿

表記金額を下記被裏書人またはその指図人へお支払ください
令和　　年　　月　　日　　　　　　　　　　拒絶証書不要
住所

（目的）

被裏書人　　　　　　　　　　　　　　　　　　殿

表記金額を受取りました
令和　　年　　月　　日
住所

IX 支払期日（満期日）までに確実に手形を取立てに回す

手形を持っていただけでは債権回収はできません。

手形債権を回収するには、手形の支払期日（満期日）とこれに次ぐ2取引日以内（「支払呈示期間」といいます）に、振出人に対し、支払いのために手形を呈示（基本用語（p.18））する必要があります。

通常は、自社の取引銀行に手形の取立てのために裏書して、取引銀行を通じて手形交換所に手形を持ち込み、手形債権を回収します。このことを「手形を取立てに回す」といいます。

手形を所持している人の、手形の振出人に対する権利は、消滅時効期間の3年が経過するまでは消滅しません（手形法77条1項8号、70条1項）。しかし、支払呈示期間内に支払呈示しないと裏書人に対する権利（遡求権（基本用語（p.18）））を失ってしまうなどの不利益を被ります。

手形を所持しているときは、支払期日（満期日）までに確実に手形を取立てに回しましょう。

第2節 消滅時効の意味と対処方法

債権が時効により消滅するまでの期間、時効の援用があるまでは権利を主張できること、および時効の完成を阻止するための方法について説明します。

I 債権の消滅時効期間

自社が取引先に対して、どれほど多額の売掛債権を有していたとしても、一定期間行使しないでいると売掛債権自体が消滅してしまいます。これを「消滅時効」（基本用語（p.15））といいます。

消滅時効の制度趣旨の1つは、「権利の上に眠る者は保護しない」というものです。権利を有していることにあぐらをかいて、長期間行使しない（＝眠っている）のであれば、権利を持たせておく必要はない、と考えられています。

債権が時効により消滅するまでの間に、債権を回収しなければなりません。

平成29年改正前の民法では、債権をどのくらいの期間行使しないと時効で消滅するか（消滅時効期間）が、債権の種類によって多岐に分かれていました。現在の民法では、次のようにシンプル化されています。

1　一般の債権

　一般の債権（不法行為による損害賠償請求権および人の生命・身体侵害による損害賠償請求権を除く債権）は、原則として、次の場合に時効が完成し、権利が消滅します（民法166条1項）。

> ①債権者が権利を行使できることを知った時から5年間行使しないとき
> ②権利を行使することができる時から10年間行使しないとき
> ⇒①と②のいずれか早い方の経過

（例1）

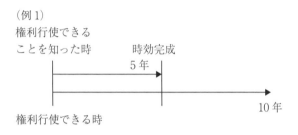

（例2）

　通常の売掛債権の場合は、支払期日になれば売掛債権を回収できることを自社は知っていますし、実際に回収することもできます。つまり、支払期日が「①債権者が権利を行使できることを知った時」（主観的起算点といいます）であると同時に、「②権利を行使することができる時」（客観的起算点といいます）でもあります（上記の（例1））。

　従って、通常の売掛債権は、原則として、支払期日から5年で時効が完成することになります。

2　不法行為による損害賠償請求権

　不法行為による損害賠償請求権は、原則として、次の場合に時効が完成し、権利が消滅します（民法724条）。

①被害者またはその法定代理人が損害および加害者を知った時から３年間行使
　しないとき
②不法行為の時から 20 年間行使しないとき
⇒①と②のいずれか早い方の経過

　平成 29 年改正前の民法では、「②不法行為の時から 20 年間行使しないとき」
は、除斥期間（期間の経過により当然に権利が消滅するもの）とされていましたが、現在の民法ではこれも消滅時効期間です。そのため、時効の完成猶予（基本用語（p.17））も時効の更新（基本用語（p.17））も認められます。

3　人の生命・身体侵害による損害賠償請求権

　人の生命・身体侵害による損害賠償請求権は、原則として、次の場合に時効が完成し、権利が消滅します（民法 167 条、724 条の 2）。

①被害者またはその法定代理人が損害および加害者を知った時から５年間行使
　しないとき
②権利を行使することができる時から 20 年間行使しないとき
⇒①と②のいずれか早い方の経過

　生命・身体は重要な法益であり、これに関する債権は保護の必要性が高いため、特則が設けられました。

Ⅱ　時効の援用

　債権の消滅時効期間は、Ⅰで説明したとおりですが、これらの期間を経過すると自動的に債権が消滅してしまう、というわけではありません。
　時効の効果が発生するのは、時効の利益を受ける「当事者」（消滅時効にあっては、保証人（基本用語（p.28））、物上保証人（基本用語（p.29））、第三取得者（基本用語（p.29））その他権利の消滅について正当な利益を有する者を含みます）が時効を「援用」（民法 145 条）したとき、つまり、「時効の利益を受けます。債権は消滅しました。」と意思表示したときです。消滅時効期間が過ぎても、取引先が消滅時効を「援用」しない限り、債権を回収することはできます。
　また、消滅時効期間が過ぎた後に、取引先が債権の一部を支払ったり、支払の猶予を求めたりしたときは、判例上、それ以降は（再度消滅時効期間が経過しない限り）時効を援用することはできないとされています。

したがって、「しまった。消滅時効期間を過ぎてしまった。」と思っても、取引先が時効を援用しない限り、平然と取引先に請求して債権を回収しましょう。

Ⅲ　時効の完成を阻止する制度

消滅時効期間が過ぎた後でも請求はできますが、取引先に時効を援用されてしまえばそれでおしまいです。

他方、自社がいくら取引先に支払を求めても、取引先がなかなか支払わない、ということもよくあります。このような不誠実な取引先に逃げ得を許してはなりません。

そのために利用すべきなのが、時効の完成を阻止する制度です。

時効の完成を阻止する制度には、「時効の完成猶予」(基本用語 (p.17)) と「時効の更新」(基本用語 (p.17)) とがあります。

1　時効の完成猶予のイメージ

時効の完成猶予とは、一定の事由がある場合に、その事由が発生しただけでは時効期間の進行自体は止まりませんが、本来の時効期間の満了時期を過ぎても、その事由の終了または消滅から一定期間を経過するまでは時効が完成しないことをいいます。

イメージとすると、次のようなものです。

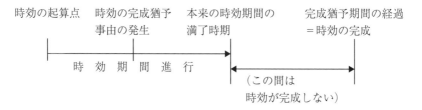

2　時効の更新のイメージ

時効の更新とは、一定の事由の発生によって、それまで進行してきた時効期間の経過が無意味のものとなり、新たに 0 から時効期間の進行が始まることをいいます。

イメージとすると、次のようなものです。

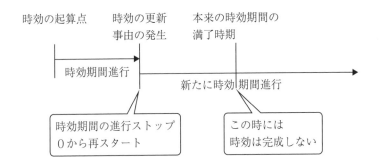

3 時効の完成猶予事由と更新事由

時効の完成猶予事由と更新事由には、次のものがあります。

(1) 裁判上の請求等

①裁判上の請求、②支払督促、③裁判上の和解・民事調停・家事調停、④破産手続参加・再生手続参加・更生手続参加のいずれかの事由が生ずると、まずは、時効の完成が猶予されます（民法147条1項）。

そして、これらの裁判手続において、確定判決または確定判決と同一の効力を有するものによって権利が確定したときは、各事由の終了まで時効の完成が猶予された上で（民法147条1項）、その事由が終了した時に時効が更新され、時効期間は新たにその進行を始めることになります（民法147条2項）。

イメージとすると、次のようになります。

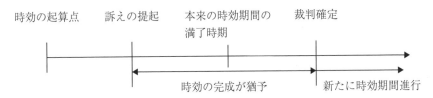

これに対し、確定判決等によって権利が確定することなく、中途で各事由が終了した場合には、時効の更新は生じません。ただし、各事由の終了の時から6か月を経過するまでは、引き続き時効の完成が猶予されます（民法147条1項カッコ書き）。

例えば、訴えを提起したものの、その後訴えを取り下げた場合、訴えの取下げから6か月以内に再度訴えを提起すれば、その時点で時効の完成が猶予され、上記のイメージ図と同じ状態になります。

(2) 強制執行等

①強制執行（基本用語（p.7））、②担保権の実行、③民事執行法195条に規定

する担保権の実行としての競売の例による競売（「形式競売」といいます）、④財産開示手続（基本用語（p.35））のいずれかの事由が生ずると、その事由が終了するまで、時効の完成が猶予されます（民法148条1項）。

その上で、その事由が終了した時に時効が更新され、時効期間は新たにその進行を始めることになります（民法148条2項本文）。

ただし、申立の取下げまたは法律の規定に従わないことによる取消しによってその事由が終了した場合には、時効の更新は生じません（民法148条2項但し書き）。もっとも、その事由の終了の時から6か月を経過するまでは、引き続き時効の完成が猶予されます（民法148条1項カッコ書き）。

(3) 仮差押え等

①仮差押え（基本用語（p.16））または②仮処分（基本用語（p.16））の各事由が生ずると、その事由が終了した時から6か月を経過するまでは、時効の完成が猶予されます（民法149条）。

①仮差押えまたは②仮処分の各事由には、時効の更新の効果はありません。

(4) 催告

催告（基本用語（p.17））があったときは、その時から6か月を経過するまでは、時効の完成が猶予されます（民法150条1項）。

なお、催告によって時効の完成が猶予されている間に、再度催告しても、再度の催告には時効の完成猶予の効力はありません（民法150条2項）。また、次に説明する協議を行う旨の合意によって時効の完成が猶予されている間にされた催告も、再度の催告と同様に、時効の完成猶予の効力はありません（民法151条3項後段）。

(5) 協議を行う旨の合意

権利についての協議を行う旨の合意が書面でされたときは、次の時のいずれか早い時まで、時効の完成が猶予されます（民法151条1項）。

---

①その合意があった時から1年を経過した時
②その合意において当事者が協議を行う期間（1年に満たないものに限る）を定めたときは、その期間を経過した時
③当事者の一方から相手方に対して協議の進行を拒絶する旨を書面で通知した時から6か月を経過した時

当事者で合意した期間内に合意ができそうもないときは、さらに書面で時効の完成が猶予される期間を延長することができます。また、再度の延長を繰り

返すこともできますが、時効の完成が猶予されなかったとすれば時効が完成すべき時から通算して最長5年までに制限されています（民法151条2項）。

　なお、催告によって時効の完成が猶予されている間に、協議を行う旨の合意をしても、時効の完成猶予の効力はありません（民法151条3項前段）。

書式14　協議を行う旨の合意書

合　意　書

　○○株式会社（以下、「甲」という。）と△△株式会社（以下、「乙」という。）とは、甲乙間の商品売買取引に関し、次のとおり合意する。

第1条（協議事項の確認）
　甲および乙は、甲乙間の令和○年○月○日付け商品売買契約に基づき甲が乙に納入した商品の品質が、契約の内容に適合したものであるか否か（以下、「本件協議事項」という。）につき、双方の見解が相違していることを確認する。

第2条（協議を行う旨の合意）
　甲および乙は、本件協議事項に関し、［令和○年○月○日までの間、］甲の乙に対する契約不適合責任の存否およびその内容について、協議を行う。

　本合意の成立を証するため、本合意書2通を作成し、甲乙記名捺印のうえ、各1通を保有する。

令和○年○月○日

（甲）東京都○区○町○丁目○番○号
　　　○○株式会社
　　　代表取締役　　○○○○　　印

（乙）東京都○区○町○丁目○番○号
　　　△△株式会社
　　　代表取締役　　△△△△　　印

---

(6)　承認

　権利の承認（基本用語（p.16））があったときは、時効は更新され、その時から新たに時効期間の進行が始まります（民法152条1項）。

(7) 未成年者等、夫婦間の権利、相続財産、天災等

① 未成年者等

時効の期間の満了前 6 か月以内の間に未成年者または成年被後見人（ここでは未成年者等といいます）に法定代理人がないときは、その未成年者等が行為能力者となった時または法定代理人が就職した時から 6 か月を経過するまでは、時効の完成が猶予されます（民法 158 条 1 項）。

② 夫婦間の権利

夫婦の一方が他の一方に対して有する権利については、婚姻の解消の時から 6 か月を経過するまでは、時効の完成が猶予されます（民法 159 条）。

③ 相続財産

相続財産に関しては、相続人が確定した時、管理人が選任された時または破産手続開始決定があった時から 6 か月を経過するまでは、時効の完成が猶予されます（民法 160 条）。

④ 天災等

時効期間の満了の時に当たり、天災その他避けることのできない事変のために、裁判上の請求等ができないときは、その障害が消滅した時から 3 か月を経過するまでは、時効の完成が猶予されます（民法 161 条）。

第4章　担保の取得

　取引先から効果的に担保を取得する方法および契約書作成のポイントについて説明します。

第1節　担保の狙いのつけ方

　取引先の経営状況が悪化する場合に備えて、どのような財産を担保にとればよいか、その目のつけどころを説明します。

Ⅰ　取引先の決算書（貸借対照表）に注目する

　取引の開始時に取引先の決算書を入手できた場合には、この決算書、特にその中の貸借対照表の記載内容から、担保にとれそうなものを探します。

　貸借対照表の左側は、「資産の部」になっています。ここに取引先が保有している資産がすべて記載されています。

　「資産の部」は大きく分けて、流動資産と固定資産に分かれます。繰延資産が記載されている場合もあります。

　流動資産とは、通常1年以内に現金化・費用化できる財産をいいます。現金・預金、受取手形、売掛金、在庫商品などがこれにあたります。

　固定資産とは、継続的に事業で使用することを目的とする財産をいいます。土地・建物、機械・装置、自動車などがこれにあたります。

　繰延資産とは、すでに支払済みの費用のうち、次期以降の期間に配分して費用処理するために、経過的に資産の部に記載されたものをいいます。会社の開業費や商品の開発費などがこれにあたります。繰延資産は、担保にとれるような性質のものではありません。取引先の貸借対照表に繰延資産の記載がある場合でも、無視してかまいません。

Ⅱ　取引先の資産を「不動産」「動産」「債権」に分類する

　担保にとれそうなものを探すためには、貸借対照表の資産の部の科目を、ま

ず、不動産（基本用語（p.10））、動産（基本用語（p.10））、債権（基本用語（p.5））に分類します。

1 不動産

不動産とは、土地と建物のことです。

貸借対照表の資産の部に「土地」と「建物」の科目があったら、この土地と建物に抵当権（基本用語（p.11））または根抵当権（基本用語（p.11））の設定を受けられないかを検討します。

2 動産

動産とは、不動産以外の形のある物全部です。

貸借対照表の資産の部に「機械・装置」の科目があったら、この機械・装置を動産譲渡担保（基本用語（p.28））にとれないかを検討します。

また、貸借対照表の資産の部に「商品」の科目があったら、この商品を集合動産譲渡担保（基本用語（p.28））にとれないかを検討します。

3 債権

債権とは、相手に一定の行為をするように要求できる権利をいいます。貸借対照表の資産の部のうち、不動産でも動産でもないものは、全部債権であると考えてかまいません。

貸借対照表の資産の部に「売掛金」の科目があったら、この売掛金を集合債権譲渡担保（基本用語（p.23））にとれないかを検討します。

また、貸借対照表の資産の部に「敷金保証金」や「保険積立金」などの科目があったら、この敷金保証金などを債権質（基本用語（p.28））にとれないかを検討します。

Ⅲ 取引先の決算書が入手できないとき

取引先の決算書が入手できないことも多いと思います。

そのような場合には、取引先に出向いて在庫状況を確認したり、取引先の営業担当者などから売掛先の情報を聞き出したり、不動産登記簿謄本を取り寄せて権利関係を確認したりして、担保にとれそうな財産のあたりをつけます。

そのうえで、取引先に担保提供の打診をします。

貸借対照表の例

貸　借　対　照　表

××株式会社

（令和〇〇年〇月〇〇日現在）

（単位：円）

資　産　の　部		負　債　の　部	
科　　目	金　　額	科　　目	金　　額
【流動資産】	【　×××××】	【流動負債】	【　×××××】
現 金・預 金	××××	支 払 手 形	××××
受 取 手 形	××××	買 　 掛 　 金	××××
売 　 掛 　 金	××××	短 期 借 入 金	××××
商 　 　 　 品	××××	未 　 払 　 金	××××
【固定資産】	【　×××××】	未 払 法 人 税 等	××××
（有形固定資産）	（　×××××）	未 払 消 費 税 等	××××
建 　 　 　 物	××××	預 　 り 　 金	××××
構 　 築 　 物	××××	【固定負債】	【　×××××】
機 械・装 置	××××	長 期 借 入 金	×××××
車 両 運 搬 具	××××	負 債 の 部 合 計	×××××
器 具・備 品	××××	純 　 資 　 産 　 の 　 部	
土 　 　 　 地	××××		
（無形固定資産）	（　×××××）	【株主資本】	【　×××××】
商 　 標 　 権	××××	（資 本 金）	××××
（投資その他の資産）	（　×××××）	（資本剰余金）	××××
投 資 有 価 証 券	××××	資 本 準 備 金	××××
敷 金 保 証 金	××××	その他資本剰余金	××××
保 険 積 立 金	××××	（利益剰余金）	××××
		その他利益剰余金	××××
		純 資 産 の 部 合 計	×××××
資 産 の 部 合 計	××××××	負債・純資産の部合計	××××××

第2節　不動産を担保にとる（抵当権・根抵当権）

> 　担保にとりたい不動産の調査方法および根抵当権設定契約書作成のポイントについて説明します。

Ⅰ　担保の設定を受ける物件を調査する

　不動産を担保にとるときには、その対象となる物件を調査することが必要です。

1　取引先から不動産登記簿謄本をもらう

　まず、対象となる物件の不動産登記簿謄本を取引先からもらいます。コピーでもかまいません。

　この謄本によって、対象物件の概要をつかみます（第1章第2節Ⅲ（p.58～））。近隣の相場などを調べて、おおよその担保価値をはじき出します。

2　公図を閲覧する

　次に、法務局に行き、対象物件の公図を閲覧します。

　対象物件の所在場所を確認するためです。

3　不動産登記簿謄本を入手する

　法務局で公図を閲覧するとともに、対象物件の不動産登記簿謄本を入手します（第1章第2節Ⅱ（p.55～））。

　取引先からもらった不動産登記簿謄本の交付を受けた後に、取引先が第三者に抵当権や根抵当権（基本用語（p.11））を設定したり、あるいは、対象物件を第三者に売却したりしているかもしれないからです。

4　取引先からもらった不動産登記簿謄本とあらたに入手した不動産登記簿謄本を比較する

　不動産登記簿謄本を入手したら、取引先からもらったものと比較します。何も変化がなければ、この段階では問題はありません。

　しかし、あらたに抵当権・根抵当権がついていたり、税務署などから差押えを受けていたりするなど、何らかの変化があった場合には要注意です。

　取引先が何も説明せず、わざわざ古い謄本を渡したということは、取引先に

はだまそうという意図があったと考えざるをえません。仮にそのような意図がなかったとしても、重要な事項について説明しないような取引先は信用するに値しません。

このような場合には、抵当権・根抵当権を設定した後、これ以上売掛債権が増えないように取引を中止した方がよいでしょう。

5　対象物件を見に行く

不動産登記簿謄本の記載からは特に不都合な点が見当たらなかったとしても、対象物件を直接見に行って確認します。

その理由は大きく分けて2つあります。

①1つは、近隣の状況によって、担保価値が左右されるからです。

同じ地域の同じ広さの土地でも、南側の敷地いっぱいに隣家が建っていて日当たりが悪い土地と、南側が開けていて日当たりの良い土地とでは、担保価値に差があります。

②2つめは、対象となる建物が存在するかどうかは、直接見に行かないと確信が持てないからです。

というのは、建物を壊したのに登記がそのままになっていたり、壊した建物のあとに別の建物を新築していたりすることもあるからです。

このような不安は、対象物件を直接見に行けば解消されます。

建物が存在するかどうかはもちろんのこと、それが対象物件の建物かどうかは、不動産登記簿謄本の新築年月日の記載や構造その他の記載から容易に判断できるからです。

Ⅱ　抵当権・根抵当権設定契約を締結する

物件調査の結果、「対象物件はたしかに存在するし、担保価値もある」と判断できたら、取引先と抵当権設定契約あるいは根抵当権設定契約を締結します。

その取引先とこれからも継続的に取引をする場合には、根抵当権設定契約を締結します。

根抵当権設定契約書の例は、書式15（p.120〜）のとおりです。

根抵当権設定契約書

　〇〇株式会社（以下、「甲」という。）と△△株式会社（以下、「乙」という。）は、本日、次のとおり根抵当権設定契約を締結した。

第1条（根抵当権設定の合意）
　乙は、甲に対する債務を担保するため、乙所有の後記不動産（以下、「本件不動産」という。）に、下記の根抵当権（以下、「本件根抵当権」という。）を設定した。

記

（根抵当権の表示）
　(1)　極度額　金〇〇〇〇万円
　(2)　被担保債権の範囲
　　①　売買取引、請負取引、業務委託取引、金銭消費貸借取引および賃貸借取引に基づく一切の債権
　　②　手形債権、小切手債権および電子記録債権
　(3)　債務者　乙
　(4)　確定期日　定めない

第2条（登記義務）
　乙は、本契約締結後ただちに本件根抵当権の設定登記を行い、その登記の完了を証する全部事項証明書を甲に提出しなければならない。

第3条（被担保債権の変更等）
　甲が本件根抵当権につき、被担保債権の範囲の変更、極度額の変更、根抵当権の全部または一部の譲渡等を求めた場合、乙はただちにこれに同意し、必要な登記手続をしなければならない。

第4条（抵当物件の処分・変更の禁止）
　乙は、本件不動産の現状を変更し、譲渡し、または第三者のために権利を設定しない。ただし、甲の書面による事前の承諾を得た場合はこの限りではない。

第5条（抵当物件の調査）
　乙は、甲の請求があるときは、本件不動産の状況、価格について調査、報告し、その他甲の調査に必要な便益を提供する。

第6条（火災保険）
1　乙は、本件不動産の建物に対し、その被担保債権の金額以上の火災保険を締結し、第1条の債務を完済するまでこれを継続しなければならない。
2　乙は、前項の保険金請求権の上に甲のために質権を設定し、保険会社にその旨を確定日付ある通知書をもって通知するとともに、甲に対し火災保険契約の保険証券を交付する。

第7条（費用の負担）

　乙は、本契約の各条項を履行するために発生する費用のすべてを負担し、これらについて甲が支払った場合には、遅滞なくその金額を償還しなければならない。

第8条（期限の利益喪失）

　乙に次の事由が生じたときは、乙は甲からの通知催告がなくとも当然に被担保債権の期限の利益を失い、ただちに弁済しなければならず、甲が本件根抵当権を実行しても異議を述べない。

①　乙が被担保債権にかかる契約の一について期限の利益を喪失したとき

②　乙が振出し、引受け、もしくは裏書した約束手形・為替手形・小切手が不渡りとなったとき、電子記録債権が支払不能処分を受けたとき、または銀行取引停止処分を受けたとき

③　競売、差押え、仮差押えまたは仮処分命令の申立てを受けたとき

④　破産・民事再生・会社更生・特別清算の申立てがなされたとき

⑤　本契約の条項の一に違反し、相当期間を定めた催告後もなお是正されないとき

第9条（合意管轄）

　甲および乙は、本契約に関する紛争については、甲の本店所在地を管轄する地方裁判所を第一審の専属的合意管轄裁判所とすることに合意する。

　本契約の成立を証するため、本契約書2通を作成し、甲乙記名捺印のうえ、各1通を保有する。

令和○年○月○日

　　　　　　　　　　　　　　　　　（甲）東京都○区○町○丁目○番○号
　　　　　　　　　　　　　　　　　　　　○○株式会社
　　　　　　　　　　　　　　　　　　　　代表取締役　　○○○○　　印

　　　　　　　　　　　　　　　　　（乙）東京都○区○町○丁目○番○号
　　　　　　　　　　　　　　　　　　　　△△株式会社
　　　　　　　　　　　　　　　　　　　　代表取締役　　△△△△　　印

（不動産の表示）

1　土　　　地

　所　　　在　　東京都○区○町○丁目

　地　　　番　　○○○番○

　地　　　目　　宅地

　地　　　積　　○○○.　○○平方メートル

```
２　建　　物
所　　在　東京都○区○町○丁目○○○番○
家屋番号　○○○番○
種　　類　店舗・事務所
構　　造　鉄筋コンクリート造陸屋根４階建
床 面 積　１階　○○○．○○平方メートル
　　　　　２階　○○○．○○平方メートル
　　　　　３階　○○○．○○平方メートル
　　　　　４階　○○○．○○平方メートル
```

　この契約書の特に重要なポイントは、次の２つです。

１　１条（根抵当権の表示）

　「被担保債権の範囲」（その根抵当権がどの範囲の取引から生じた債権を担保するのか）を間違えると、いざというときに根抵当権が役立ちません。特に、自社が手形・小切手・電子記録債権で取引をしている場合には、「被担保債権の範囲」として、必ず「手形債権」「小切手債権」「電子記録債権」を明示しましょう。手形・小切手・電子記録債権は売掛金の回収のために利用されるものですが、法律上は、売掛債権と手形債権・小切手債権・電子記録債権は、別個の債権であると理解されています。そのため、「手形債権」「小切手債権」「電子記録債権」と明示しておかないと、「手形債権」「小切手債権」「電子記録債権」が根抵当権で担保されないことになってしまうからです。

　また、「極度額」（その根抵当権で担保できる債権の限度額）が与信限度額より低いと、極度額を超えた債権については根抵当権で担保できなくなってしまいます。

　いずれもその取引先との取引に合致したものにする必要があります。

　当初は合致していたが、取引が拡大したので合致しなくなったという場合には、根抵当権変更契約書を別途作成して、変更したい部分だけ変更することもできます。

　「確定期日」は、担保すべき元本が確定する日のことをいいます。

　取引の期間を特に限定していない場合には、確定期日を定めなくてもかまいません。

2 末尾（不動産の表示）

対象となる不動産を特定しないと、対象不動産に根抵当権を設定したことになりません。

土地は、「所在」、「地番」、「地目」、「地積」で特定します。また、建物は、「所在」、「家屋番号」、「種類」、「構造」、「床面積」で特定します。

いずれも不動産登記簿謄本の記載をそのまま契約書に記載します。

Ⅲ 抵当権・根抵当権設定登記をする

抵当権・根抵当権の対抗要件（基本用語（p.10））は、登記（基本用語（p.10））です。

抵当権・根抵当権設定契約を締結したら、ただちに抵当権・根抵当権設定登記をする必要があります。

実務上は、司法書士に登記手続を依頼するのが通常です。司法書士から指示された書類を用意するとともに、取引先との抵当権・根抵当権設定契約締結の場に司法書士に同席してもらい、抵当権・根抵当権設定契約に調印したら、すぐに登記手続をしてもらうように段取りしましょう。一刻も早く対抗要件を備えるためです。

コラム5 1番抵当権をとっていても税金には勝てない？

抵当権（根抵当権）の対抗要件は登記です。

同じ不動産に複数の抵当権（根抵当権）を設定することができますが、その優先順位は登記の順序で決まります。

つまり、1番最初に抵当権の登記をした人（1番抵当権者）は、2番目、3番目に抵当権の登記をした人に優先して、その不動産から債権を回収することができます。

しかし、1番抵当権の登記をしているからといって安心してはいけません。

1番抵当権の登記をしたときにすでに債務者が税金を滞納しており、その後その不動産が差し押さえられたときは、税金の方が1番抵当権よりも優先してしまうからです。

税金の滞納による差押えは、税金の支払期限（「法定納期限」といいます）から1年程度経過してから行われるのが通常です。

したがって、抵当権を設定するときに登記簿謄本を調べて税金の滞納による差押えがなされていなくても、その後に差押えがなされることもありますから注意しましょう。

なお、抵当権の設定登記をした後に債務者が税金を滞納した場合には、抵当権の方が税金に優先します。

第3節　取引先が使用している機械・設備を担保にとる（動産譲渡担保）

取引先が使用している機械等の動産を担保にとる動産譲渡担保のとり方および動産譲渡担保権設定契約書のポイントについて説明します。

Ⅰ　動産譲渡担保が適切な場合

取引先の事業にとって重要な機械等の動産を取引先が使用している場合で、これを売れば相当の売買代金を得ることが見込まれるときは、その機械等を動産譲渡担保（基本用語（p.28））にとるのが適切です。

Ⅱ　動産譲渡担保権設定契約書のポイント

動産譲渡担保権設定契約書の例は、書式16のとおりです。

書式16　動産譲渡担保権設定契約書

動産譲渡担保権設定契約書

　○○株式会社（以下、「甲」という。）と△△株式会社（以下、「乙」という。）は、動産譲渡担保権の設定に関し、次のとおり契約した（以下、「本契約」という。）。

第1条（譲渡担保権の設定および対抗要件の具備）
　乙は、甲の乙に対する下記の債権（以下、「本件被担保債権」という。）を担保するため、甲に対し、乙が所有する末尾表示の動産（以下、「本件動産」という。）を譲渡し、甲はこれを譲り受け、本日占有改定の方法により本件動産の引渡しを受けた（以下、「本件譲渡担保権」という。）。
記
　甲乙間の売買、請負、業務委託、金銭消費貸借および賃貸借等の諸取引に基づく債権ならびに手形債権、小切手債権および電子記録債権その他一切の原因により、甲が乙に対して現在有し、または将来有する一切の債権
第2条（本件動産の保管および公示）
1　乙は、善良なる管理者の注意をもって本件動産を保管する。

2　乙は、甲が指示するところにより、本件動産の所有権が甲に帰属していることを示す標識を本件動産に貼付する等の公示をしなければならない。

3　乙は、事前に甲の書面による承諾を得た場合を除き、本件動産の譲渡、貸与または担保提供その他の処分行為および本件動産の使用、占有移転等、甲の譲渡担保権に損害を及ぼすおそれのある一切の行為をしてはならない。

第3条（使用貸借）

1　甲は、乙に対し、譲渡担保権の実行まで、本件動産をその用法に従い、無償で使用する権限を与える。

2　乙が使用貸借権の全部または一部を第三者に譲渡もしくは転貸しまたは本件動産に関し善良なる管理者としての注意義務に違反したときは、乙は甲の請求により、前項の使用権限を失うものとする。

第4条（本件動産の管理）

1　甲は、必要に応じていつでも保管場所に立ち入り、本件動産の保管状況等の検査をし、また関係書類を閲覧・謄写することができるものとし、乙はこれに協力する。

2　本件動産の管理費、修繕費、公租公課その他の一切の費用は、乙の負担とする。

第5条（保険）

1　乙は、乙の費用負担において、本件動産を目的とし、甲を被保険者とする甲指定の損害保険契約（保険金額は甲指定による。）を締結し、甲に当該保険証券の写しを交付する。

2　保険事故が発生し、甲が保険金の支払いを受けた場合、甲は、本件被担保債権の支払期日前といえども、その全部または一部の弁済に充当することができるものとする。

第6条（期限の利益喪失）

　　乙に次の事由が生じたときは、乙は甲からの通知催告がなくとも当然に本件被担保債権の期限の利益を失い、ただちに債務を弁済しなければならない。

　①　乙が本件被担保債権にかかる契約の一について期限の利益を喪失したとき

　②　乙が振出し、引受け、もしくは裏書した約束手形・為替手形・小切手が不渡りとなったとき、電子記録債権が支払不能処分を受けたとき、または銀行取引停止処分を受けたとき

　③　競売、差押え、仮差押えまたは仮処分命令の申立てを受けたとき

　④　破産・民事再生・会社更生・特別清算の申立てがなされたとき

　⑤　本契約の条項の一に違反し、相当期間を定めた催告後もなお是正されないとき

第7条（譲渡担保権の実行）

1　乙が前条に基づき期限の利益を喪失したときは、甲は、乙に対し、本件譲渡担保権を実行する旨を通知したうえで、任意に本件動産を売却し、その売却金から売却にかかる費用を控除した額を本件被担保債権の弁済に充当することが

できる。処分の方法、時期、価格、順序等は、甲が適当と認める方法による。

2　前項の場合、甲が受領した金額が本件被担保債権額を超過するときは、甲はただちにその超過額を乙に支払清算するものとし、甲が受領した金額が本件被担保債権額に満たなかったときは、乙は甲に対し、ただちに不足額を支払うものとする。

第8条（受戻権）

乙は、甲から、前条第1項の譲渡担保権の実行の通知を受けた後も本件動産が第三者に売却されるまでは、本件被担保債権の全額を支払って、本件動産を受け戻すことができる。ただし、利害関係を有するに至った第三者を害する場合を除く。

第9条（合意管轄）

甲および乙は、本契約に関する紛争については、甲の本店所在地を管轄する地方裁判所を第一審の専属的合意管轄裁判所とすることに合意する。

本契約の成立を証するため、本契約書2通を作成し、甲乙記名捺印のうえ、各1通を保有する。

令和○年○月○日

（甲）東京都○区○町○丁目○番○号
　　　○○株式会社
　　　代表取締役　　○○○○　　印

（乙）東京都○区○町○丁目○番○号
　　　△△株式会社
　　　代表取締役　　△△△△　　印

（動産の表示）

品　　　名　　○○○○
数　　　量　　○○個
型　　　番　　○○−○○○
製造番号　　○○−○○○−○○○○
製造年月日　　令和○年○月○日

この契約書の特に重要なポイントは、次の3つです。

1　担保にとる物件の所有権を担保目的で自社に移転させることを明記する

取引先が支払期限までに支払いをしない場合、あるいは倒産した場合、譲渡

担保の対象物件を所有権に基づいて引き揚げ、換価処分して債権回収を図ることになります。

　したがって、担保にとる物件の所有権を担保目的で自社に移転させることを契約書に明記する必要があります（1条）。

2　担保にとる物件を占有改定によって自社に引き渡すことを明記する

　動産譲渡の対抗要件は「引渡し」です（民法178条）。したがって、動産譲渡担保によって自社が担保目的で所有権を取得したことを第三者に対抗するには、「引渡し」を受ける必要があります。

　しかし、動産譲渡担保では、取引先に対象物件の使用を許すことが前提になりますから、現実に対象物件の引渡しを受けることはできません。

　そのため、民法183条に規定された「占有改定」（もともと占有している物を今後は相手方のために占有すると意思表示するだけで、相手方にその物を引き渡したことになること）によって、対象物件を自社に引き渡すことを契約書に明記する必要があります（1条）。

　なお、法人がする動産の譲渡については、登記による対抗要件の制度が整備されています（動産及び債権の譲渡の対抗要件に関する民法の特例等に関する法律）。取引先が法人の場合には、動産譲渡登記を利用することによって、動産譲渡担保権の第三者に対する対抗要件を備えることもできます。

3　担保にとる物件を明確に特定する

　取引先が同じような機械を多数使用していた場合、どの機械に動産譲渡担保権を設定したのかを契約書で明確に特定しておかないと、いざというときに取引先に言い逃れを許すもとになります。

　また、取引先が破産して破産管財人がついたときに、契約書上で担保にとった物件が特定できていないと、動産譲渡担保権の成立自体を争われる危険性もあります。

　そのため、担保にとる物件を契約書上で明確に特定しておく必要があります（末尾（動産の表示））。

Ⅲ　対象物件が自社の所有物件である旨のプレートなどを貼る

　取引先が第三者に対象物件を処分してしまった場合、第三者が対象物件の所有権を善意取得してしまう危険性があります。

このような危険性は、所有権留保売買のときと同様です。

　そのため、所有権留保売買のときと同様に、対象物件が自社の所有物件（譲渡担保の対象物件）である旨のプレートやステッカーなどを貼っておき、自社に所有権があることおよび一切の処分をしてはならないことを公示しておきます（2条2項）。

第4節　取引先の在庫商品を担保にとる（集合動産譲渡担保）

> 　在庫商品の譲渡担保（集合動産譲渡担保）のとり方および集合動産譲渡担保権設定契約書のポイントについて説明します。

Ⅰ　集合動産譲渡担保が適切な場合

　取引先が商品の出し入れを繰り返しながらも、特定の店舗や倉庫にいつもある程度の在庫商品を保管している場合があります。このような場合には在庫商品を一括して集合動産譲渡担保（基本用語（p.28））にとり、いざというときに在庫商品を引き揚げて換価処分できるようにしておくことが適切です。

Ⅱ　集合動産譲渡担保権設定契約書のポイント

　集合動産譲渡担保権設定契約書の例は、書式17のとおりです。

書式17　集合動産譲渡担保権設定契約書

集合動産譲渡担保権設定契約書

　○○株式会社（以下、「甲」という。）と△△株式会社（以下、「乙」という。）は、次のとおり集合動産譲渡担保権設定契約を締結した（以下、「本契約」という。）。
第1条（譲渡担保権の設定および対抗要件の具備）
　乙は、甲の乙に対する下記の債権（以下、「本件被担保債権」という。）を担保するため、甲に対し、末尾記載の保管場所（以下、「保管場所」という。）に保管されている末尾記載の一切の商品（以下、「本件動産」という。）を譲渡し、甲はこれを譲り受け、本日占有改定の方法により本件動産の引渡しを受けた（以下、「本件譲渡担保債権」という。）。
記
　甲乙間の売買、請負、業務委託、金銭消費貸借および賃貸借等の諸取引に基

づく債権ならびに手形債権、小切手債権および電子記録債権その他一切の原因により、甲が乙に対して現在有し、または将来有する一切の債権

第2条（本件動産の保管および公示）

1　乙は、本件動産を保管場所において他の商品等と区別して、これを無償で預かり、善良なる管理者の注意をもって保管する。

2　乙は、甲が指示するところにより、本件動産の所有権が甲に帰属していることを示す標識を保管場所に掲示する等の公示をしなければならない。

第3条（販売、補完および占有改定）

1　乙は、本件動産の一部を、通常の営業の取引の範囲において第三者に販売することができる。その場合、その売却分と同種同等の商品をただちに補完し、常時保管場所に総額金○○○○円相当額以上の本件動産を保管する。

2　本件譲渡担保権の効力は、前項により補完された商品にも及ぶ。

3　第1項により補完された商品の占有は、その補完と同時に占有改定により甲に移転する。

第4条（本件動産の管理）

1　乙は、本件動産の入出庫の明細ならびに保管の状態を常に明らかにし、毎月末日現在の保管場所に所在する本件動産の種類・数量・価値等、甲が指示する事項を、翌月○日までに甲に書面にて報告する。

2　甲は、必要に応じていつでも保管場所に立ち入り、本件動産の保管状況等の検査をし、また関係書類を閲覧・謄写することができるものとし、乙はこれに協力する。

3　本件動産の管理費、修繕費、公租公課その他の一切の費用は、乙の負担とする。

第5条（保険）

1　乙は、乙の費用負担において、本件動産を目的とし、甲を被保険者とする甲指定の損害保険契約（保険金額は甲指定による。）を締結し、甲に当該保険証券の写しを交付する。

2　保険事故が発生した場合には、乙はただちに甲に通知するものとし、甲が保険金を受領するのに必要な協力を行うものとする。

3　前項の場合、甲は、本件被担保債権の支払期日前といえども、また乙が通常の営業を継続している間であっても、ただちに保険金を受領することができ、これを本件被担保債権の全部または一部の弁済に充当することができるものとする。

第6条（期限の利益喪失）

乙に次の事由が生じたときは、乙は甲からの通知催告がなくとも当然に本件被担保債権の期限の利益を失い、ただちに債務を弁済しなければならない。

①　乙が本件被担保債権にかかる契約の一について期限の利益を喪失したとき

②　乙が振出し、引受け、もしくは裏書した約束手形・為替手形・小切手が不渡りとなったとき、電子記録債権が支払不能処分を受けたとき、または

銀行取引停止処分を受けたとき

③　競売、差押え、仮差押えまたは仮処分命令の申立てを受けたとき

④　破産・民事再生・会社更生・特別清算の申立てがなされたとき

⑤　本契約の条項の一に違反し、相当期間を定めた催告後もなお是正されないとき

第7条（処分権限の喪失）

　前条に基づき、乙が期限の利益を喪失したときは、乙は第2条第1項の保管権限および第3条第1項の販売権限を失うものとし、乙は甲に対し、甲の請求に応じて本件動産をすべて引き渡して返還する。

第8条（譲渡担保権の実行）

1　乙が第6条に基づき期限の利益を喪失したときは、甲は、乙に対し、本件譲渡担保権を実行する旨を通知したうえで、任意に本件動産を売却し、その売却金から売却にかかる費用を控除した額を本件被担保債権の弁済に充当することができる。処分の方法、時期、価格、順序等は、甲が適当と認める方法による。

2　前項の場合、甲が受領した金額が本件被担保債権額を超過するときは、甲はただちにその超過額を乙に支払清算するものとし、甲が受領した金額が本件被担保債権額に満たなかったときは、乙は甲に対し、ただちに不足額を支払うものとする。

第9条（受戻権）

　乙は、甲から、前条第1項の譲渡担保権の実行の通知を受けた後も本件動産が第三者に売却されるまでは、本件被担保債権の全額を支払って、本件動産を受け戻すことができる。ただし、利害関係を有するに至った第三者を害する場合を除く。

第10条（合意管轄）

　甲および乙は、本契約に関する紛争については、甲の本店所在地を管轄する地方裁判所を第一審の専属的合意管轄裁判所とすることに合意する。

記

（保管場所および本件動産の表示）

1　保管場所（所在地）
　　東京都○区○町○丁目○番○号

2　保管建物（商品が保管されている建物）
　　乙○○倉庫

3　本件動産
　　乙が上記保管場所・保管建物内に保有する○○等一切の在庫商品

　本契約の成立を証するため、本契約書2通を作成し、甲乙記名捺印のうえ、各1通を保有する。

令和○年○月○日

(甲) 東京都○区○町○丁目○番○号
　　○○株式会社
　　代表取締役　○○○○　印

(乙) 東京都○区○町○丁目○番○号
　　△△株式会社
　　代表取締役　△△△△　印

この契約書の特に重要なポイントは、次の5つです。

1　担保にとる在庫商品の所有権を担保目的で自社に移転させること を明記する

　取引先が支払期限までに支払いをしない場合、あるいは倒産した場合、譲渡担保の対象物件を所有権に基づいて引き揚げ、換価処分して債権回収を図ることになります。

　したがって、担保にとる在庫商品の所有権を担保目的で自社に移転させることを契約書に明記する必要があります（1条）。

2　担保にとる在庫商品を占有改定によって自社に引き渡すことを明 記する

　集合動産譲渡担保によって自社が担保目的で在庫商品の所有権を取得したことを第三者に対抗するには、「引渡し」を受ける必要があります。

　しかし、集合動産譲渡担保では、取引先に在庫商品を「通常の営業の取引の範囲内」で販売させることが前提になりますから、現実に在庫商品の引渡しを受けることはできません。

　そのため、占有改定（もともと占有している物を今後は相手方のために占有すると意思表示するだけで、相手方にその物を引き渡したことになること）により、在庫商品を自社に引き渡すことを契約書に明記する必要があります（1条）。

3　販売した商品を補完させる

　集合動産譲渡担保権設定契約では「通常の営業の取引の範囲内」で在庫商品を販売することを認めます。しかし、その後、取引先が店舗や倉庫に商品を補

完しないと、集合動産譲渡担保の担保価値が低下してしまいます。

　そのため、販売した商品分の商品を補完することを取引先に義務づけます。

　また、補完した商品についても譲渡担保権の効力が及び、かつ、占有改定によって自社に引き渡すことを明らかにしておく必要があります（3条）。

4　在庫商品の保管状況を定期的に報告させる

　販売した商品分の商品の補完を義務づけても、取引先がその義務を誠実に履行する保証はありません。

　「譲渡担保権を実行しようとしたら、在庫商品がほとんどなかった」ということもありえます。

　そのような事態になることを防止するため、取引先に対し、在庫商品の保管状況を定期的に報告させます。また、取引先が虚偽の報告をすることがないように、自社が立入検査をすることができるようにします（4条）。

5　担保にとる在庫商品を明確に特定する

　集合動産譲渡担保では、担保の対象となる在庫商品が日々入れ替わってしまいます。したがって、個々の商品を契約書で特定することはできません。

　特定の方法にはいろいろなものが考えられますが、判例は、「種類」、「所在場所」、「量的範囲」の3つの基準によって特定するとしています。

　そこで、この3つの基準によって担保にとる物件を特定できるように契約書上で明確にしておく必要があります（末尾（保管場所および本件動産の表示））。

　ここで特に注意が必要なポイントは、「量的範囲」です。

　在庫商品の全部を担保にとる必要もないと考えて、「その所有する商品のうち28トン」などと記載すると、裁判になった場合、裁判所から「担保物件が特定できていない」と判断され、集合動産譲渡担保権の成立を否定されてしまいます。

　与信限度額にかかわらず、「商品全部」とか「一切の商品」などとしておいた方が無難です。

Ⅲ　在庫商品が譲渡担保の目的である旨のプレートを貼る

　在庫商品が譲渡担保の対象物件であることは第三者にはわかりませんから、その旨のプレートなどを保管場所の倉庫の入り口などに貼っておき、在庫商品の所有権が自社にあることを第三者にもわかるようにしておきます（2条）。

Ⅳ　動産譲渡登記を利用する

　取引先が法人の場合には、動産譲渡登記を利用することによって、集合動産
譲渡担保権の第三者に対する対抗要件を備えることもできます。

　その場合には、集合動産譲渡担保権設定契約書に次のような条項を設けます。

第4条（動産譲渡登記）
1　乙は、本契約締結後遅滞なく、乙の費用負担において、本契約に基づく本
　件動産の譲渡につき、動産及び債権の譲渡の対抗要件に関する民法の特例等
　に関する法律に基づく動産譲渡登記を行う。
2　前項の動産譲渡登記の存続期間は、登記の日より10年間とする。
3　乙は、前項の登記の存続期間満了までに、甲から引き続き新たな動産譲渡
　登記を行うことを請求されたときは、異議なくこれに応じるものとし、以後
　も同様とする。
4　動産譲渡登記を行う際には、乙は甲に対して、甲が指定する登記に必要な
　一切の書類を交付するものとする。
（以下、条数を繰り下げる。）

第5節　取引先の他社に対する売掛金を担保にとる（集合債権譲渡担保）

　集合債権譲渡担保（基本用語（p.23））のとり方および集合債権譲渡担保権設
定契約書のポイントと債権譲渡登記について説明します。

Ⅰ　集合債権譲渡担保が適切な場合

　取引先に不動産や在庫商品のような資産はないが、回収できることが確実な
売掛金がある場合があります。このような場合には、集合債権譲渡担保を利用
するのが適切です。

Ⅱ　集合債権譲渡担保権設定契約書のポイント

　集合債権譲渡担保権設定契約書の例は、**書式18**（p.134〜）のとおりです。

集合債権譲渡担保権設定契約書

　○○株式会社（以下、「甲」という。）と△△株式会社（以下、「乙」という。）は、次のとおり集合債権譲渡担保権設定契約を締結した（以下、「本契約」という。）。

第1条（集合債権譲渡担保権の設定）
　乙は、甲に対し、甲の乙に対する下記の債権（以下、「本件被担保債権」という。）を担保するため、乙が末尾記載の第三債務者に対して現に有し、または将来取得する末尾記載の債権（以下、総称して「譲渡債権」という。）を譲渡し、甲はこれを譲り受ける。

記
　甲乙間の売買、請負、業務委託、金銭消費貸借および賃貸借等の諸取引に基づく債権ならびに手形債権、小切手債権および電子記録債権その他一切の原因により、甲が乙に対して現在有し、または将来有する一切の債権
第2条（確認条項）
1　甲および乙は、乙が第三債務者との取引等により債権を取得する都度、当然に前条の債権譲渡の効力が生ずることを確認する。
2　乙は、毎月末日現在および甲が請求する時点における乙の第三債務者に対する債権の額、内容および弁済期日を、上記時点より各7日以内に譲渡債権の内訳として書面により甲に通知する。
第3条（債権証書等の交付等）
　乙は、甲の要求があるときは、譲渡債権に関する第三債務者との契約書、注文書、請求書、債権証書その他譲渡債権の存在を証する書類等を甲に交付する。
第4条（保証条項）
　乙は、甲に対し、次の事項を保証する。
　①　譲渡債権について、乙と第三債務者との間に譲渡制限特約が存在しないこと
　②　譲渡債権について、相殺、解除、取消、無効、不存在その他第三債務者による抗弁事由が存在しないこと
第5条（取立委任）
　甲は、乙に対し、譲渡債権の取立てを委任する。取立てに要する費用は乙の負担とする。
第6条（債権譲渡登記）
1　甲および乙は、本契約締結後ただちに、譲渡債権に対する債権譲渡担保権の設定につき、相互に協力して動産及び債権の譲渡の対抗要件に関する民法の特例等に関する法律（以下「動産・債権譲渡特例法」という。）に基づく債権譲渡登記手続を行うものとする。ただし、債権譲渡登記手続に要する費用

は、乙の負担とする。

2　債権譲渡登記の存続期間は、登記の時より満5年間とする。

第7条（第三債務者への通知）

　乙が次条各号のいずれかに該当したときは、甲は、動産・債権譲渡特例法第4条第2項に基づく第三債務者への通知を行うものとし、乙はこれに協力する。

第8条（期限の利益喪失）

1　乙に次の事由が生じたときは、乙は甲からの通知催告がなくとも、当然に本件被担保債権の期限の利益を失い、ただちに債務を弁済しなければならない。

　① 乙が本件被担保債権にかかる契約の一について期限の利益を喪失したとき

　② 乙が振出し、引受け、もしくは裏書した約束手形・為替手形・小切手が不渡りとなったとき、または電子記録債権が支払不能処分を受けたとき

　③ 支払停止もしくは支払不能に陥ったとき、または銀行取引停止処分を受けたとき

　④ 第三者から差押え、仮差押えまたは仮処分命令の申立てを受けたとき

　⑤ 破産手続開始・民事再生手続開始・会社更生手続開始・特別清算開始の申立てをし、またはこれらの申立てを受けたとき

2　乙に次の事由が生じたときは、甲の請求によって期限の利益を失い、ただちに残債務全額を支払わなければならない。

　① 本契約その他甲乙間で別途締結される契約等の条項に違反したとき

　② 財産状態が著しく悪化し、またはそのおそれがあると認められる相当の事由があると甲が判断したとき

　③ 本契約の履行が困難になったとき、その他債権保全を必要とする相当の事由が生じたと甲が判断したとき

第9条（取立委任の解除）

1　乙が前条の各号に該当したときは、第5条に基づく取立委任は当然に解除されるものとし、以後乙は譲渡債権を取り立てることができない。

2　前項に定める取立委任の解除後に、乙が第三債務者から譲渡債権の支払いを受けた場合は、乙は甲に対し、ただちに当該金員の全額を交付しなければならない。

第10条（合意管轄）

　甲および乙は、本契約に関する紛争については、甲の本店所在地を管轄する地方裁判所を第一審の専属的合意管轄裁判所とすることに合意する。

　本契約の成立を証するため、本契約書2通を作成し、甲乙記名捺印のうえ、各1通を保有する。

令和○年○月○日

（甲）東京都○区○町○丁目○番○号

○○株式会社

代表取締役　○○○○　印

（乙）東京都○区○町○丁目○番○号

△△株式会社

代表取締役　△△△△　印

（譲渡債権の表示）

第三債務者	住　　　所	債権の種類	債権の発生期間
□□株式会社	□□□□□□□ □□□□□□□	売掛債権	令和○年○月○日～ 令和○年○月○日
××株式会社	××××××× ×××××××	売掛債権	令和○年○月○日～ 令和○年○月○日

　この契約書の特に重要なポイントは、次の4つです。

1　債権を担保する目的で集合債権の譲渡を受けることを明記する

　集合債権譲渡担保権設定契約は、単純な債権譲渡（基本用語（p.23））ではありません。あくまでも担保の目的で取引先が第三債務者（基本用語（p.23））に対して有する債権の譲渡を受けるものです。したがって、そのことを明記します（1条）。

2　債権譲渡を受ける債権の範囲を明確にする

　集合債権譲渡担保権設定契約では、取引先が将来取得するであろう売掛金等の債権についても譲渡担保の設定を受けます。したがって、集合債権譲渡担保権設定契約を締結するときに、すべての債権を完全に特定することはできません。

　しかし、ある程度特定しておかなければ、誰に対するどの債権の譲渡を受けたのかがわかりませんし、取引先に「その債権は譲渡していない」と言い逃れを許すことにもなりかねません。

　そのため、第三債務者の商号・名称、住所、債権の種類および債権の発生期間（取引先がいつまでに取得した債権か）を明記します（末尾（譲渡債権の表示））。

　債権の発生期間をどのように定めるかについて決まりはありませんが、実務上は、5年程度とすることが多いようです。

3 相殺や債権譲渡制限特約等の対抗を受けないことを確認する

債権譲渡は、債権の性質を変えずに債権者が入れ替わるだけです。

したがって、第三債務者がもともとの債権者に対して相殺（基本用語（p.22））を主張できたり、契約に債権譲渡制限特約（基本用語（p.23））が付加されていたりすると、債権譲渡を受けても、第三債務者から債権を回収することができなくなったり、回収に手間がかかることになることがあります。

そのため、譲渡債権に関する契約書などを交付させて債権譲渡制限特約が付いていないことを確認したり、相殺の対抗を受けないことなどを保証させたりする必要があります（3条、4条）。

4 対抗要件を備える

集合債権譲渡担保の基本的な性質は債権譲渡です。

したがって、第三者に対する対抗要件は、取引先から第三債務者に対する確定日付のある証書による通知か、第三債務者による確定日付のある証書による承諾（民法467条1項・2項）、または、債権譲渡登記（動産・債権譲渡特例法4条1項）です。

しかし、取引先から第三債務者に債権譲渡の通知がされたり、第三債務者に債権譲渡についての承諾を求めたりすると、取引先の信用不安が一気に広がってしまう危険性があります。

そのため、集合債権譲渡担保の対抗要件としては、債権譲渡登記（基本用語（p.23））を利用すべきです（6条）。

債権譲渡登記をした時点で、他の債権者等の第三者に対する対抗要件を備えたことになります。

もっとも、債権譲渡登記をしただけでは、第三債務者に対して債権譲渡の通知（民法467条1項）をしたことにはなりませんので、第三債務者に対しては対抗要件を備えたことになりません。

第三債務者に対する対抗要件を備えるには、集合債権譲渡担保権を実行する時点で、自社から第三債務者に対して、登記事項証明書を交付し、債権譲渡の事実・内容および当該債権譲渡について債権譲渡登記がなされていることを通知する（または第三債務者の承諾をとる）必要があります（動産・債権譲渡特例法4条2項）。

登記事項証明書の交付と通知は同時に行う必要はありませんので、①通知は内容証明郵便（基本用語（p.22））で行い、②登記事項証明書は書留郵便等で別

に送付する（内容証明郵便には登記事項証明書を同封できないため）ことが通常です。両方が揃った時点で、第三債務者に対する通知がなされたことになります。

5　債権譲渡時点で第三債務者が特定していない場合

　債権譲渡時点で第三債務者が特定しておらず、まだ発生していない債権の譲渡についても、集合債権譲渡担保権の対象にすることができます。債権譲渡登記をすることも可能です。

　そのような債権を集合債権譲渡担保権の対象にする場合、集合債権譲渡担保権を実行するまでに、第三債務者を特定する必要があります。第三債務者に対して、4で説明した通知をする必要があるためです。

　しかし、取引先が協力してくれないと、第三債務者を特定することは極めて困難です。

　そこで、集合債権譲渡担保権設定契約書に、次のような条項を設け、常に第三債務者の名称・住所などを自社に通知することを義務づけます。

　第3条（情報提供義務）
　　乙は、譲渡債権のうち、本契約締結時点で第三債務者が不特定のものについて、第三債務者が特定したときは、すみやかにその名称および住所を書面により甲に通知する。
　　（以下、条数を繰り下げる。）

　また、この場合、末尾の譲渡債権の表示は次のようになります。

　（譲渡債権の表示）
　【債権の種類】　　売掛債権
　【債権発生原因】　紳士服、婦人服、子供服等の衣料品及び服飾雑貨に係る売買契約
　【債権の発生期間】令和○年○月○日〜令和○年○月○日

第6節　取引先の敷金・入居保証金や保険金を担保にとる（債権質）

> 取引先が有している敷金返還請求権・入居保証金返還請求権や保険金請求権を質権にとる方法および債権質権設定契約書のポイントについて説明します。

Ⅰ　債権質権が適切な場合

　取引先が、本社や営業所を賃借していて、賃貸人に、敷金や入居保証金を差し入れていることがよくあります。

　敷金は、賃貸物件を明け渡した後、未払賃料などを控除した残額が賃貸人から賃借人に返還されます。また、入居保証金は、一定期間据置きの後、数年間にわたって分割返済される例が多くみられます。

　これらの返還請求権も取引先の財産です。

　また、取引先が火災保険をかけていたり、役員に生命保険をかけていたりすることもあります。

　火災が発生し、あるいは役員が亡くなった場合には、取引先に対し多額の保険金が支払われますから、これらの保険金請求権も取引先の財産といえます。

　このような場合には、債権質権（基本用語（p.28））を利用するのが適切です。

Ⅱ　債権質権設定契約書のポイント

　債権質権設定契約書の例は、書式19のとおりです。

書式19　債権質権設定契約書

債権質権設定契約書

　○○株式会社（以下、「甲」という。）と△△株式会社（以下、「乙」という。）は、債権質権の設定に関し、次のとおり契約（以下、「本契約」という。）を締結する。

第1条（質権設定の合意）

1　甲乙間の令和○年○月○日付売買取引基本契約（以下、「原契約」という。）に基づいて乙が甲に対して現在負担し、または将来負担する一切の債務（以下、「本件債務」という。）を担保するため、乙は、甲に対し、乙が有する末尾記載の債権（以下、「質入債権」という。）に質権（以下、「本件質権」という。）を設定する。

2　乙は、甲に対し、本契約締結と同時に、質入債権にかかる賃貸借契約書の

原本、敷金預り証の原本等の債権証書を預託する。

第2条（第三債務者の承諾）

1　乙は、第三債務者から本件質権設定について確定日付を付した書面にて承諾を得たうえで、甲に対し、その承諾書面を交付しなければならない。

2　乙が、本契約締結後7日以内に前項の承諾書面を甲に交付できなかったときは、乙はただちに第三債務者に対し、確定日付のある証書により本件質権の設定を通知しなければならない。

第3条（担保価値の維持）

　　乙は、質入債権の価値を維持する義務を負い、賃料の未払い、損害金の発生等をさせてはならない。

第4条（期限の利益喪失）

1　乙に次の事由が生じたときは、乙は甲からの通知催告がなくとも、当然に本件債務の期限の利益を失い、ただちに残債務全額を支払わなければならない。

　　①　乙が振出し、引受け、もしくは裏書した約束手形・為替手形・小切手が不渡りとなったとき、または電子記録債権が支払不能処分を受けたとき

　　②　支払停止もしくは支払不能に陥ったとき、または銀行取引停止処分を受けたとき

　　③　第三者から差押え、仮差押えまたは仮処分命令の申立てを受けたとき

　　④　破産手続開始・民事再生手続開始・会社更生手続開始・特別清算開始の申立てをし、またはこれらの申立てを受けたとき

2　乙に次の事由が生じたときは、乙は甲の請求によって期限の利益を失い、ただちに残債務全額を支払わなければならない。

　　①　原契約に基づく商品の代金の支払いを怠ったとき

　　②　本契約その他甲乙間で別途締結される契約等の条項に違反したとき

　　③　財産状態が著しく悪化し、またはそのおそれがあると認められる相当の事由があると甲が判断したとき

　　④　本契約の履行が困難になったとき、その他債権保全を必要とする相当の事由が生じたと甲が判断したとき

第5条（質権実行への協力）

　　甲が本件質権を実行する場合には、乙は全面的に協力するものとする。

第6条（充当）

　　甲が本件質権の実行により質入債権を回収したときは、実際の回収額から回収に要した費用（訴訟費用、弁護士報酬等を含むがこれに限られない。）を控除した金額を、法定の順序を問わず本件債務の全部または一部に充当することができるものとする。

第7条（合意管轄）

　　甲および乙は、本契約に関する紛争については、甲の本店所在地を管轄する地方裁判所を第一審の専属的合意管轄裁判所とすることに合意する。

本契約の成立を証するため、本契約書2通を作成し、甲乙記名捺印のうえ、各1通を保有する。

　令和○年○月○日

（甲）東京都○区○町○丁目○番○号
　　　○○株式会社
　　　代表取締役　　○○○○　　印

（乙）東京都○区○町○丁目○番○号
　　　△△株式会社
　　　代表取締役　△△△△　　印

記

（債権の表示）
①　乙と××株式会社間の令和○年○月○日付不動産賃貸借契約書第○条に基づき、乙が××株式会社に預託した入居保証金○○○○円の返還請求権
②　乙と××株式会社間の令和○年○月○日付不動産賃貸借契約書第○条に基づき、乙が××株式会社に預託した敷金○○○○円の返還請求権

質権設定承諾書

　上記契約に基づく質権設定を承諾します。
　上記債権の表示欄記載の債権について、△△株式会社に対して有する相殺の抗弁を除く一切の抗弁権を放棄します。

　令和○年○月○日

東京都○区○町○丁目○番○号
××株式会社
代表取締役　××××　　印

　この契約書の特に重要なポイントは、次の2つです。

1　どの債権を質権にとるのかを明示し、証書を預かる

　敷金・入居保証金に債権質権を設定するときは、取引先と賃貸人との間の賃貸借契約の原本を確認します。
　そして、賃貸借契約の契約年月日、賃貸人の名称、債権の種類と金額を明示

します（末尾（債権の表示））。

さらに、賃貸借契約書の原本あるいは敷金・入居保証金預り証など、敷金・入居保証金を預託していることの証拠となる書類（債権証書）を取引先から預かります（1条2項）。

債権証書の交付を受けなくても債権質権の設定の効力には影響はありませんが、質権の実行の段階で、手元にこれらの書類があった方が便利だからです。

2 「質権設定承諾書」を併記し、賃貸人から承諾をとる

債権質権の第三者に対する対抗要件は、債権譲渡の対抗要件と同様です。①賃借人から第三債務者である賃貸人に対し、確定日付のある証書によって質権の設定を通知するか、②第三債務者である賃貸人が、確定日付のある証書によって質権の設定を承諾するか、あるいは、③質権設定の債権譲渡登記をすることが必要です。

債権質権を実行するときは、賃貸人に直接請求し、敷金・入居保証金を返還してもらいます。そのため、賃貸人に対し、一方的に通知書を送付するのではなく、賃貸人から承諾を得るようにすることが適切です。

質権の設定段階で、賃貸人との間で「このような内容の質権を設定しました。承諾してもらえますね？」「わかりました」というコミュニケーションをとっておくのとおかないのとでは、質権の実行の段階で大きな違いが出ることがあります。

そのため、賃貸人から質権設定承諾書を取り付けるようにします。債権質権設定契約書の末尾に質権設定承諾書を併記してしまい、賃貸人に質権の内容がわかるようにしておくのも1つの方法です。

賃貸人に承諾の記名捺印をもらったら、公証役場に行って、質権設定承諾書に確定日付をもらいます。そして、確定日付をもらった事実を賃貸人に通知します。

単に賃貸人から記名捺印をしてもらっただけでは、「確定日付のある証書による承諾」にはあたらないからです。

なお、保険金請求権に質権を設定したときは、保険会社に連絡します。保険会社で書式を用意してありますので、その書式を取り寄せて、保険会社に承諾を求めます。ただし、実務上は、金融機関以外の債権者による保険金請求権への質権設定について、保険会社が承諾することはほとんどないようです。

承諾が得られないときは、取引先から保険会社に対して確定日付のある証書

によって質権の設定を通知させます。敷金・入居保証金への質権設定について、賃貸人から承諾が得られなかったときも同様です。

第7節　取引先以外の他人からも債権を回収できるようにする（保証・連帯保証・根保証）

> 第三者から保証（基本用語（p.28））を取り付ける方法および保証をとる際のポイントについて説明します。

Ⅰ　信用のある第三者から書面で保証を取り付ける

　取引先の持っている財産では債権の担保として不足する場合には、取引先以外の第三者に取引先の債務を保証してもらうようにします。

　しかし、保証人になってくれる人に支払能力がなければ、いざというときに何の役にも立ちません。

　取引先の代表者を保証人にとることが多いのですが、いざというときに役に立たないことがほとんどです。なぜなら、会社が倒産状態にあるときは、代表者も破産状態にあることがほとんどだからです。

　そこで、取引先の代表者を保証人にとるとともに、取引先に対し、支払能力のある第三者を保証人に立てるように要求します。

　取引先が保証人を立ててきたときは、その保証人の資力などについて、取引先に尋ねます。同時に、保証人が所有する不動産の不動産登記簿謄本（基本用語（p.10））をとってみて、実際に資力が十分かどうかを調べます（**第1章第2節Ⅱ、Ⅲ（p.55～）**）。

　調査の結果、信用力のある第三者であることが確認できたら、その人から保証を取り付けます。

　なお、保証契約は、「書面」でしなければ効力が生じません（民法446条2項）。契約書の形式にすることまでは要求されていませんので、保証人から自社に対し、保証書を差し入れさせることでもかまいません（**書式20（p.148～）**を参照してください）。

　ただし、事業のために負担した貸金等債務（金銭の貸渡しまたは手形の割引を受けることによって負担する債務）を主たる債務とする保証契約または主たる債務の範囲に事業のために負担する貸金等債務が含まれる根保証契約については、保証契約締結の日前1か月以内に作成された公正証書で、保証人となろうと

する者（個人の場合に限られます）が保証債務を履行する意思を表示していなければ無効とされています（民法465条の6）。もっとも、その個人が主たる債務者である法人の理事、取締役、執行役、総株主の議決権の過半数を有する株主、個人事業主の共同事業者、現に事業に従事している個人事業主の配偶者などである場合には適用されません（民法465条の9）。

したがって、取引先の代表者を保証人にとるときは、保証書を差し入れさせるだけで問題ありませんが、取引先の事業には関係のない第三者を保証人にとるときは、場合によっては公正証書で保証債務を履行する意思を表示させなければ無効とされることになりますので、注意してください。

Ⅱ　保証人となる第三者には面前で保証書に署名させる

保証人との間のトラブルで一番多いと言ってもよいのが、「自分はそんな保証書に署名した覚えはない」という保証契約そのものの否定です。

その保証人が保証する意思をもって保証書に署名捺印あるいは記名捺印したことを立証できなければ、その保証人に対して裁判を起こしても敗訴してしまいます。

そのようなトラブルを回避するためには、保証人となる第三者には面前で保証書に署名させる必要があります。

さらに慎重にことを進めるならば、その保証人に実印を捺印させ、印鑑証明書を添付させるとよいでしょう。

Ⅲ　根保証をとるときは、合理的な保証限度額・保証期間を定める

1　合理的な保証限度額を定める

根保証には、保証限度額（「極度額」といいます）や有効期限を定める「限定根保証」と保証限度額や有効期限を定めずに、一切の債務について包括的に保証する「包括根保証」とがあります。

現在の民法では、個人による根保証契約（「個人根保証契約」といいます）全部について、「極度額を定めなければ無効」とされています（民法465条の2第1項・2項）。

保証限度額（極度額）の金額については、民法上特に制限はありません。しかし、保証人の立場に立ってみますと、いきなり「保証人として1億円支払え」と請求されても「1億円も支払えるわけがないだろう！」という気持ちになってしまい、なかなか回収が進まないことになりかねません。他方、あらか

じめ保証人の支払能力に応じた保証限度額を定めておき、保証人がこれに納得して保証書に署名捺印した場合は、責任感のある保証人であれば、保証限度額までは何としてでも支払おうとしますので、かえって多額の回収ができることが期待できます。

したがって、保証人が納得する合理的な保証限度額を定めておいた方がよいでしょう。

2　合理的な保証期間を定める

個人根保証契約であってその主たる債務の範囲に金銭の貸渡しまたは手形の割引を受けることによって負担する債務（「貸金等債務」といいます）が含まれるもの（「個人貸金等根保証契約」といいます）において、主たる債務の元本の確定すべき期日（「元本確定期日」といいます）を定める場合は、個人貸金等根保証契約の締結日から5年以内の日と定める必要があります。それよりも後の日が元本確定期日と定められているときおよびそもそも元本確定期日が定められていないときは、個人貸金等根保証契約の締結日から3年を経過する日が元本確定期日になります（民法465条の3第1項・2項）。

したがって、個人貸金等根保証契約を締結するときは、締結日から5年以内の日を元本確定期日と定めましょう。

個人貸金等根保証契約に該当しない場合は、民法上は、保証期間に関する制限はありません。しかし、保証人の立場に立ってみますと、保証契約を締結してから20年後にいきなり「20年前に保証書に署名捺印したのだから、保証人として1億円支払え」と請求されても「20年も前のことを今さらいわれても！」という気持ちになってしまい、なかなか回収が進まないことになりかねません。他方、あらかじめ保証期間を定めておき、保証人がこれに納得して保証書に署名捺印した場合は、責任感のある保証人であれば、保証期間内に発生した額は何としてでも支払おうとしますので、かえって多額の回収ができることが期待できます。

したがって、個人貸金等根保証契約に該当するか否かを問わず、保証人が納得する合理的な保証期間を定めておいた方がよいでしょう。

Ⅳ　保証人に対する情報提供義務

債権者の立場からは、主たる債務者が支払をしない場合に備えて、保証人をとるようにすべきです。

他方、保証人の立場からすると、主たる債務者の財産状況などを全く知らないまま、個人的な情義などから保証人となることが多いのが実情です。そのため、保証人が想定外の多額の保証債務の履行を求められ、生活の破綻に追い込まれる事例が後を絶ちませんでした。

　そこで現在の民法では、保証人を保護するため、債権者あるいは主たる債務者に対して、次のような保証人に対する情報提供義務を定めています。

1　契約締結時の主たる債務者の情報提供義務

(1)　情報提供義務の内容

　主たる債務者が、「事業のために負担する債務を主たる債務とする保証」または「主たる債務の範囲に事業のために負担する債務が含まれる根保証」の委託をするときは、委託を受ける者（個人の場合に限られます）に対し、次に掲げる事項に関する情報を提供しなければなりません（民法465条の10第1項）

---

①主たる債務者の財産および収支の状況
②主たる債務以外に負担している債務の有無ならびにその額および履行状況
③主たる債務の担保として他に提供し、または提供しようとするものがあるときは、その旨およびその内容

　この情報提供義務の対象となる保証は、事業のために負担する貸金等債務についての保証に限らず、事業のために負担する債務一般についての保証であることに留意してください。

(2)　情報提供義務に違反した場合

　主たる債務者が上記の事項に関して情報を提供せず、または事実と異なる情報を提供したために委託を受けた者（個人の場合に限られます）がその事項について誤認をし、それによって保証契約の申込みまたは承諾の意思表示をした場合で、かつ、主たる債務者が情報提供義務に違反したことを債権者が知りまたは知ることができたときは、保証人は保証契約を取り消すことができます（民法465条の10第2項）。

　ここで問題なのは、この情報提供義務は主たる債務者の義務であるにもかかわらず、主たる債務者が義務に違反したことを債権者が「知ることができた」場合にも、保証契約が取り消される危険性があることです。

　どのような場合に、主たる債務者が義務に違反したことを債権者が「知ることができた」と認定されることになるのか、明確な基準はありません。

これに対応するため、連帯保証書（書式20（p.148〜））の第2条のような条項を設けて、主たる債務者が情報提供義務を果たしたことを確認することが考えられます。

2　主債務の履行状況に関する債権者の情報提供義務

　保証人が主たる債務者の委託を受けて保証した場合には、債権者は、保証人の請求があったときは、遅滞なく、主たる債務の元本および従たる債務（利息、違約金、損害賠償など）について、それぞれの不履行（履行遅滞）の有無に加え、未払の各債務残額、そのうちの弁済期到来分の額に関する情報を提供しなければなりません（民法458条の2）。

　この義務は、法人が保証人である場合にも適用されますので、留意してください。

　なお、債権者がこの義務に違反し、保証人が損害を被った場合には、保証人は、債権者に対して、生じた損害の賠償を請求することができます。

3　主たる債務者が期限の利益を喪失した場合の債権者の情報提供義務

　保証人が個人である場合には、主たる債務者が期限の利益を喪失したときは、債権者は、保証人に対し、その利益の喪失を知った時から2か月以内にその旨を通知しなければなりません（民法458条の3第1項）。

　債権者が期限の利益の喪失を知った時から2か月以内にその旨を通知しなかったときは、債権者は、保証人に対し、主たる債務者が期限の利益を喪失した時から通知を現にするまでに生じた遅延損害金の支払いを請求することはできません（民法458条の3第2項）。

　例えば、①1000万円の買掛債務を100万円ずつ10回分割で支払う、②1回でも買掛債務の支払を怠ったときは期限の利益を失い、残債務を一括して支払う、という内容の債務を個人である保証人が保証した場合に、主たる債務者が1回目の分割払いを怠り、一括払いの義務を負ったとします。この場合、債権者が2か月以内に通知せず、3か月後に保証人に通知したときは、保証人に対して1000万円の一括払いを前提とした3か月分の遅延損害金の請求をすることはできないということです。

　ただし、期限の利益を喪失しなかったとしても生ずる遅延損害金については保証人に対して請求することはできます（民法458条の3第2項カッコ書き）。

上の例で言えば、1回目〜3回目の分割払いの各100万円についての遅延損害金は請求できます。

V 連帯保証人について生じた事由の効力

現在の民法では、連帯保証人に対して履行を請求しても、主たる債務者に対しては効力を生じないものとされています（民法458条参照）。

そのため、連帯保証人に対して裁判上の請求をしても、主たる債務者に対しては、時効の完成猶予の効果は発生しません。

ただし、債権者および主たる債務者が別段の意思を表示していた場合には、連帯保証人に生じた事由（履行の請求や時効の完成等）の主たる債務者に対する効力は、その意思に従うものとされています（民法458条による民法441条の準用）。

そこで、連帯保証書（書式20）の第3条のような条項を設けて、連帯保証人に対して生じた事由が主たる債務者にも効力を生じることを合意させます。

VI 担保保存義務

債務の弁済をするについて正当な利益を有する者（保証人や物上保証人など。「代位権者」といいます）がいる場合に、債権者が故意または過失によって担保を喪失し、または減少させたとき（担保の差替えや一部解除したときなど）は、代位権者は、代位をするに当たって担保の喪失または減少によって償還（支払い）を受けることができなくなる限度において、免責されます（民法504条1項）。

ただし、債権者が担保を喪失し、または減少させたことについて、取引上の社会通念に照らして合理的な理由があると認められるときは、上記の規定は適用されません（民法504条2項）。

もっとも、合理的な理由の有無について、連帯保証人から異議が述べられることもあり得ます。そこで、連帯保証書（書式20）の第4条のような条項を設けて、あらかじめ連帯保証人の異議の申立てや、免責の主張を封じておきます。

書式20　連帯保証書

連帯保証書

○○株式会社　御中

　債務者△△株式会社（以下「債務者」といいます。）と連帯保証人××（以下、「連帯保証人」といいます。）は、貴社と債務者との間で締結された令和○年○月○日付け売買取引基本契約（以下、「本契約」といいます。）に基づき生じる債務の弁済に関し、次のとおり本書を差し入れます。

第1条（連帯保証）
　連帯保証人は、貴社に対し、本契約に基づき生じた債務者の一切の債務について、次の事項に従い連帯保証し、債務者と連帯して弁済する責めを負います。
　①保証限度額　金○○○○円
　②保証期間　　本書の差入日より満5年を経過する日まで
第2条（情報提供）
　債務者は、連帯保証人に対して次の事項について情報の提供を行い、連帯保証人は、情報の提供を受けたことを確認します。
　①債務者の財産および収支の状況
　②債務者が本契約に基づく債務以外に負担している債務の有無ならびにその額および履行状況
　③本契約に基づく債務の担保として他に提供し、または提供しようとするものがあるときは、その旨およびその内容
第3条（連帯保証人に対する履行の請求等に関する合意）
　債務者および連帯保証人は、貴社から連帯保証人に対する履行の請求その他の通知が、債務者に対しても効力が生じ、または通知されたものとすることに合意します。
第4条（担保保存義務の免除）
　貴社の都合により債務者または他の保証人の提供にかかる担保や保証等を変更または解除しても、異議を申し立てず、免責の主張をいたしません。

　令和○年○月○日

　　　　　　　　　　　　（債務者）東京都○区○町○丁目○番○号
　　　　　　　　　　　　　　　　　△△株式会社
　　　　　　　　　　　　　　　　　代表取締役　△△△△　印
　　　　　　　　　　（連帯保証人）東京都○区○町○丁目○番○号
　　　　　　　　　　　　　　　　　　　　××××　印

第5章　取引先の協力が得られるときの債権回収

　支払いが遅れている取引先に対する請求方法と取引先が分割で支払うと
言ってきたときの対応方法、および相殺（基本用語（p.22））や債権譲渡
（基本用語（p.23））、代物弁済（基本用語（p.24））による債権回収について
説明します。

第1節　支払いが遅れている取引先に請求する

　支払いが遅れている取引先に対する請求方法と内容証明郵便の作成方法について説明します。

Ⅰ　請求書を送る

　債権回収のための最も基本的かつ重要な手順は、取引先に請求することです。
　そもそも請求書を送っていないとか、支払日に集金に行っていない、などということがあっては話になりません。
　また、取引先の経理の都合上、支払いの締切日を設定している場合があります。そのような取引先には、支払いの締切日に間に合うように請求書を送る必要があります。

Ⅱ　支払いが遅れている理由を聞き出す

　請求書を送ったのに支払日に支払いがなかった場合には、取引先に支払いが遅れている理由を聞き出す必要があります。
　請求書の送付が支払いの締切日に間に合わなかったことが理由である場合には、今回だけは特別に支払ってくれるように交渉します。
　また、「納品した商品の仕様が契約条件に合っていなかった」とか、「納品が納期に間に合わなかった」など、取引先からクレームが入ったために支払いを留保される場合もあります。そのような場合には、早急に事実関係を調べて対処します。

Ⅲ　支払いを請求する方法

　自社には何らの問題もない場合には、取引先が正当な理由もなく支払いをしないというだけですから、徹底的に支払いを請求します。

　支払いが遅れている取引先に請求するときは、まず次のような方法をとります。

1　電話で請求する

　電話で請求することは、比較的時間も費用もかからないので便利です。

　支払いを渋っている債務者でも、うるさい債権者には優先的に支払うことがよくあります。

　そして、電話で話している間に、取引先の財産状況や売掛先を聞き出すようにします。強制執行による債権回収の必要が生じた場合に、どの財産を狙えばよいかあたりをつけるためです。

　特に取引先が個人で、サラリーマンであるような場合には、正確な勤務先を聞き出すようにします。サラリーマンの場合、目ぼしい財産がなく給料を差し押さえるくらいしか債権の回収方法がないことが多いからです。

　もっとも、電話での請求には限界があります。居留守を使われたり、着信を拒否されたりすると、手の出しようがありません。

　また、電話で話した内容が証拠として残らないという短所もあります。会話を録音したり、毎回会話の内容の詳細なメモを残しておいたりして、電話での請求の短所を補う必要があります。

2　取引先に出向いて請求する

　定期的に取引先に出向いて請求し、集金するようにすれば、支払いを習慣づける効果があります。

　しかし、時間と費用がかかること、人のよい担当者は、取引先から窮状を訴えられると同情してしまい、債権回収どころではなくなってしまうこともあるなどの短所があります。

3　書面で請求する

　FAXや手紙、内容証明郵便（基本用語（p.22））などの書面で請求することは、将来訴訟になったときに証拠となります。

また、取引先に心理的圧力をかける長所もあります。

Ⅳ 債務確認書をとる

取引先が債務の存在は認めているものの、すぐに支払ってくれないときは、書式21のような書面を書かせます。

取引先に債務確認書を書かせるのは、債務を承認させ、消滅時効を更新（基本用語（p.17））するためです。

また、取引先が書いた債務確認書は、訴訟を提起するときに証拠になります。

とりわけ、担当者が口頭で注文を受けてしまったような場合には、取引先が作成した書類がないことが多いので、この債務確認書はきわめて重要な証拠になります。

書式21 債務確認書

○○株式会社 御中

債務確認書

　弊社は、本日現在、貴社に対し、下記の買掛債務金○○○万○○○○円也を負担していることを確認いたします。

記

（買掛債務の表示）

1　令和○年○月○日から令和○年○月○日までの間の商品○○の売買代金
　金○○○万○○○○円

2　令和○年○月○日から令和○年○月○日までの間の商品△△の売買代金
　金○○○万○○○○円

令和○年○月○日

東京都○区○町○丁目○番○号
株式会社△△
代表取締役　△△△△　印

Ⅴ　誠意のある対応がないときは内容証明郵便を送る

1　内容証明郵便の効果

　電話で請求してもダメ、直接出向いてもダメ、FAXや手紙を送っても誠意ある対応がない、という場合には、内容証明郵便で請求します。

　内容証明郵便で請求すると、次のような効果が期待できるからです。

⑴　心理的な圧力をかけることができる

　内容証明郵便は、書式22（p.154）のように普通の手紙とは異なる格式ばった形式で書かれています。そのうえ、日本郵便株式会社が内容証明郵便として差し出されたことを証明する、という内容のスタンプが押されています。取引先としては、「本気で債権回収にかかってきたな。このまま放置すると何か法的な手段をとってくるのではないか」という緊張感を覚えるのが通常です。

　さらに、内容証明郵便の内容として、「期限までに支払わないときは法的手続をとる」などという記載を盛り込んでおけば、さらに心理的な圧力をかけることができます。

　内容証明郵便を出したことにより、取引先があっさり支払ってくることも少なくありません。

⑵　郵便の内容についての有力な証拠になる

　内容証明郵便は、その郵便を出した事実、郵便の内容およびその郵便が配達された日（配達証明をつけた場合）を日本郵便株式会社が証明してくれるものです。

　したがって、訴訟になったときも、有力な証拠となります。

　時効の完成猶予（基本用語（p.17））のために催告（基本用語（p.17））をするときに、内容証明郵便で催告し、かつ、配達証明をつければ、消滅時効期間が経過する前に催告していることが明らかになります。これによって、取引先の消滅時効の主張を封じることができます。

⑶　確定日付（基本用語（p.22））が取得できる

　債権譲渡（基本用語（p.23））の第三者に対する対抗要件の１つとして、「確定日付のある証書による通知または承諾」があります（民法467条2項）。

　内容証明郵便によって通知または承諾がなされれば、その日に通知または承諾がなされたことを日本郵便株式会社が証明しますので、確定日付のある証書による通知または承諾にあたります。

請　求　書

前略　当社令和○年○月○日付けでおかわいしたにもかかわらず、当社からは再三、本日に至るも支払いはお願いしたところ、上記請求書到達後7日以内に、下記銀行口座に本振り込んでお支払い頂くよう請求致します。

貴社に対し、令和○年○月○日に販売しまくり頂くことにつき、令和○年○月○日商はにたてること、○月○日までに、お支払いお願い、貴社が年○月○日限り、○,○○○,○○○円の支払いに社○○月○日，社が○年○月○日に渡り支払いに至るまで、品代金○円なっておりましたしたかった円座に本振り込んでお支払い頂くよう請求致します。

上記期限までにお支払いがない場合には、当社は貴社に対し、法的措置を取らざるを得ないことを申し添えます。

草々

記

（振込先）
○○銀行○○支店　普通預金
口座番号　○○○○○○○
口座名義　○○株式会社

令和○年○月○日

- -

〒○○○－○○○○
東京都○区○町○丁目○番○号
○○株式会社
代表取締役　○○○○　　印

〒○○○－○○○○
東京都○区○町○丁目○番○号
△△株式会社
代表取締役　△△△△　殿

2 内容証明郵便の作成方法

内容証明郵便の作成方法は次のとおりです。

(1) 用紙

どのような用紙を使って作成することも自由です。大きさの制限もありません。パソコンで作成してもかまいません。

なお、内容証明用紙は次に説明する字数の制限に合うようにマス目ができていますので、手書きで内容証明郵便を作成するときは非常に便利です。大きな文房具店であれば取り扱っています。内容証明用紙を使用しなければならないという決まりはありませんが、手書きの場合はこの用紙を使う方が、便利でしょう。

(2) 字数

たて書きの場合は、1行20字以内、1枚26行以内と決められています。この範囲内であれば、字数や行数が少なくてもかまいません。

横書きの場合は、次のうちのどれかにあてはまっていれば問題ありません。

---

① 1行20字以内、1枚26行以内
② 1行13字以内、1枚40行以内
  （用紙を横にして、左右2段組みにする）
③ 1行26字以内、1枚20行以内

---

(3) 句読点、カッコなど

句読点は、1字として数えます。カッコは上下（横書きの場合は左右）を全体として1字とし、上（横書きの場合は左）のカッコの属する行の字数に算入します。

国語の時間に原稿用紙の使い方を習ったときには、「行の末尾に句読点やカッコがきたときは、最後のマス目にまとめて入れるか、欄外に書きなさい」と教えられたはずです。しかし、内容証明郵便では、句読点やカッコでも次の行の先頭に書きます。

パソコンで書式を設定するときもこの点に注意しないと、字数制限を超えてしまうことがあります。

(4) 文字の訂正・挿入・削除

文字を訂正したり、挿入したり、削除したりするときは、修正液などを使うことはできません。

2本線で消すなどして訂正したうえ、訂正箇所の上部欄外（横書のときは左

側欄外）に訂正した字数を記載（「2字削除・1字挿入」など）し、訂正印を押します。

(5) 差出人と受取人

文書の末尾に差出人（通知人）と受取人（被通知人）の住所および氏名（会社の場合は、会社名・代表者名）を明記したうえ、差出人の印鑑を押します。

法律上は印鑑を押すことは要求されていませんが、正式な意思決定のもとにこの内容証明郵便を出していることを取引先にわからせるためには、印鑑を押しておいた方がよいからです。

なお、差出人と受取人を冒頭に書いても問題はありません。

(6) 契印

用紙の枚数にも制限がありません。

しかし、枚数が2枚以上になるときは、ホッチキスなどでとじたうえ、そのつなぎ目に差出人の印鑑を押します。この印鑑のことを「契印」といいます。

(7) 作成する通数

まったく同じ内容の文書を3通作成します。1通は取引先に郵送し、もう1通は郵便局が保管し、残りの1通は本人（差出人）が保管しておくためです。

1通作成し、それを2通コピーしてもよいですし、カーボン紙などで3通複写してもかまいません。パソコンで3通プリントアウトするのでも大丈夫です。

ただし、印鑑は3通とも押す必要があります（1通だけに押して、それをコピーするのではダメです）。

(8) 郵便局での差し出し方

① 郵便局に持参するもの

(i) 内容証明郵便にする文書3通

(ii) 取引先の宛先と差出人を記入した封筒1通

(iii) 内容証明郵便にする文書に押した印鑑

(iv) 料金

② 窓口での対応

(i) 郵便局の窓口で、「書留郵便物受領証」の用紙をもらい、差出人の住所氏名と受取人の氏名を記入したら、内容証明郵便にする文書3通と取引先の宛先と差出人を記入した封筒1通と一緒に郵便局員に渡し、「内容証明郵便でお願いします」と言ってください。

このとき「配達証明つきでお願いします」と付け加えることを忘れない

ようにします。配達証明をつけないと、取引先にいつ配達されたのかがわからないので、訴訟になったときに効果が半減します。

(ii)　郵便局員が文書の内容を確認します。

　　もし不備があればその部分を指摘されますので、その場で訂正できるようであれば、持参した印鑑を使ってその場で訂正し、再度提出します。

　　問題がなければ、郵便局員はその文書の末尾に「この郵便物は令和○年○月○日第○○○○号書留内容証明郵便物として差し出したことを証明します。日本郵便株式会社」というスタンプを押し、その下側または右側に受け付けた日時のスタンプを押します。

(iii)　スタンプが押された文書が2通戻されますので、そのうち1通を用意した封筒に入れて郵便局の窓口に提出し、残り1通は差出人（自社）が保管しておきます。

　　料金を支払うと「書留郵便物受領証」が渡されますので、これも保管しておきます。

(iv)　取引先に内容証明郵便が配達されると、自社あてに配達証明書が郵送されてきます。これも保管しておきます。

コラム6　電子内容証明郵便

　内容証明郵便はインターネットを通じて出すこともできます。

　郵便局に行かずにすみますし、印鑑を押す必要もないので、非常に便利なサービスです。

　しかし、電子内容証明を利用するには、事前に利用者登録をしておかなければなりません。

　電子内容証明も内容証明の一種ですので、その効果は通常の内容証明郵便と変わりません。しかし、その作成方法や出し方については、本文で説明した内容はあてはまりません。

　たとえば、電子内容証明では、1行20字以内、1枚26行以内という文字の制限はありませんが、文字ポイントサイズには10.5ポイント以上145ポイント以下という制限があります。

　また、用紙レイアウトは、A4縦置きで横書きにするか、A4横置きで縦書きにするかのどちらかです。

　A4縦置きで横書きにした場合は、用紙の上左右におのおの1.5cm以上、下に7cm以上の余白をとらなければなりません。A4横置きで縦書きにした場合は、上下右におのおの1.5cm以上、左に7cm以上の余白をとらなければなりません。

枚数は最大5枚までとされています。その他の詳細については、電子内容証明サービスのホームページ（https://www.post.japanpost.jp/service/enaiyo/index.html）を参照してください。

第2節　取引先に分割で支払わせる

取引先に分割で支払わせる方法と公正証書（基本用語（p.24））の作成方法について説明します。

Ⅰ　分割払いを認めることによって債権回収の効果をあげる

支払期日が経過している場合、一括して支払うことを請求できるのは当然です。しかし、取引先の資金繰りの関係上どうしても全額を一括して支払えないということもあります。

この場合、取引先に対して訴訟を提起しても、判決が出るまでには長期間を要し、事実上その間はまったく債権を回収できません。そのうえ、判決が出るまでの間に取引先の経済状態がますます悪化してしまい、強制執行の手続をとっても功を奏さない危険性があります。

このようなときには、無理に一括での支払いを請求せず、分割払いを認めた方がかえって債権回収の効果があがる可能性があります。

Ⅱ　債務弁済契約書を作成し、署名させる

分割払いを認めるときは、取引先との間で債務弁済契約書（書式23）を作成し、署名（または記名捺印）させます。

取引先に債務の存在を認めさせ、いつ、いくらずつ支払うのかをはっきりと約束させるのです。

債務の存在を認めさせることには消滅時効を更新（基本用語（p.17））する効果があります。また、書面で支払いの約束をさせることにより、後日、訴訟になったときでも証拠として使うことができます。

このような目的を果たせればよいので、抵抗感をやわらげるためにタイトルを「覚書」にしても問題ありません。

また、取引先から自社に書面を差し入れる形式をとってもよく、その場合には自社は記名捺印しなくてもかまいません。

債務弁済契約書

　○○株式会社を甲、△△株式会社を乙として、乙の甲に対する○○の買掛金債務に関して、次のとおり債務弁済契約（以下、「本契約」という。）を締結した。

第1条（債務の確認）
　乙は甲に対し、令和○年○月○日現在、甲乙間の売買取引基本契約に基づく買掛債務金○○○○万円が存在することを確認する。

第2条（支払方法）
　乙は、甲に対し、前条の債務を次のとおり分割して甲に持参または送金して支払う。
　①　令和○年○月から令和○年○月まで毎月末日限り　金○○万円
　②　令和○年○月末日限り　金○○万円

第3条（期限の利益喪失）
　乙に次の事由が生じたときは、乙は甲からの通知催告がなくとも当然に期限の利益を失い、直ちに残債務全額を支払わなければならない。
　①　前条の債務の履行を1回でも怠ったとき
　②　乙が振出し、引受け、もしくは裏書した約束手形・為替手形・小切手が不渡りとなったとき、または電子記録債権が支払不能処分を受けたとき
　③　支払停止もしくは支払不能に陥ったとき、または銀行取引停止処分を受けたとき
　④　第三者から差押え、仮差押えまたは仮処分命令の申立てを受けたとき
　⑤　破産手続開始・民事再生手続開始・会社更生手続開始・特別清算開始の申立てをし、またはこれらの申立てを受けたとき

第4条（合意管轄）
　甲および乙は、本契約に関する紛争については、甲の本店所在地を管轄する地方裁判所を第一審の専属的合意管轄裁判所とすることに合意する。

　本契約の成立を証するため、本契約書2通を作成し、甲乙記名捺印のうえ、各1通を保有する。

令和○年○月○日

（甲）東京都○区○町○丁目○番○号
　　　○○株式会社
　　　代表取締役　　○○○○　　印

（乙）東京都○区○町○丁目○番○号

△△株式会社
代表取締役 △△△△ 印

Ⅲ 準消費貸借契約に切り替える

継続的に商品を販売している取引先が、売買代金を支払わなかったり、あるいは請求額の一部だけを支払ったり、ということを繰り返していることがあります。このような場合、未払いとなっている金額の総額は把握できたとしても、どの商品の売買代金が未払いになっているのか、はっきりと区別することが困難になります。

また、売掛債権の消滅時効は、それぞれの商品の代金の支払期日から進行を開始しますから、消滅時効にかからないように債権管理をするのも大変になります。

このような場合には、取引先との間で、未払いになっている売買代金を消費貸借の目的とする準消費貸借契約（基本用語（p.22））を締結するように交渉します。これにより多数の売掛債権を一本化することができ、債権管理が容易になるからです。

準消費貸借契約書の例は、**書式24**です。

書式24 準消費貸借契約書

準消費貸借契約書

○○株式会社を甲、△△株式会社を乙、××××を丙として、乙の甲に対する○○の買掛債務に関して、次のとおり準消費貸借契約（以下、「本契約」という。）を締結した。

第1条（債務の確認）
　乙は甲に対し、令和○年○月○日現在、甲乙間の売買取引基本契約に基づく買掛債務金○○○○万円が存在することを確認する。
第2条（準消費貸借）
　甲および乙は、乙が負担する前条の買掛債務を金銭消費貸借の目的とすることに合意する。
第3条（支払方法）
　乙は、甲に対し、前条により発生した債務を次のとおり分割して甲に持参ま

たは送金して支払う。

① 令和○年○月から令和○年○月まで毎月末日限り　金○○万円

② 令和○年○月末日限り　金○○万円

第4条（利息）

利息は年○％とし、毎月末日限り当月分を支払う。

第5条（遅延損害金）

期限後または乙が期限の利益を喪失したときは、以後完済に至るまで、乙は甲に対し、残元金に対する年○％の割合による遅延損害金を支払う。

第6条（期限の利益喪失）

1　乙に次の事由が生じたときは、乙は甲からの通知催告がなくとも、当然に期限の利益を失い、直ちに残債務全額を支払わなければならない。

① 第3条に基づく分割金の支払を2回以上怠り、かつ、その額が金○○万円に達したとき

② 乙が振出し、引受け、または裏書した約束手形・為替手形・小切手が不渡りとなったとき、または電子記録債権が支払不能処分を受けたとき

③ 支払停止もしくは支払不能に陥ったとき、または銀行取引停止処分を受けたとき

④ 第三者から差押え、仮差押えまたは仮処分命令の申立てを受けたとき

⑤ 破産手続開始・民事再生手続開始・会社更生手続開始・特別清算開始の申立てをし、またはこれらの申立てを受けたとき

2　乙に次の事由が生じたときは、乙は甲の請求によって期限の利益を失い、ただちに残債務全額を支払わなければならない。

① 本契約その他甲乙間で別途締結される契約等の条項に違反したとき

② 財産状態が著しく悪化し、またはそのおそれがあると認められる相当の事由があると甲が判断したとき

③ 本契約の履行が困難になったとき、その他債権保全を必要とする相当の事由が生じたと甲が判断したとき

第7条（連帯保証）

1　丙は甲に対し、本契約に基づき生じた乙の一切の債務について、次の事項に従い連帯保証し、乙と連帯して弁済する責めを負う。

① 保証限度額　金○○○○円

② 保証期間　　本契約の締結日より満5年を経過する日まで

2　乙は、丙に対して次の事項について情報の提供を行い、丙は、情報の提供を受けたことを確認する。

① 乙の財産および収支の状況

② 乙が本契約に基づく債務以外に負担している債務の有無ならびにその額および履行状況

③ 本契約に基づく債務の担保として他に提供し、または提供しようとするものがあるときは、その旨およびその内容

3　乙および丙は、甲から丙に対する履行の請求その他の通知が、乙に対して

も効力が生じ、または通知されたものとすることに合意する。

第8条（公正証書の作成）

　乙および丙は、本契約を強制執行認諾文言付の公正証書とすることを承諾する。

第9条（合意管轄）

　各当事者は、本件に関する紛争については、甲の本店所在地を管轄する地方裁判所を第一審の専属的合意管轄裁判所とすることに合意する。

第10条（協議）

　本契約に定めのない事項または本契約の条項の解釈につき疑義が生じた事項については、甲乙丙誠意をもって協議し、解決するものとする。

　本契約の成立を証するため、本契約書3通を作成し、甲乙丙記名捺印または署名捺印のうえ、各1通を保有する。

令和〇年〇月〇日

　　　　　　　　　　　　　（甲）東京都〇区〇町〇丁目〇番〇号
　　　　　　　　　　　　　　　　〇〇株式会社
　　　　　　　　　　　　　　　　代表取締役　　〇〇〇〇　　印

　　　　　　　　　　　　　（乙）東京都〇区〇町〇丁目〇番〇号
　　　　　　　　　　　　　　　　△△株式会社
　　　　　　　　　　　　　　　　代表取締役　　△△△△　　印

　　　　　　　　　　　　　（丙）東京都〇区〇町〇丁目〇番〇号
　　　　　　　　　　　　　　　　　　　×　×　×　×　　印

この契約書の特に重要なポイントは次のとおりです。

1　1条（債務の確認）、2条（準消費貸借）

　まず、現在の債務の内容と金額を取引先に確認させます。取引先は債務を承認したことになり、この段階で消滅時効は更新します。

　そして、この債務を消費貸借の目的とすることを明記することにより、準消費貸借契約が成立します。

2　3条（支払方法）、6条（期限の利益喪失）

　分割払いの内容を明記します。

また、支払いを怠った場合や、その他の事由により期限の利益を喪失させられるようにしておきます（期限の利益喪失条項については、**第1章第3節Ⅲ2（p.69）**）。

3　7条（連帯保証）

準消費貸借契約に切り替えるための交渉をする際、物的担保を提供するように交渉します。しかし、物的担保となるような目ぼしい財産がないことが多いと思われます。

そのようなときは、第三者に連帯保証（基本用語（p.28））してもらうように要求します。

取引先の代表者のほか、できれば代表者以外の第三者に連帯保証人になってもらいます。代表者に連帯保証人になってもらっても、取引先が倒産したときは代表者も経済的に破綻してしまうことが多いからです。

4　8条（公正証書の作成）

8条は、必ず入れなければならない条項ではありませんが、自社が分割払いを了承するという譲歩をするかわりに、取引先にも公正証書を作成するという譲歩を求めてみます。

Ⅳ　公正証書にすることの意味

公正証書（基本用語（p.24））を作成するには取引先の協力が必要ですが、公正証書には次のような効力がありますので、できる限り公正証書にするように要求します。

1　強い証拠力が認められる

訴訟になったときに公正証書を証拠として提出することができます。

公正証書は公証役場という公の役所で作成され、しかも、高い社会的地位と権威を有している公証人（裁判官や検察官が退官後に公証人になることが多いです）が当事者の申し立てた内容をまとめたものです。そのため、裁判においてもその内容の信憑性が事実上かなりの程度まで認められています。

2　債務名義になる

金銭債権について公証人が作成した公正証書で、債務者がただちに強制執行

に服する旨の陳述（「強制執行認諾文言」あるいは「強制執行認諾約款」といいます）が記載されているもの（「執行証書」といいます）については、裁判をしなくても強制執行の手続に入ることができます。

このように、その文書によって強制執行をすることが認められる性質のことを「債務名義」といいます。

つまり、「契約に違反したときは、裁判をせずに強制執行を受けてもかまいません」という約束をさせ、その内容を公正証書にすれば、取引先が契約に違反したときは、裁判をすることなくその公正証書（執行証書）で強制執行の手続に入ることができます。

ただし、このような効力があるのは、金銭の一定額の支払いについての公正証書だけです。「商品を引き渡せ」とか「不動産を明け渡せ」という内容の公正証書は債務名義にはなりません。そのような場合でも、裁判をせずに取引先に強制執行をかけられるようにしたいときは、即決和解（基本用語（p.24））を利用することになります。

3 任意の支払いを心理的に強制することができる

契約に違反すると裁判をせずに公正証書によって強制執行の手続に入れます。このことは、取引先にとってみれば、契約に違反したとたんに売掛金を差し押さえられたり、預金を差し押さえられたりする危険性があることを意味します。

また、訴訟になったときでも、公正証書が有力な証拠となりますので、争う余地はあまりありません。

そのため、取引先はできる限り契約に従って支払いをしようという気持ちになります。

強制執行の手続をとるには時間も費用もかかりますから、自社としてもできる限り任意に支払ってもらった方がよいのです。

公正証書によって任意の支払いを心理的に強制することができることは、事実上のきわめて重要な効力であるといえます。

V 公正証書の作成方法

1 作成場所

公正証書を作成する場所は公証役場です。全国どこの公証役場で作成してもかまいません。

日本公証人連合会のホームページ（http://www.koshonin.gr.jp/）には、全国

の公証役場一覧が掲載されており、住所と電話番号・FAX番号が記載されています。また、公証役場の名称をクリックすると、その公証役場の案内図やその公証役場独自のホームページも表示されます。

2 事前に用意しておくべき資料

公証役場に行く前に、公正証書の作成に必要な資料をそろえておきます。

公正証書にする契約書あるいは契約書の草案のほか、自社および取引先のそれぞれについて次のような資料が必要になります。

公正証書の作成に必要な資料

① 当事者本人が公証役場に行って作成する場合
＜当事者が個人の場合＞
　(ⅰ) 印鑑証明書と実印
　(ⅱ) 運転免許証と認印
　(ⅲ) マイナンバーカードと認印
　(ⅳ) 住民基本台帳カード（写真つき）と認印
　(ⅴ) パスポート、身体障害者手帳または在留カードと認印
　(ⅰ)～(ⅴ)のうちのいずれか

＜当事者が法人の場合＞
　(ⅰ) 代表者の資格証明書と代表者印およびその印鑑証明書
　(ⅱ) 法人の登記簿謄本と代表者印およびその印鑑証明書
　(ⅰ)または(ⅱ)のうちのいずれか

② 代理人が公証役場に行って作成する場合
＜当事者が個人の場合＞
　(ⅰ) 本人から代理人への委任状
　　（本人の実印を押印したもの。委任状には、契約内容が記載されていることが必要。委任内容が別の書面に記載されているときは、その書面を委任状に添付して、委任状と添付した書面との間に契印する）
　(ⅱ) 本人の印鑑証明書
　(ⅲ) 代理人の確認資料
　　(a) 印鑑証明書と実印
　　(b) 運転免許証と認印
　　(c) マイナンバーカードと認印
　　(d) 住民基本台帳カード（写真つき）と認印
　　(e) パスポート、身体障害者手帳または在留カードと認印

(a)～(e)のうちのいずれか

(ⅰ)～(ⅲ)のすべて

＜当事者が法人の場合＞

(ⅰ) 法人の代表者から代理人への委任状

(代表者印を押印したもの。その他は当事者が個人の場合と同様)

(ⅱ) 代表者の確認資料

(a) 代表者の資格証明書および代表者印の印鑑証明書

(b) 法人の登記簿謄本および代表者印の印鑑証明書

(a)または(b)のうちのいずれか

(ⅲ) 代理人の確認資料

(a) 印鑑証明書と実印

(b) 運転免許証と認印

(c) マイナンバーカードと認印

(d) 住民基本台帳カード（写真つき）と認印

(e) パスポート、身体障害者手帳または在留カードと認印

(a)～(e)のうちのいずれか

(ⅰ)～(ⅲ)のすべて

(注) 印鑑証明書、法人の登記簿謄本、代表者の資格証明書が必要な場合には、公正証書作成日からさかのぼって３か月以内のものに限る。

3 公証人との打合せ

取引先本人（会社の場合は代表取締役）または代理人と一緒に公証役場に行き、公証役場の受付で公正証書を作成したいことを伝えます。その際、事前に用意しておいた資料を渡します。

その後、公証人と面接し、公正証書にしたい内容について説明します。

ごく簡単な内容であれば、その場で待っていれば公正証書を作成してもらえることもあるようですが、通常はその場で公正証書ができることはありません。次回の予約をしてこの日は帰ります。

4 公正証書への署名捺印

あらためて予約した日時に、取引先本人（会社の場合は代表取締役）または代理人と一緒に公証役場に行きます。このときも実印を持って行きます。

この日までに公証人が公正証書の原本を作成しています。公証人がその内容を読み聞かせるか、当事者双方に閲覧させますので、公正証書の内容を確認し

ます。

　公正証書の内容に間違いがなければ、公正証書の原本の指示された箇所に当事者双方が署名捺印します。

5　正本の受取りと謄本の送達申請

　公正証書の原本への署名捺印が終わると、公証人は公正証書の正本と謄本を交付してくれます。

　公正証書に基づいて強制執行をするには正本が必要ですから、必ず自社が正本をもらうようにします。

　また、その場で公証人に対し、公正証書の謄本を取引先に送達する手続をしてくれるように申請します。なぜなら、強制執行の手続に入るには相手に債務名義が送達されていなければならないのですが（民事執行法 29 条）、強制執行の手続に入るような事態になったときには、相手が行方不明になっていたり、郵便の受取りを拒否するなど、債務名義の送達が困難になる危険性が高いからです。

6　手数料の支払い

　公正証書を作成するには手数料がかかります。

　日本公証人連合会のホームページには次のような手数料の一覧表が掲載されています。しかし、事案によって目的の価額の計算の仕方が異なったり、送達に要する費用が別途かかるなどしますので、公証人に事前に確認しておいた方がよいでしょう。

法律行為に関する公正証書作成の手数料

目的の価額	手数料
100 万円以下	5,000 円
100 万円を超え 200 万円以下	7,000 円
200 万円を超え 500 万円以下	11,000 円
500 万円を超え 1,000 万円以下	17,000 円
1,000 万円を超え 3,000 万円以下	23,000 円
3,000 万円を超え 5,000 万円以下	29,000 円
5,000 万円を超え 1 億円以下	43,000 円
1 億円を超え 3 億円以下	43,000 円に超過額 5,000 万円までごとに 13,000 円を加算した額

| 3億円を超え10億円以下 | 95,000円に超過額5,000万円までごとに11,000円を加算した額 |
| 10億円を超える場合 | 249,000円に超過額5,000万円までごとに8,000円を加算した額 |

第3節　取引先に対して買掛金があるときは相殺する

取引先に対する売掛金と買掛金とを相殺する方法を説明します。

I　内容証明郵便で相殺通知書を送る

1　売掛金と買掛金を相殺することにより、売掛金を回収したのと同じ効果を得る

支払いが遅れている取引先に対して、自社に買掛金がある場合もあります。

取引先からなかなか支払いを受けられそうもないときは、**書式25**のような書面を内容証明郵便（基本用語（p.22））で送り、売掛金（「自働債権」といいます）と買掛金（「受働債権」といいます）を対当額（たとえば、売掛金が150万円、買掛金が80万円の場合、双方の80万円と80万円のことを「対当額」といいます）で相殺（基本用語（p.22））します。

相殺通知のポイントは、①双方の債権を特定することと、②共通する金額（対当額）で相殺する旨を明記することです。

書式25　相殺通知書

相殺通知書

前略　当社の貴社に対する下記1の債権は、すでに弁済期が到来しておりますので、貴社の当社に対する下記2の債権と対当額で相殺いたします。

　つきましては、相殺後の売買代金残金○○○万○○○○円を末尾記載の当社の銀行口座に振込んでお支払いください。

記

1　金○○○万○○○○円

　ただし、当社が貴社に対し、令和○年○月○日付売買取引基本契約に基づき、令和○年○月○日から令和○年○月○日までの間に売り渡した○○【商品名】の売買代金債権○○○万○○○○円の一部

2　金○○○万○○○○円

　　ただし、貴社が当社に対し、令和○年○月○日付売買取引基本契約に基づき、令和○年○月○日から令和○年○月○日までの間に売り渡した○○【商品名】の売買代金債権

（振込先の表示）
○○銀行○○支店　普通預金
口座番号　○○○○○○○
口座名義　○○株式会社代表取締役○○○○

　　以上、ご通知申し上げます。

　　　　　　　　　　　　　　　　　　　　　　　　　　　　　　　　　　草々

令和○年○月○日

東京都○区○町○丁目○番○号
△△株式会社
代表取締役　△△△△殿

　　　　　　　　　　　　　　　　　　　　東京都○区○町○丁目○番○号
　　　　　　　　　　　　　　　　　　　　○○株式会社
　　　　　　　　　　　　　　　　　　　　代表取締役　○○○○　印

2　一方的に相殺することができる条件

　自社が、一方的に相殺をするには、次のような条件がそろっていることが必要です。

(1)　対立する債権が、同じ種類の債権であること

　売掛金、買掛金、貸付金、未収入金などはすべて金銭債権なので、これらを相殺することについては問題ありません。

(2)　対立債権の弁済期（支払期日）が到来していること

　原則として売掛金も買掛金もそれぞれ弁済期にある（支払期日がきている）ことが条件になります。

　債権を相殺するということは、取引先にしてみれば支払いを強制されるのと同じ効果があります。そのため、少なくとも自社の取引先に対する売掛金については弁済期（支払期日）が到来している必要があります。

　これに対し、自社の取引先に対する買掛金が弁済期になくても、自社の意思で先に支払うことは問題ありません。

実務上は、自社の取引先に対する売掛金の弁済期が到来していることだけが
条件になります。

　取引基本契約などで期限の利益喪失条項を定めておけば、取引先が契約に違
反したことを理由として本来の弁済期が到来していない売掛金も弁済期が到来
したことにできます。期限の利益喪失条項はこのようなときにも役立ちます。

(3) 相殺禁止特約がなく、法律上も相殺禁止となっていないこと

　取引基本契約などで相殺を禁止する特約をつけていると一方的に相殺するこ
とはできません。

　また、法律上、差押えが禁止されている債権や、「悪意による不法行為」お
よび「人の生命又は身体の侵害」による損害賠償債権などを受働債権（基本用
語（p.22））として相殺することはできません（民法509条）。

Ⅱ　取引先と相殺の合意をする

　上記のような条件がそろわない場合でも、取引先との間で相殺の合意ができ
れば、相殺することは可能です。

　相殺契約書の例は書式26のとおりです。

書式26　相殺契約書

相殺契約書

　○○株式会社（以下、「甲」という。）と△△株式会社（以下、「乙」という。）
は、相互に有する債権債務の相殺に関し、次のとおり契約（以下、「本契約」と
いう。）する。

第1条（甲の債務）
　甲および乙は、甲が乙に対し、令和○年○月○日付け○○契約にもとづき、
令和○年○月○日現在、次の債務を有していることを確認した。
　　買掛債務　金○○○万○○○○円
第2条（乙の債務）
　甲および乙は、乙が甲に対し、令和○年○月○日付け売買取引基本契約にも
とづき、令和○年○月○日現在、次の債務を有していることを確認した。
　　買掛債務　金○○○万○○○○円
第3条（相殺の合意）
　甲および乙は、前2条に掲げるそれぞれの債権債務につき期限の利益を放棄
し、本契約締結の日をもって対当額につき相殺することを合意した。

本契約の成立を証するため、本契約書2通を作成し、甲乙記名捺印のうえ、各1通を保有する。

令和○年○月○日

（甲）東京都○区○町○丁目○番○号
　　　○○株式会社
　　　代表取締役　　○○○○　印

（乙）東京都○区○町○丁目○番○号
　　　△△株式会社
　　　代表取締役　　△△△△　印

コラム7　手形債権でも相殺できる？

　取引先が振り出した手形を所持している場合、その取引先に対して買掛金もあるときは、その所持している手形で相殺することもできます。

　ただし、①手形の支払期日が到来していることと、②手形を取引先に見せる（呈示する）ことが必要です。

　手形による相殺の方法ですが、手形金額よりも買掛金の方が多く（たとえば、手形金額が300万円、買掛金の額が500万円）、手形金全額が相殺の対象になるときは、手形に「相殺済み」と記載して手形を取引先に交付します。こうすることによって、買掛金200万円だけが残ることになります。

　これに対し、手形金額の方が買掛金よりも額が大きいとき（たとえば、手形金額が500万円、買掛金の額が300万円）は、手形金額の一部だけが相殺の対象になりますので、手形を取引先に交付するわけにはいきません。

　この場合には、手形を取引先に呈示した後、「手形番号○○○○の手形金500万円のうち、金300万円について相殺済み」などという書面を交付して、手形自体は残りの200万円の支払いを受けるまで自社で保管しておきます。

　なお、取引先が自社が振り出した手形を所持している場合には、自社の取引先に対する売掛金で相殺することも可能です。

　ただし、取引先から手形の返還を受けなければなりませんので、実際には、取引先との相殺の合意ができなければ相殺できません。

Ⅲ　取引先から商品などを仕入れて買掛金を作り、相殺する

　なかなか売掛金を支払ってくれない取引先、特に経営状況が悪化しているような取引先から任意に支払いを受けることは困難です。

　ところが、そのような場合には、取引先は何とか売上げを伸ばして生き残りを図ろうとしています。そのため、取引先が販売している商品や原料などを自社が買い受けると申し入れれば、喜んで納品してくることが多いものです。

　このようにして取引先に対して買掛金を作り、売掛金と買掛金とを相殺して債権回収の実をあげます。

　もっとも、買掛金を作って相殺するという方法は、買い受けた商品や原料を自社で使用するか、あるいは転売できる場合でなければ、債権回収としてはまったく意味がありません。

　不要な在庫を抱え、その保管料や廃棄料がかかるという意味ではむしろマイナスの効果をもたらします。

　したがって、買掛金を作って相殺するという方法をとる場合には、買い受ける商品や原料などが自社に必要なものか、あるいは転売できるかを慎重に検討する必要があります。

コラム8　相殺が制限される場合がある？

　相殺禁止特約がついている場合や悪意による不法行為などに基づく損害賠償債権を受働債権とする相殺が禁止されることは前述しました（Ⅰ2⑶（p.170））。

　これ以外でも、破産法、民事再生法、会社更生法などで相殺が禁止されている場合があります。

　それぞれの法律により、いろいろな場合が規定されているのですが、一言でいえば、「取引先が倒産状態にあることがわかっているのに、債権者があえて債務を負担した場合には相殺は認めない」ということにまとめられます。

　したがって、本文で説明した買掛金を作って相殺するという方法は、取引先が倒産状態に陥っている時期に行うと相殺が認められないこともあります。

　しかし、取引先が破産、民事再生、会社更生といった法的整理手続（基本用語（p.38））に入らなければ、これらの法律による制限は受けません。

　ですから、取引先が倒産状態にあることがわかっても「後で相殺が認められないかもしれない」ということを心配して躊躇する必要はありません。「後で相殺が認められなかったら仕方がない」と割り切って取り組むべきでしょう。

第4節　取引先の他社に対する売掛金から債権を回収する

取引先の他社に対する売掛金から債権を回収する方法として、債権譲渡、代理受領および振込指定の方法について説明します。

I　他社に対する売掛金についての契約書を確認する

取引先の資金繰りが苦しく、また新たな担保となるような目ぼしい財産も乏しい場合には、取引先の他社（第三債務者。基本用語（p.23））に対する売掛金から債権を回収できないかを検討してみます。

取引先から他社（第三債務者）に対する売掛金について債権譲渡（基本用語（p.23））を受ければ、自社が債権者となりますから、自社は第三債務者から直接支払を受けることができます。

しかし、取引先と第三債務者との間の契約書に債権譲渡制限特約（基本用語（p.23））が盛り込まれていることがあります。

債権譲渡制限特約が盛り込まれている場合でも債権譲渡は有効ですが（民法466条2項）、債権譲渡制限特約があることを知り、または重大な過失によって知らなかった譲受人に対しては、債務者は支払を拒否することができます（民法466条3項）。

取引先と第三債務者との間の契約書を見せるように要求しなかったことが、ただちに重大な過失があったことになるとは限りません。しかし、仮に自社に重大な過失があったことにはならないとしても、債権譲渡制限特約のついた債権が譲渡された場合、第三債務者はその債権の全額に相当する金銭を供託することができることになっています（民法466条の2第1項）。そのため、第三債務者が供託した金銭の還付請求をする（民法466条の2第3項）ことにより、最終的には債権を回収できるとしても、面倒なことに巻き込まれることは間違いありません。

したがって、取引先の第三債務者に対する売掛金から債権を回収することを検討する際には、必ず第三債務者に対する売掛金についての契約書を提供するように要求し、債権譲渡制限特約が盛り込まれている場合には、債権譲渡の対象から外した方が無難です。

債権譲渡

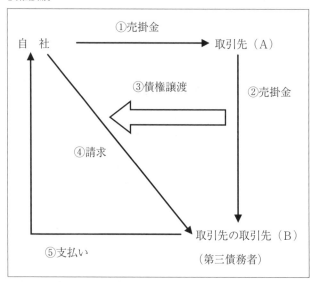

Ⅱ 債権譲渡契約を結ぶ

取引先と第三債務者との間の契約書に債権譲渡制限特約が盛り込まれていないことが確認できたら、取引先との間で**書式27**のような債権譲渡契約を結びます。

書式27 債権譲渡契約書

債権譲渡契約書

○○株式会社（以下、「甲」という。）と△△株式会社（以下、「乙」という。）は、次のとおり債権譲渡契約（以下、「本契約」という。）を締結する。

第1条（債権譲渡）
　乙は、甲に対し、乙の甲に対する買掛債務金○○○万○○○○円を弁済するため、下記の債権（以下、「譲渡債権」という。）を譲渡し、甲はこれを譲り受ける。
　　　　　　　　　　　　　　　記
（譲渡債権の表示）
　第三債務者（丙）　　東京都○区○町○丁目○番○号
　　　　　　　　　　　××株式会社

債権額　　　　　　　○○○万○○○○円
債権の種類　　　　　売掛債権
債権の発生原因　　　令和○年○月○日付け売買契約
支払期日および方法　令和○年○月○日　現金支払
第2条（対抗要件の具備）
　乙は丙に対し、遅滞なく前条の債権譲渡の通知をし、または丙の承諾を得なければならない。上記の通知または承諾は、確定日付ある証書をもってなすものとする。
第3条（保証）
　乙は甲に対し、譲渡債権につき、消滅時効、相殺、譲渡制限特約、不存在、解除、取消等の丙から乙に対して対抗し得る事由が一切ないことおよび先行する債権譲渡がないことを保証する。
第4条（合意管轄）
　甲および乙は、本契約に関する紛争については、甲の本店所在地を管轄する地方裁判所を第一審の専属的合意管轄裁判所とすることに合意する。

　本契約の成立を証するため、本契約書2通を作成し、甲乙記名捺印のうえ、各1通を保有する。

令和○年○月○日

　　　　　　　　　　　　　（甲）東京都○区○町○丁目○番○号
　　　　　　　　　　　　　　　　○○株式会社
　　　　　　　　　　　　　　　　代表取締役　　○○○○　　印

　　　　　　　　　　　　　（乙）東京都○区○町○丁目○番○号
　　　　　　　　　　　　　　　　△△株式会社
　　　　　　　　　　　　　　　　代表取締役　△△△△　印

　この債権譲渡契約書のポイントは次のとおりです。

1　1条（債権譲渡）

　取引先の自社に対する買掛債務を弁済する目的で債権を譲渡することを明記します。

　そして、譲渡する債権を特定します。譲渡債権の特定は、売掛先（第三債務者）を表示することと、どのような契約に基づくいくらの債権なのかを表示することによって行います。

2 2条（対抗要件）

資金繰りが苦しくなった取引先が、他の債権者にも同じ債権を譲渡してしまう危険性もあります。

そのため、契約後ただちに対抗要件（基本用語（p.10））を具備できるように、取引先を拘束しておきます。

3 3条（保証）

債権譲渡契約は、債権の同一性を保ったままこれを移転する契約です。

すなわち、取引先の第三債務者に対する債権が時効により消滅している場合には、第三債務者から消滅時効の援用を受けてしまいます。また第三債務者が取引先に対し売掛金（反対債権）を有しているときは、相殺の主張を受けてしまいます。

そのため、譲渡債権が時効消滅していないこと、反対債権がないことなど、第三債務者が取引先に対し何ら対抗しうる事由がないことを取引先に保証させます。

Ⅲ 債権譲渡を取引先から第三債務者に通知させるか、第三債務者の承諾書をとる

1 取引先から第三債務者に対する通知

第三者に対する対抗要件を備えるため、書式27（p.174～）の2条に基づき、書式28のような通知書を取引先から第三債務者に送らせます。この通知は必ず内容証明郵便（基本用語（p.22））で送らせます。

一番確実なのは、債権譲渡通知書を自社で用意し、その通知書に取引先に実印を押させて、自社が通知書を発送してしまうことです。

この方法をとる場合には、書式27の2条は次のように修正します。

第2条（対抗要件の具備）
　乙は甲に対し、丙に対する確定日付ある証書による債権譲渡の通知の発送を委託する。

債権譲渡通知書

　前略　　当社が貴社に対して有する下記の債権を、令和○年○月○日、○○株式会社（東京都○区○町○丁目○番○号代表取締役○○○○）に譲渡いたしましたので、ご通知いたします。

記

（譲渡債権の表示）
令和○年○月○日付け売買契約に基づく売掛債権金○○○万○○○○円

以上、ご通知申し上げます。

草々

令和○年○月○日

東京都○区○町○丁目○番○号
××株式会社
代表取締役　××××殿

　　　　　東京都○区○町○丁目○番○号
　　　　　△△株式会社
　　　　　代表取締役　△△△△　　　印

2　第三債務者の承諾書

　債権譲渡の第三者に対するもう1つの対抗要件は、第三債務者の確定日付ある証書による承諾です。

　第三債務者から内容証明郵便で承諾書を送ってもらえればまったく問題ありませんが、あまり期待できません。

　そのため、**書式29**（p.178）のような債権譲渡承諾書を自社で作成し、第三債務者に記名捺印してもらうのも1つの方法です。

　この場合には、第三債務者に記名捺印してもらった後、ただちに公証役場に債権譲渡承諾書を持って行き、「確定日付をお願いします」といって、確定日付のスタンプを押してもらいます。料金は1通につき700円です。

　そして、第三債務者に対して、債権譲渡承諾書に確定日付をつけたことを連

絡します。

書式 29　第三債務者の承諾書

○○株式会社　御中
△△株式会社　御中

債権譲渡承諾書

　当社は、△△株式会社が、○○株式会社との間の令和○年○月○日付け債権譲渡契約に基づき、△△株式会社が当社に対して有する下記の債権を、○○株式会社に対し、令和○年○月○日付で譲渡することを承諾します。

　当社は、下記の債権について、相殺、不存在、解除、取消その他一切の抗弁権を放棄します。

記

（譲渡債権の表示）
債権額　　　　　　　　　○○○万○○○○円
債権の種類　　　　　　　売掛債権
債権の発生原因　　　　　令和○年○月○日付け売買契約
支払期日および方法　　　令和○年○月○日　現金支払

令和○年○月○日

　　　　　　　　　　　　　　　　　　東京都○区○町○丁目○番○号
　　　　　　　　　　　　　　　　　　××株式会社
　　　　　　　　　　　　　　　　　　代表取締役　××××　印

（確定日付）

Ⅳ　債権譲渡制限特約が存在していた場合の回収方法

1　自社が債権譲渡制限特約の存在を知っていた場合

　取引先から譲渡を受けた債権について、債権譲渡制限特約がついていることを自社が知っていた場合（または知らなかったことについて重過失がある場合）でも、債権譲渡は有効であり、自社が第三債務者に対する債権者になります（民法 466 条 2 項）。

　しかし、この場合には、第三債務者は自社に対する支払いを拒否することができます。かつ、第三債務者は取引先に対する弁済その他の債務を消滅させる

事由をもって自社に対抗することができます（民法 466 条 3 項）。

　そのため、自社が第三債務者に対して支払いを請求しても、第三債務者は、債権譲渡制限特約がついていることを理由として支払いを拒否してくると思われます。

⑴　第三債務者が譲渡人である取引先に支払った場合

　第三債務者が自社に対する支払いを拒否して、譲渡人である取引先に支払った場合には、自社は取引先に対して、受け取った金員を自社に返還するように請求します。

⑵　第三債務者が譲渡人である取引先にも支払わない場合

　第三債務者が自社に対する支払いを拒否する一方、譲渡人である取引先にも支払わないことがありえます。

　そのような場合、自社は第三債務者に対し、相当の期間を定めて譲渡人である取引先に支払うように催告します（書式 30）。相当の期間については特に決まりはありませんが、譲渡債権の支払期日が経過している場合には、1 週間程度の期間を設ければ問題ないでしょう。

　自社が第三債務者に催告したにもかかわらず、相当の期間内に第三債務者が譲渡人である取引先に支払わないときは、第三債務者は自社に対する支払いを拒否することができなくなります（民法 466 条 4 項）。

　あとは通常の債権回収方法をとることになります。

書式 30　譲渡人である取引先への支払いを求める請求書

　　　　　　　　　　　　　　　　　　　　　　　　令和〇年〇月〇日

××株式会社　御中

　　　　　　　　　　　　　　　　　東京都〇区〇町〇丁目〇番〇号
　　　　　　　　　　　　　　　　　〇〇株式会社
　　　　　　　　　　　　　　　　　代表取締役　〇〇〇〇　印

　　　　　　　　　　　　　　　請　求　書

前略　当社は、△△株式会社の貴社に対する下記の債権（以下、「本件債権」といいます。）を令和〇年〇月〇日付けで譲り受けております。
　貴社は、本件債権には債権譲渡制限特約が付されていることを理由として、当社への支払いを拒絶しておられますが、債権譲渡制限特約が付されている場合でも債権譲渡は有効であり、当社が本件債権を取得しております。

したがって、本請求書到達後7日以内に、当社に対し本件債権をお支払いいただくよう請求いたします。

　また、本件債権の支払期日は経過しておりますが、貴社は、当社に対する支払いを拒絶しながら、△△株式会社に対しても支払いをされておりません。

　本請求書到達後も、当社に対する支払いを拒絶される場合には、本請求書到達後7日以内に、△△株式会社に対し本件債権をお支払いいただくよう催告いたします。

草々

記

（譲渡債権の表示）

債権額	○○○万○○○○円
債権の種類	売掛債権
債権の発生原因	令和○年○月○日付け売買契約
支払期日および方法	令和○年○月○日　現金支払

以上

2　自社が債権譲渡制限特約の存在を知らなかった場合

　自社が債権譲渡制限特約の存在を知らなかった場合には、民法466条3項の適用はありません。しかし、自社が第三債務者に対して支払いを請求しても、第三債務者が譲渡人である取引先以外のところに支払うことに不安を覚えて、自社に支払わないこともありえます。

　そのような場合には、自社に支払うか、支払わないのであれば、債権の全額に相当する金銭を供託所（法務局）に供託するように催告します（民法466条の2第1項）（書式31）。同時に、供託したことを自社と譲渡人である取引先に通知するように要求します（民法466条の2第2項）。

　第三債務者が供託した金銭は、譲受人である自社のみが還付請求することができます（民法466条の2第3項）。第三債務者から供託の通知を受け取ったら、供託所（法務局）に対して還付請求をして、供託所（法務局）から金銭の還付を受けることによって回収します。

　なお、第三債務者から「供託の仕方がわからない」と言われたら、供託書の見本（書式32（p.182））を示してあげるとよいでしょう。

書式31　供託所への供託を求める請求書（通常の場合）

令和○年○月○日

××株式会社　御中

東京都○区○町○丁目○番○号
○○株式会社
代表取締役　○○○○　印

請　求　書

前略　当社は、△△株式会社の貴社に対する下記の債権（以下、「本件債権」といいます。）を令和○年○月○日付けで譲り受けております。

　貴社は、本件債権には債権譲渡制限特約が付されていることを理由として、当社への支払いを拒絶しておられますが、債権譲渡制限特約が付されている場合でも債権譲渡は有効であり、当社が本件債権を取得しております。

　したがって、本請求書到達後7日以内に、当社に対し本件債権をお支払いいただくよう請求いたします。

　本請求書到達後も、当社に対する支払いを拒絶されるのであれば、本請求書到達後7日以内に、本件債権全額である○○○万○○○○円を供託所（法務局）に供託していただくよう請求いたします。上記金員を供託されたときは、当社および△△株式会社に対し、供託の通知をしていただくようお願いいたします。

草々

記

（譲渡債権の表示）

債権額	○○○万○○○○円
債権の種類	売掛債権
債権の発生原因	令和○年○月○日付け売買契約
支払期日および方法	令和○年○月○日　現金支払

以上

書式 32　民法 466 条の 2 第 1 項に基づく供託書

第四号様式（第13条第1項関係）その他の金銭供託の供託書

供託書・OCR用
（鑑）

申請年月日	令和○年○月○日	供託カード番号
供託所の表示	○○法務局	カードご利用の方は記入してください。

☐予入力　☐手書補　　職員用　受付　調査　記録　／　頁　　第4号様式　印刷第24号

法令条項　民法466条の2第1項

供託者の住所氏名・法人名等
東京都○区○町○丁目○番○号
×× 株 式 会 社

代表者等又は代理人住所氏名
代表取締役 ××××
☐別添のとおり
ふたりめからは別紙継続用紙に記載してください。

被供託者の住所氏名・法人名等
住所
東京都○区○町○丁目○番○号
○○ 株 式 会 社
☐別添のとおり
ふたりめからは別紙継続用紙に記載してください。
☐供託通知書の発送を請求する。

供託の原因たる事実
供託者は、東京都○区○町○丁目○番○号△△株式会社に対し、令和○年○月○日付け売買契約に基づく金１００万円の代金債務（弁済期：令和○年○月○日、支払場所：△△株式会社本店）を負っているところ、令和○年○月○日、下記の種類付きする債権譲渡通知書が送達された。
ところが、上記債権には、譲渡制限特約が付されていることから、債権の全額に相当する金１００万円を供託する。
記
債権譲渡通知書の表示
　譲渡金額　１００万円
　譲渡人　△△株式会社
　譲受人　被供託者
　送達年月日　令和○年○月○日

☐供託により消滅すべき質権又は抵当権
☐反対給付の内容

備考

供託金額	百 十 億 千 百 十 万 千 百 十 円
	¥ 1 0 0 0 0 0 0

年　月　日
☐供託カード発行

（注）1. 供託金額の冒頭には¥記号を記入してください。なお、供託金額の訂正はできません。
2. 本供託書は折り曲げないでください。

1. 濁点・半濁点は1マスを使用してください。
供託者氏名カナ
ハ ゙ ッ ハ ゙ ッ カ フ ゙ シ キ カ ゙ イ シ ャ

020000

3　債権の譲渡人である取引先が破産手続開始の決定を受けた場合

　自社が債権譲渡制限特約のついた債権の譲渡を受けた後、譲渡人である取引先について破産手続開始の決定があったときは、譲受人である自社は、第三債務者に対してその債権の全額に相当する金銭を供託所（法務局）に供託するように請求することができます（民法 466 条の 3）（書式 33）。

　そして、供託請求をした後は、譲受人である自社が債権譲渡制限特約の存在を知っていた場合（または知らなかったことについて重過失がある場合）であっても、第三債務者は譲渡人である取引先や取引先の破産管財人に対して支払うことができなくなり、支払っても譲受人である自社に対抗できません（民法 468 条）。

　第三債務者が供託した金銭は、譲受人である自社のみが還付を請求することができます（民法 466 条の 3、466 条の 2 第 3 項）。第三債務者から供託の通知を受け取ったら、供託所（法務局）に対して還付請求をして、供託所（法務局）から金銭の還付を受けることによって回収します。

　なお、第三債務者から「供託の仕方がわからない」と言われたら、供託書の見本（書式 34（p.184））を示してあげるとよいでしょう。

令和○年○月○日

××株式会社　御中

東京都○区○町○丁目○番○号
○○株式会社
代表取締役　　○○○○　印

請　求　書

前略　当社は、△△株式会社の貴社に対する下記の債権（以下、「本件債権」といいます。）を令和○年○月○日付けで譲り受けております。

　貴社は、本件債権には債権譲渡制限特約が付されていることを理由として、当社への支払いを拒絶しておられますが、債権譲渡制限特約が付されている場合でも債権譲渡は有効であり、当社が本件債権を取得しております。

　今般、△△株式会社に対して、□□地方裁判所から破産手続開始の決定がなされました。

　つきましては、当社は貴社に対し、民法466条の3に基づいて、本件債権全額である○○○万○○○○円を供託所（法務局）に供託していただくよう請求いたします。上記金員を供託されたときは、当社および△△株式会社の破産管財人に対し、供託の通知をしていただくようお願いいたします。

　なお、当社が本件債権を取得しておりますので、貴社は供託をせず、当社に対して直接お支払いいただいても結構です。

草々

記

（譲渡債権の表示）
債権額　　　　　　　　○○○万○○○○円
債権の種類　　　　　　売掛債権
債権の発生原因　　　　令和○年○月○日付け売買契約
支払期日および方法　　令和○年○月○日　現金支払

以上

書式34　民法466条の3に基づく供託書

第四号様式（第13条第1項関係）その他の金銭供託の供託書

供託書・OCR用（雑）

| 申請年月日 | 令和○年○月○日 | 供託カード番号（　　　） | 法令条項　民法466条の3 |

供託所の表示　○○法務局

供託者の住所氏名
住所　東京都○区○町○丁目○番○号
氏名・法人名等　××株式会社
代表者等又は代理人住所氏名　代表取締役　××××

供託の原因たる事実
供託者は、東京都○区○町○丁目○番○号の△△株式会社に対し、令和○年○月○日付け売買契約に基づく金100万円の代金債権（弁済期：令和○年○月○日、支払場所：△△株式会社本店）を負っているところ、令和○年○月○日、下記の確定日付ある債権譲渡通知書が送達された。ところが、上記債権には、譲渡制限特約が付されているところ、令和○年○月○日、△△株式会社について破産手続開始の決定があり、被供託者から供託する旨の請求を受けたので、債権の全額に相当する金100万円を供託する。

記
債権譲渡通知書の表示
譲渡金額　100万円
譲渡人　△△株式会社
譲受人　被供託者
送達年月日　令和○年○月○日

被供託者の住所氏名
住所　東京都○区○町○丁目○番○号
氏名・法人名等　○○株式会社

供託により消滅すべき質権又は抵当権
反対給付の内容
備考

供託金額　¥1000000

供託者氏名（カナ）　ハ゛ッハ゛ッカフ゛シキカ゛イシャ

V　債権譲渡制限特約がついているときは、代理受領か振込指定の方法を検討する

　取引先と第三債務者との間の契約に債権譲渡制限特約がついているときは、債権譲渡の対象から外した方が無難であることは前述したとおりです（Ⅰ（p.173））。

　しかし、債権譲渡でなくても、第三債務者から支払いを受けることができれば債権回収の目的を達成できます。

　その方法として、代理受領（基本用語（p.23））と振込指定（基本用語（p.24））があります。

1　代理受領
代理受領は次のような手順で行います。

(1)　代理受領委任契約書を作成する
まず、書式35のような代理受領に関する委任契約書を作成します。
この契約書の特に重要なポイントは次の点です。

(2) 委任状を作成する

　代理受領委任契約書を作成するのと同時に、**書式36**（p.187〜）のような委任状を作成します。

　本来であれば、委任状は委任者の記名捺印があれば足りるのですが、第三債務者に対して承諾を求めるため、委任者・受任者双方の連署にしておきます。

(3) 第三債務者に対し承諾を求める

　代理受領に関する委任状の下部に、第三債務者の承諾の欄を設けておき、第三債務者に代理受領の件についての承諾を求めます。

　代理受領には、必ずしも第三債務者の承諾は必要ではありません。しかし、第三債務者に代理受領の承諾をしてもらっておけば、第三債務者が自社以外の第三者（債務者を含む）に支払ってしまった場合でも、第三債務者に対し損害賠償請求をすることが容易になるからです。

書式35　代理受領委任契約書

┌───┐
代理受領委任契約書

　○○株式会社（以下、「甲」という。）と△△株式会社（以下、「乙」という。）とは、乙が甲に対して現に負担する令和○年○月○日付売買取引基本契約に基づく債務（以下、「本件被担保債務」という。）の担保のため、乙が有する債権の取立て・受領を甲に委任することにつき、次のとおり契約（以下、「本契約」という。）を締結する。

第1条（代理受領の委任）
　乙は、甲を代理人と定め、本件被担保債務の担保のため、下記の債権（以下、「本件債権」という。）について、支払いの請求ならびに弁済の受領に関する一切の権限を委任し、甲はこれを受任する。
　　　　　　　　　　　　　　　記
（本件債権の表示）
　　第三債務者（丙）　　　東京都○区○町○丁目○番○号
　　　　　　　　　　　　　××株式会社
　　債権額　　　　　　　　○○○万○○○○円
└───┘

債権の種類　　　　　売掛債権
　　債権の発生原因　　　令和○年○月○日付け売買契約
　　支払期日および方法　令和○年○月○日　現金支払

第2条（乙の義務）

1　乙は、本件債権を他に譲渡または担保設定し、もしくは自ら弁済を受領する等、甲による本件債権の弁済の受領を妨げる行為をしてはならない。

2　乙は、本件被担保債務が完済されるまでの間、甲の書面による同意がない限り、本契約を解除することができない。

3　乙は、本件債権が差し押さえられたときは、ただちに甲に対して、その旨を通知しなければならない。

4　乙は、本件債権の弁済期が到来したとき、または到来させることができる状態に至ったときは、ただちに甲に通知し、甲の請求があるときは、ただちに弁済期を到来させなければならない。

第3条（弁済の充当）

1　甲は、本件債権の弁済を受領したときは、本件被担保債務の弁済期日前であっても、法定の順序によらず、任意の方法で、本件被担保債務の弁済に充当することができる。

2　甲が丙から受領した本件債権の総額が、本件被担保債務の総額に満たなかったときは、前項の弁済充当後、甲は乙に対し、その不足額の支払いを請求し得るものとし、甲が丙から受領した本件債権の総額が本件被担保債務の総額を超過したときは、前項の弁済充当後、甲は乙に対し、超過額を返還するものとする。

第4条（合意管轄）

　甲および乙は、本契約に関する紛争については、甲の本店所在地を管轄する地方裁判所を第一審の専属的合意管轄裁判所とすることに合意する。

　本契約の成立を証するため、本契約書2通を作成し、甲乙記名捺印のうえ、各1通を保有する。

令和○年○月○日

　　　　　　　　　　　　　　　（甲）東京都○区○町○丁目○番○号
　　　　　　　　　　　　　　　　　　○○株式会社
　　　　　　　　　　　　　　　　　　代表取締役　　○○○○　　印

　　　　　　　　　　　　　　　（乙）東京都○区○町○丁目○番○号
　　　　　　　　　　　　　　　　　　△△株式会社
　　　　　　　　　　　　　　　　　　代表取締役　　△△△△　　印

委任状

　委任者は、次の会社を代理人と定め、下記の事項を委任します。

受任者　東京都○区○町○丁目○番○号
○○株式会社
記

1　委任者と××株式会社との間の令和○年○月○日付け売買契約に基づき、委任者が××株式会社より支払いを受けるべき売掛債権の受領に関する一切の件
2　上記事項に関する復代理人選任の件

令和○年○月○日

委任者　東京都○区○町○丁目○番○号
△△株式会社
代表取締役　△△△△　印

受任者　東京都○区○町○丁目○番○号
○○株式会社
代表取締役　○○○○　印

××株式会社 御中

　以上のとおり、委任者は、貴社との間の令和○年○月○日付け売買契約に基づく売掛債権の受領権限を受任者に委任いたしました。
　なお、上記委任契約は委任者、受任者双方の合意のうえでなければ解除できないものと特約してありますので、上記金員をお支払いの際には必ず直接受任者のみにお支払いいただきたく、お願い申し上げます。
　貴社におかれましては、上記委任の件につきご承諾いただきたく、連署をもってお願い申し上げます。

上記の件につき、承諾しました。

令和○年○月○日

東京都○区○町○丁目○番○号
××株式会社

2　振込指定

振込指定は次のような手順で行います。

(1)　振込指定の依頼書を作成する

まず、書式37（p.189）のような依頼書を作成し、取引先に記名捺印させます。

このとき取引先に対し、指定した口座に第三債務者から振り込まれた金員を、自社の取引先に対する債権に任意に充当できることを了解させます。

(2)　第三債務者に承諾を求める

次に、振込指定の依頼書の下部に第三債務者の承諾の欄を設けておき、第三債務者に振込指定の件についての承諾を求めます。

振込指定の方法は、債権者、債務者、第三債務者の三者で、振込口座変更の合意ができることが必要だからです。

(3)　第三債務者に対して、相殺しないことを確認させる

第三債務者が振込指定について承諾した場合、自社から振込先を連絡することになります。

その際に、第三債務者に対して、相殺などをしないことを確認させます。第三債務者から相殺などの主張をされると債権回収の効果がまったくあがらないからです。

(4)　第三債務者の承諾が得られない場合

第三債務者の承諾が得られない場合には、振込指定の方法は使えません。

そのような場合には、便法として、自社の取引銀行に取引先名義の口座を開設させ、取引先から第三債務者に対して、以後その口座に振り込むように通知をさせます。第三債務者は、単に振込口座が変更になったと考えるので、この通知には従うはずです。

取引先には、あらたな口座に入金があったらただちに自社の口座に振り替えるように手続をさせておきます。こうすれば、振込指定と同様の効果が得られます。

依　頼　書

　貴社より弊社に対する令和○年○月末日の商品代金○○○万○○○○円のお支払いは、○○株式会社の同社指定口座にお振込みくださいますようお願い申し上げます。

　なお、同社との特約により、上記振込金は、弊社の同社に対する商品仕入代金の支払いに充当されることになっておりますので、上記以外の方法ではお支払いなきようご依頼申し上げます。

令和○年○月○日

東京都○区○町○丁目○番○号
△△株式会社
代表取締役　△△△△　印

××株式会社 御中

上記の件、承諾致しました。また、貴社に対する一切の抗弁権を放棄します。

令和○年○月○日

東京都○区○町○丁目○番○号
××株式会社
代表取締役　××××　印

第5節　取引先の在庫商品から債権を回収する

　自社が納入した取引先の在庫商品から債権を回収する方法と他社が納入した取引先の在庫商品から債権を回収する方法について説明します。

Ⅰ　取引先の同意のもとに自社が納入した商品を引き揚げる

　取引先の目ぼしい財産が在庫商品くらいしかないときには、取引先の在庫商品から債権を回収することを検討します。

　一番問題が少ないのは、自社が販売したが代金の支払いが終わっていない商品の売買契約を解除して、その商品を引き揚げる方法です。

1　売買契約の合意解除

取引先との売買契約の全部または一部を合意解除するという内容の書面を作成します。

取引先が在庫商品の引揚げに同意していることがわかればよいので、**書式38** のような書面を作成してもらうだけでも問題ありません。

2　商品の引揚げについての取引先の同意

取引先の倉庫内に商品がある間に勝手に倉庫に立ち入って商品を引き揚げることは、建造物侵入・窃盗罪にあたり、刑事事件に発展してしまいます。

刑事問題とならないように、在庫商品の引揚げについて、取引先の責任者の同意を得る必要があります。

書式38 のように、返品願い書の中に、商品の引揚げについても同意する旨を盛り込ませるのも1つの方法です。

書式38　返品願い書

```
                                          令和○年○月○日

○○株式会社 御中

                              東京都○区○町○丁目○番○号
                              △△株式会社
                              代表取締役　△△△△　印


                    返品願い書

　弊社は、令和○年○月○日に貴社より買い受けた○○商品○○個（金○○万
円也）を弊社の都合で返品させていただきたく、お願いいたします。
　なお、上記商品は、本社倉庫にありますので、ただちに搬出いただいても結
構です。

                                              以上
```

3　ただちに商品を自社の占有下におく

取引先の責任者の同意を得たら、ただちに商品を引き揚げ、自社の占有下におきます。

取引先が同意したからといって安心していると、そのうちに転売されたり、あるいは他の債権者に引き揚げられてしまうおそれもあるからです。

Ⅱ　他社が取引先に納入した商品を代物弁済として受け取る

在庫商品の中に自社が納入した商品がない場合でも、取引先の同意を得て他社が納入した商品を引き揚げ、これを自社の支払いにあてることは可能です。

その法律的な性質としては、1つには代物弁済（基本用語（p.24））と構成することが考えられます。

他社が納入した商品を代物弁済として受け取る場合には、**書式39**のような書面を取引先に書かせます。

書式39　代物弁済証書

令和○年○月○日

○○株式会社 御中

東京都○区○町○丁目○番○号
△△株式会社
代表取締役　△△△△　印

代物弁済証書

　弊社は、後記の商品を、貴社に対する債務のうち金500万円の支払いに代えて、代物弁済として貴社に引き渡します。

　なお、後記商品は弊社倉庫内にありますので、貴社が搬出されても結構です。

記

（商品の表示）
　○○商品　○○個

この書面のポイントは、次のとおりです。

---

①　代物弁済の目的物である商品を特定する。
②　その商品の価格を評価し、いくらの債権の支払いに代えるのかを明記する。

---

③　商品の引揚げについて承諾させる。

　特に②は重要です。取引先に対する売掛債権が1,000万円あるときに、いくらの債権の支払いに代えるのかを明記せず、単純に「この商品で代物弁済する」とだけ記載した場合には、仮にこの商品の価値が500万円であったとしても、1,000万円の売掛債権がすべて弁済されたことになってしまうからです。

Ⅲ　他社が取引先に納入した商品を動産譲渡担保として差し入れさせる

　取引先の同意を得て他社が納入した商品を引き揚げ、これを自社の支払いにあてる方法は、法律的に、動産譲渡担保（基本用語（p.28））の設定および担保権の実行と構成することも可能です。

　このような法律構成をとると、とりあえず1,000万円の売掛債権の担保として商品を引き揚げ、転売してみたら300万円でしか売れなかったという場合、残額の700万円の売掛債権を取引先に請求することができます。

　とりわけ取引先が倒産した場合には、商品の価値をいちいち評価しているひまはありませんから、動産譲渡担保として引き揚げる方法をとった方がよいでしょう。

　この方法をとる場合も、取引先の同意があることが大前提になります。

　「同意書」あるいは「承諾書」というタイトルのもと、「貴社に対する債務の担保として、本日下記の物件を貴社に引き渡します。令和○年○月○日までに、当社が貴社に対する債務全額を弁済できなかったときは、貴社において下記の物件を適宜換価処分し、その売却代金をもって当社の債務の弁済にあてられても異議はありません。」という内容の書面を書かせることが必要です。

第6章 担保権の実行による債権回収

①抵当権・根抵当権、②動産譲渡担保権、③債権譲渡担保権、および④動産売買先取特権のそれぞれの実行方法、債権回収の方法について説明します。

第1節 抵当権・根抵当権を実行して債権を回収する

抵当権・根抵当権を実行して債権を回収する方法には、①担保不動産競売の方法と、②担保不動産収益執行の方法があることを説明します。

I 担保不動産競売を申し立てる

1 担保不動産競売の方法を選択する事案

取引先の不動産（基本用語（p.10））に抵当権または根抵当権（基本用語（p.11））を設定している場合、取引先が支払期日に支払いをしないときは、抵当権または根抵当権を実行して債権を回収することができます。

抵当権または根抵当権を実行する方法として民事執行法180条が認めている方法は、①担保不動産競売（基本用語（p.27））の方法と、②担保不動産収益執行（基本用語（p.27））の方法の2つです。

債権者はどちらを選択することも自由です。

しかし、担保不動産収益執行の方法は、不動産から生ずる収益を被担保債権の弁済にあてる方法です。そのため、抵当権などを設定した不動産が賃貸ビルで、毎月賃料収入があるような場合でなければ選択しても意味がありません。

そのため、多くの場合は担保不動産競売の方法を選択することになります。

2 担保不動産競売の手続

担保不動産競売を申し立てるときは、書式40（p.194～）を不動産の所在地の地方裁判所に提出します。

担保不動産競売手続の流れの概略は次のとおりです。

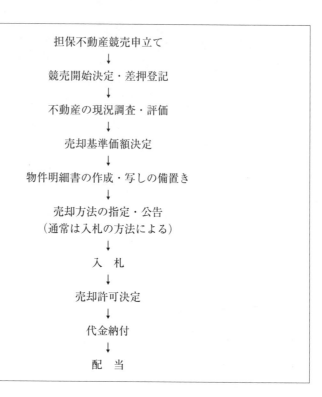

担保不動産競売申立て
↓
競売開始決定・差押登記
↓
不動産の現況調査・評価
↓
売却基準価額決定
↓
物件明細書の作成・写しの備置き
↓
売却方法の指定・公告
（通常は入札の方法による）
↓
入　札
↓
売却許可決定
↓
代金納付
↓
配　当

　上記のような手続に従って担保不動産競売が行われ、抵当権者は1番抵当権者から順に競売代金の配当を受けることによって債権を回収することになります。

書式40　担保不動産競売申立書

担保不動産競売申立書

令和○年○月○日

○○地方裁判所　御中

申立債権者代理人
××××　印
電　話　○○−○○○○−○○○○
ＦＡＸ　○○−○○○○−○○○○

```
当 事 者      別紙目録のとおり
担 保 権   ┐
被担保債権  ├   別紙目録のとおり
請 求 債 権  ┘
目的不動産     別紙目録のとおり
```

　債権者は、債務者（兼所有者）に対し、別紙請求債権目録記載の債権を有するが、債務者がその弁済をしないので、別紙担保権目録記載の根抵当権に基づき別紙物件目録記載の不動産の競売を求める。

```
               添 付 書 類
1  不動産登記事項証明書    2 通
2  公課証明書         1 通
3  資格証明書         2 通
4  代理人許可申請書      1 通
5  委任状           1 通
```

（別紙）当事者目録

```
                当事者目録

〒○○○－○○○○   東京都○区○町○丁目○番○号
               債 権 者      ○○株式会社
               代表者代表取締役     ○○○○

〒○○○－○○○○   東京都○区○町○丁目○番○号
               ○○株式会社内
               債権者代理人      ××××

〒○○○－○○○○   東京都○区○町○丁目○番○号
               債務者兼所有者    △△株式会社
               代表者代表取締役    △△△△
```

（別紙）担保権・被担保債権・請求債権目録

担保権・被担保債権・請求債権目録

1　担保権
(1)　令和○年○月○日設定の根抵当権
　　　極度額　金○○○○万円
　　　債権の範囲　売買取引、請負取引、業務委託取引、金銭消費貸借取引、賃
　　　貸借取引、手形債権、小切手債権、電子記録債権
(2)　登　記　○○法務局○○出張所
　　　令和○年○月○日受付第○○○○号

2　被担保債権及び請求債権
(1)　元　金　○○○万○○○○円
　　　　ただし、令和○年○月○日付売買取引基本契約に基づく売掛金○○○万
　　　○○○○円の残金
(2)　損害金　ただし、上記元金に対する、令和○年○月○日から支払済みまで
　　　　　　の、約定の年○○％の割合による遅延損害金
　　　　なお、債務者は、令和○年○月○日に支払うべき全員の支払いを怠った
　　　ため、期限の利益を失ったものである。

（別紙）物件目録

物件目録

(1)　所　　　在　　　東京都○区○町○丁目
　　　地　　　番　　　○○○番○
　　　地　　　目　　　宅地
　　　地　　　積　　　○○○．○○平方メートル
(2)　所　　　在　　　東京都○区○町○丁目○○○番○
　　　家屋番号　　　○○○番○
　　　種　　　類　　　店舗・事務所
　　　構　　　造　　　鉄筋コンクリート造陸屋根４階建
　　　床 面 積　　　１階　○○○．○○平方メートル
　　　　　　　　　　　２階　○○○．○○平方メートル
　　　　　　　　　　　３階　○○○．○○平方メートル
　　　　　　　　　　　４階　○○○．○○平方メートル

3 担保不動産競売申立てにかかる費用

東京地方裁判所に担保不動産競売を申し立てる場合の費用は、おおむね次のようになっています。しかし、特に予納金の額については、裁判所によって多少異なるようです。担保不動産競売の申立てをする前に、実際に申立てをする裁判所に予納金の額などを確認することをおすすめします。

担保不動産競売申立てにかかる費用（東京地方裁判所の例）

①　予納金の額
　　請求債権額が2,000万円未満‥‥‥‥‥‥‥‥‥‥‥‥‥‥‥‥‥　80万円
　　請求債権額が2,000万円以上5,000万円未満‥‥‥‥‥‥‥‥100万円
　　請求債権額が5,000万円以上1億円未満‥‥‥‥‥‥‥‥‥‥150万円
　　請求債権額が1億円以上‥‥‥‥‥‥‥‥‥‥‥‥‥‥‥‥‥200万円
②　申立手数料（下記の額の収入印紙を申立書に貼付。割印はしない。）
　　担保権1個につき、4,000円
③　郵便切手等
　(i)　84円切手＋10円切手1組
　(ii)　債権者あての住所等が記載された封筒1枚
④　差押登記のための登録免許税
　　確定請求債権額の1,000分の4
　　　確定請求債権額の1,000円未満を切り捨て、これに1,000分の4を乗じて100円未満を切り捨てる。算出額が1,000円未満のときは1,000円とみなす。確定請求債権額が根抵当権極度額を上回っているときは極度額を確定請求債権額として算出する。請求債権のない申立ては、物件の評価額から算出する。

4 任意売却の可能性

担保不動産競売によって債権回収を図るにはかなり時間がかかります（手続が順調に進んでも、配当を受けるまでに半年はかかります）。そのうえ、担保不動産競売手続で売却される金額は、通常の取引金額（市場価格）よりも低額になることがほとんどです（物件にもよりますが、市場価格の70％～80％くらいが多いようです）。しかも、申立てをするだけでも上記の費用が必要になります。

　そのため、担保不動産競売によって回収するよりも、取引先に対して任意売却（取引先が買主を見つけて売買契約を結び、売買代金を担保権者の優先順位に従って分配することによって担保権を消滅させること）をすすめて、担保不動産を市場価格で売却させた方が、より多くの金額を回収できることがあります。

そこで、いきなり担保不動産競売の申立てをするのではなく、たとえば取引先に対して、「3か月以内に担保不動産を任意売却してほしい。任意売却により多くの金額を返済してもらえたときは、その売却代金の中から転居費用として50万円を提供しよう」と申し向けてみるとよいでしょう。取引先としても、「あの会社は債権者から競売の申立てをされた。もうダメだな」などと陰口をたたかれるよりは、「自らの意思で不動産を売却したのだ」と言えた方がよいですし、転居費用も手にできるとなればメリットも大きいからです（担保不動産競売では、転居費用など認めてもらえません）。

　ただし、ここでのポイントは「任意売却の期限を明確に区切る」ということです。取引先が「任意売却しますから、もう少し待ってください」と言いながら、半年も1年もそのまま、などということはよくあることです。取引先に主導権を握らせてはいけません。3か月なら3か月、半年なら半年と明確に期限を区切って、それまでに取引先が担保不動産を任意売却しないときは、担保不動産競売の申立てをしましょう。

　担保不動産競売の申立てをした後でも、入札が実施されるまでの間は申立てを取り下げることは可能です。担保不動産競売手続と並行して、取引先に任意売却の交渉を継続させ、任意売却が決まったら担保不動産競売の申立てを取り下げる、ということもできます。

Ⅱ　担保不動産収益執行を申し立てる

1　担保不動産収益執行の方法を選択する事案

　抵当権などを設定した不動産が賃貸ビルで、毎月賃料収入があるような場合には、この賃料収入から債権を回収するために担保不動産収益執行の方法を選択することができます。

　しかし、担保不動産競売の方法による方がまとまった金額を一括して回収できます。そのため、あえて担保不動産収益執行の方法を選択せず、担保不動産競売の方法を選択することもできます。

　また、担保不動産競売と担保不動産収益執行は、どちらか一方しか申し立てることができないわけではありません。

　担保不動産競売と担保不動産収益執行とを同時に申し立て、競売手続が終わるまで収益の配当を受けることもできます。また、担保不動産収益執行を申し立て、ある程度債権を回収してから担保不動産競売の申立てをして一気に債権回収を図るということもできます。

2　担保不動産収益執行の手続

担保不動産収益執行の手続の流れの概略は次のとおりです。

```
担保不動産収益執行の申立て
↓
裁判所による管理人の選任
↓
管理人による不動産の管理ならびに収益の収取および換価
↓
必要経費と管理人の報酬を控除した残額を
裁判所の定める期間ごとに配当
```

配当は、債権者の合意がある場合には債権者の合意により、その他の場合は民法、商法その他の法律の定めるところによるとされています（民事執行法188条、111条、85条1項・2項）。

したがって、通常は1番抵当権者がまず配当を受け取り、1番抵当権者が被担保債権全額の支払いを受けた後に、2番抵当権者が配当を受け取ることになります。

ただし、他の担保権者の申立てにより担保不動産収益執行が開始されても、申立てをしていない担保権者は配当を受けられません（民事執行法188条、107条4項1号ハ）。

2番抵当権者が担保不動産収益執行の申立てをした場合に、1番抵当権者が申立てをしなければ、2番抵当権者に配当されてしまいます。

1番抵当権者が配当を受けるためには、自らも担保不動産収益執行の申立てをする必要があります。

3　担保不動産収益執行申立てにかかる費用

東京地方裁判所に担保不動産収益執行を申し立てる場合の費用は、おおむね次のようになっています。しかし、特に予納金の額については、裁判所によって多少異なるようです。担保不動産収益執行の申立てをする前に、実際に申立てをする裁判所に予納金の額などを確認することをおすすめします。

担保不動産収益執行申立てにかかる費用（東京地方裁判所の例）

① 予納金の額
　管理費見込額などを勘案して決定する。
② 申立手数料
　担保権1個につき、収入印紙4,000円
③ 84円切手貼付の返信用封筒
　申立人への保管金提出書送付用
④ 登録免許税
　確定請求債権額（1,000円未満は切り捨て）の1,000分の4（100円未満は切り捨て）
　根抵当権で、請求債権額が極度額を上回っている場合は、極度額を確定請求債権額とする。

コラム9　抵当にとった土地の上に第三者が建物を建ててしまったら、どうすればよいの？

　土地と建物は別個の不動産です。土地に抵当権を設定していても、その土地上の建物に抵当権を設定していなければ、建物を競売することはできないのが原則です。

　しかし、抵当権設定後にその土地に建物が建てられたときは、土地の抵当権者は、土地とともにその建物を競売することができます。抵当権設定者以外の第三者がその建物を築造した場合であっても同様です（民法389条1項本文）。このことを「一括競売」とよびます。

　したがって、抵当にとった土地上にその後第三者が建物を建ててしまったとしても、土地の抵当権者は一括競売の申立てをすればよいということになります。

　ただし、建物を建てた第三者が抵当にとった土地につき抵当権者に対抗できる権利（抵当権設定前に登記した賃借権など）を有しているときは、一括競売はできません（民法389条2項）。

　また、一括競売ができる場合でも、建物を抵当にとっているわけではありませんので、建物の売却代金から配当を受けることはできません（民法389条1項ただし書）。

第2節　動産譲渡担保権を実行して債権を回収する

動産譲渡担保権を実行して債権回収を図る方法について説明します。

Ⅰ　動産譲渡担保権の実行通知を送付する

動産譲渡担保権（基本用語（p.28））の実行による債権の回収は、動産譲渡担保の目的物を換価処分することによって行います。

通常は、取引先が動産譲渡担保の目的物を占有していますので、取引先から動産譲渡担保の目的物を引き揚げる必要があります。

動産譲渡担保権を実行できる条件がそろったら、まず、**書式41**のような書面を取引先に送付します。

目的物の引揚げは所有権に基づいて行いますが、動産譲渡担保権者が動産譲渡担保権実行の通知をすることによってその所有権を確定的に取得することになるからです。

動産譲渡担保権実行の通知にはこのような重要な意味がありますので、内容証明郵便で通知をした方がよいでしょう。

書式41　譲渡担保権実行通知書

令和○年○月○日

東京都○区○町○丁目○番○号
△△株式会社
代表取締役　△△△△　殿

東京都○区○町○丁目○番○号
○○株式会社
代表取締役　○○○○　印

譲渡担保権実行通知書

前略　当社は貴社との間で、令和○年○月○日付けで集合動産譲渡担保権設定契約（以下、「本契約」といいます。）を締結し、下記譲渡担保物件の表示記載の商品（以下、「本件商品」といいます。）につき、当社は貴社から占有改定の方法により引渡しを受けました。

さて、令和○年○月○日、貴社は東京地方裁判所に対し、民事再生手続開始の申立てをしました。これは本契約第6条4号に該当し、貴社は当社に対する

一切の債務につき期限の利益を喪失しました。

　よって、当社は貴社に対し、本契約第8条1項に基づき、譲渡担保権を実行する旨ご通知いたします。

　つきましては、ただちに本件商品を当社に引き渡すよう本書をもって請求いたします。

　なお、本件商品は確定的に当社の所有物となっておりますので、第三者への譲渡、担保権の設定等一切の処分をなさることのなきよう、念のため申し添えます。

草々

記

（譲渡担保物件の表示）
1　保管場所（所在地）
　　東京都○区○町○丁目○番○号
2　保管建物（商品が保管されている建物）
　　貴社○○倉庫
3　本件商品
　　貴社が上記保管場所・保管建物内に保有する○○等一切の在庫商品

Ⅱ　動産譲渡担保の目的物を引き揚げて換価処分する

　譲渡担保権実行通知書を送付しても取引先が任意の支払いをしない場合には、動産譲渡担保の目的物を引き揚げて換価処分することになります。

　ここでの注意点は、在庫商品の引揚げの箇所（**第5章第5節（p.189～）**）で説明したのと同様です。

　自社にその目的物の所有権があっても、取引先の同意を得ずに引き揚げてしまうと刑事責任を問われることになります。

　なお、動産譲渡担保の目的物の価格が被担保債権額を上回るときは、その差額を取引先に支払わなければなりません。これを「清算義務」といいます。

　清算の方法には、①目的物の価格を自社が適正に評価して差額を清算する方法（「帰属清算」といいます）と、②目的物を第三者に処分してその代金で清算する方法（「処分清算」といいます）とがあります。

　原則として自社の清算金の支払いと取引先の目的物の引渡しは同時に行われるべきものであると理解されています。動産譲渡担保の目的物の価格が被担保債権額を上回るときは、自社は清算金を用意したうえで引揚げを行う必要があります。

Ⅲ　取引先が動産譲渡担保の目的物を第三者に譲渡する危険性がある場合には、処分禁止の仮処分などの法的手続をとる

　取引先が動産譲渡担保の目的物の引揚げに同意しない場合もあります。さらに、目的物を第三者に譲渡したり、隠したりする場合もあります。

　このような危険性がある場合には、裁判所に仮処分（基本用語（p.16））の申請をします。

　目的物を第三者に譲渡される危険性がある場合には「処分禁止の仮処分」を申請します。また、目的物を隠される危険性がある場合には「占有移転禁止の仮処分」を申請します。

　いずれも「仮処分がなされ執行官が保管している」という内容の公示がされますが、取引先が目的物の占有を続けるのが通常です。

　そのまま取引先に占有を続けさせるのは危険だという場合には、「断行の仮処分」を申請して目的物を自社に引き揚げることも必要になってきます。

　仮処分を行うには、保証金、執行費用および弁護士費用がかかります（仮処分の申請手続は弁護士を代理人として行うのが通常です）。

　保証金は請求金額の20％～30％程度が一般的ですが、断行の仮処分の場合には請求金額と同額の保証金の提供を求められる場合もあるようです。

Ⅳ　あらためて取引先と交渉する

　仮処分を行ったら、取引先とあらためて交渉し、目的物を引き揚げて換価処分します。

　しかし、その目的物が取引先の事業の継続に必要不可欠であり、どうしても引揚げに同意しないという場合もあります。

　このような場合には、ほかの有効な担保を提供させたうえで短期間で分割弁済するなどの和解契約を締結して債権回収を図ります。

　和解ができなければ裁判を提起して解決を図ることになります。

コラム 10　集合動産譲渡担保権に基づく保険金請求権への物上代位
　集合動産譲渡担保権に基づいて、取引先が支払いを受けるべき保険金請求権に対して物上代位（基本用語（p.291））をすることができるのでしょうか。
　最高裁判所の判例（最判平成22・12・2民集64巻8号1990頁）は、一般論として、集合動産譲渡担保権に基づく保険金請求権への物上代位を肯定してい

ます。

　ただし、集合動産譲渡担保権設定契約は、譲渡担保権設定者が目的動産を販売して営業を継続することを前提とするものであるから、譲渡担保権設定者が通常の営業を継続している場合には、目的動産の滅失により保険金請求権が発生したとしても、これに対してただちに物上代位権を行使することができる旨が合意されているなどの特段の事情がない限り、譲渡担保権者が当該請求権に対して物上代位権を行使することは許されないというべきである、としています。つまり、譲渡担保権設定者が通常の営業を継続している場合は、原則として、物上代位権を行使することはできない、ということです。

　もっとも、「ただちに物上代位権を行使することができる旨が合意されているなどの特段の事情がない限り」という留保がついています。そのため、集合動産譲渡担保権設定契約書で、そのような合意をしておけば、「特段の事情」があるとして、譲渡担保権設定者が通常の営業を継続している間でも、物上代位権を行使することができるようになると思われます。書式17（p.128〜）の5条3項は、そのような意図で設けたものです。

　なお、上記最高裁判例の事案は、譲渡担保権設定者がすでに営業を廃止していたというものであったため、結論として、最高裁判所は譲渡担保権者の物上代位権の行使を認めています。

第3節　債権譲渡担保権を実行して債権を回収する

　債権譲渡担保権を実行して債権回収を図る方法について説明します。

Ⅰ　債権譲渡通知書の空欄を補充して、内容証明郵便で第三債務者に送付する

　債権譲渡担保（基本用語（p.23））を設定する段階で、対抗要件を備えずに、取引先から第三債務者あての記名捺印済みの債権譲渡通知書（金額や日付など未確定の部分は空欄にしておく）を預かっておく方法もあります。

　この方法による場合、債権譲渡担保権を実行する段階になったら、預かっていた債権譲渡通知書の空欄を補充して、第三債務者に送付します。

　この通知は速達の内容証明郵便（基本用語（p.22））で送り、配達証明をつけることがポイントになります。

　取引先が倒産状態に陥るなど、緊急性がきわめて高い場合には、公証役場へ

いって債権譲渡通知書に確定日付をつけてもらい、その通知書を直接第三債務者に手渡すことも考えます。

　その場合には、第三債務者に「当社は、令和○年○月○日○時○分にこの通知書を受け取りました。」と債権譲渡通知書の控えに書いてもらい、記名捺印してもらいます。こうしておかないと、第三債務者にいつ債権譲渡通知書が到達したのかを証明することが難しくなるからです。

Ⅱ　債権譲渡登記をしている場合は、第三債務者に登記事項証明書を渡す

　債権譲渡担保権設定契約を締結するに際し債権譲渡登記を備えているときは、債権譲渡登記によって第三者に対する対抗要件は備えています。そのため、第三債務者に債権譲渡通知書を送ることに神経を使う必要はありません。

　しかし、債権譲渡登記をしただけでは第三債務者は債権が譲渡されたことを知りません。

　この場合には債権譲渡登記所から登記事項証明書を発行してもらい、この証明書を第三債務者に交付して通知します。実務上は、配達証明つきの内容証明郵便で第三債務者あてに債権譲受通知を送ることが多いのですが、内容証明郵便には登記事項証明書を同封することができません。そのため、登記事項証明書は債権譲受通知とは別途に、配達証明つきの書留郵便で第三債務者に送付します。

Ⅲ　第三債務者から支払いを受け、債権に充当する

　第三債務者に債権譲渡通知書が到達し、あるいは登記事項証明書を交付したら、自社は第三債務者に請求し、第三債務者から直接支払いを受けることができます。

　受け取った金額については自社の債権に充当します。債権全額を充当できなかったときは、残額についてさらに取引先に請求することができます。

　逆に、第三債務者から受け取った金額が自社の債権額よりも多かったときは、超過した金額を取引先に返還します。

コラム11　債権譲渡担保権は、税金に勝てるか？

　債権譲渡担保権は、すでに発生している債権だけではなく、将来発生すべき債権を一括して担保にとることができます。

　他方で、取引先が税金を滞納したために、債権譲渡担保権設定契約後に発生

した売掛金が、税務署に差し押さえられることもあります。

このような場合、債権譲渡担保権は税金には勝てないのでしょうか。

結論からいいますと、税金の支払期限（法定納期限）よりも前に、債権譲渡担保権の対抗要件を備えていれば、税金に勝てます（最判平成 19・2・15 民集61 巻 1 号 243 頁）。

税金の支払期限（法定納期限）よりも後に発生した債権については、税金の方が優先するという考え方もありました。しかし、最高裁判所は、税金の支払期限（法定納期限）と、債権譲渡担保権の対抗要件の具備とで、どちらが早かったかを基準に優先順位を決めることにしました。

そのため、債権譲渡担保権の設定を受けるときは、取引先に税金の滞納がないことを確認しなければなりません。また、その時点では税金の滞納がなくても、その後滞納するかもしれませんから、債権譲渡担保権の設定を受けたら、すぐに対抗要件（確定日付のある証書による通知・承諾または債権譲渡登記）を備える必要があります。

第4節　動産売買先取特権を実行して債権を回収する

> 動産売買先取特権が成立する場面と動産売買先取特権の実行方法について説明します。

I　動産売買先取特権が成立する場面

動産である商品を売り渡したにもかかわらず、取引先が代金を支払わないときは、その商品の上に動産売買先取特権（基本用語（p.29））が成立します（民法 311 条 5 号、321 条）。

動産売買先取特権は、民法によって当然に認められる特権です。取引先との間で担保に関する契約をしていなくても、担保権を取得できます。

したがって、動産である商品を引き渡したのに、代金を支払ってもらえない、担保もとっていない、という場合には、動産売買先取特権を行使することができないかを検討します。

この動産売買先取特権は、取引先が倒産しても認められますので、債権回収を図る最後の武器になります。

動産売買先取特権を実行する方法は、自社が売り渡した商品が取引先の手元にあるか、転売されているかによって異なります。

Ⅱ　売り渡した商品が取引先の手元にある場合の実行方法

1　動産競売開始の要件

　売り渡した商品が取引先の手元にある場合には、動産売買先取特権に基づいて、その商品の所在地を管轄する地方裁判所の執行官に対し、動産競売の申立てをします。

　動産競売の開始決定が出されるのは、

```
① 債権者が執行官に対し当該動産を提出した場合
② 債権者が執行官に対し当該動産の占有者が差押えを承諾することを証する
　文書を提出した場合
③ 債権者が執行官に対し執行裁判所による動産競売開始許可決定書の謄本を
　提出し、かつ、執行官が目的物を捜索する以前にその許可決定が債務者に送
　達された場合
```

のいずれかの場合です（民事執行法190条1項）。

2　当該動産の提出・差押承諾文書の提出

　上記①（当該動産の提出）の要件を充たすには、取引先から当社が売り渡した商品の引渡しを受けなければなりません。

　しかし、取引先が任意に商品の引渡しに応じることはあまり期待できません。

　また、上記②（差押承諾文書の提出）の要件を充たすためには、取引先に商品の差押えを承諾する旨の文書を書いてもらわなければなりません。しかし、債務不履行状態に陥っている取引先が任意にそのような文書を書いてくれることもあまり期待できません。

　実務上、可能性があるのは上記③（動産競売開始許可決定の謄本の提出）の場合です。

3　担保権の存在を証する文書の提出＝動産競売開始許可

　執行裁判所が動産競売の開始を許可するのは、債権者が「担保権の存在を証する文書」を提出した場合です（民事執行法190条2項）。

　どの文書が「担保権の存在を証する文書」にあたるかは法律には書いていません。

　少なくとも、個別の売買契約書（注文書・注文請書でも可）、納品書、受領書などは提出する必要があるでしょう。

「担保権の存在を証する文書」を後から作成することはできません。そのため、取引の開始時、および取引中にこれらの文書を作成し、保管しておかなければなりません。

手続の大まかな流れは次のとおりです。

①　債権者が執行裁判所に対し、担保権の存在を証する文書を提出して、動産競売開始許可の申立てをする。
②　執行裁判所から、動産競売開始許可決定が出される。
③　債権者が、動産競売開始許可決定書の謄本を執行官に提出して動産競売の申立てをする。
④　執行官が執行を開始し、債務者の住居などにおいて目的動産を捜索する。
⑤　執行官が目的動産を発見したときは、当該動産を差し押さえる。
⑥　執行官が入札、競り売りなどの方法で動産を売却する。
⑦　執行官または裁判所が配当の手続を行う。

Ⅲ　売り渡した商品が第三者に転売され、引き渡されてしまった場合の実行方法

1　動産売買先取特権に基づく物上代位の要件

売り渡した商品が第三者に転売されて引き渡されてしまい、取引先の手元にない場合には、まず、転売代金が第三債務者から取引先に支払われているかどうかを確認します。

まだその転売代金が第三債務者から取引先に支払われていないときは、動産売買先取特権に基づく物上代位（基本用語（p.29））により、裁判所に対して転売代金債権の差押えを申し立てることを検討します。

動産売買先取特権に基づく物上代位による債権差押えが認められるための要件は、

①　転売代金が第三債務者から取引先に支払われる前に差押手続を行うこと
②　「担保権の存在を証明する文書」を提出すること

です。

動産売買先取特権の実行方法（物上代位）

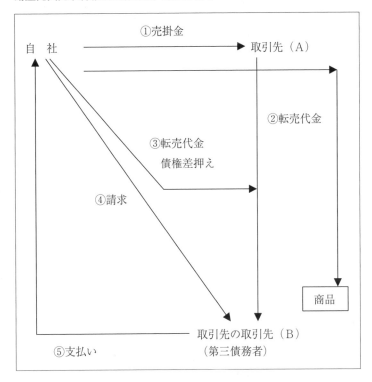

2 転売代金の差押え

　動産売買先取特権に基づく物上代位をするには、その「払渡し又は引渡しの前に」差押えをすることが要求されています（民法304条1項ただし書）。

　そのため、売り渡した商品の転売先を見つけて、その転売先に対し、「転売代金はもう支払ったのか」を問い合わせる必要があります。

　転売代金が支払われてしまっている場合には、動産売買先取特権の行使はあきらめざるをえません。

　まだ転売代金が支払われていない場合には、次に「支払期限はいつか」を問い合わせます。

　そして、支払期限までに裁判所に債権差押命令を発令してもらえるように、要件②（担保権の存在を証明する文書の提出）の準備を進めます。

3 担保権の存在を証明する文書の提出

どの文書が「担保権の存在を証明する文書」にあたるかは法律には書いておらず、裁判所の判断に委ねられています。

たとえば、東京地方裁判所では、証明を要する事実として、①担保権の存在、②被担保債権の存在、③弁済期の到来をあげています。

より具体的には、(i)動産に関する売買契約締結の事実、(ii)売買代金弁済期の到来の事実、(iii)同一動産に関する転売契約締結の事実、(iv)当該動産の引渡しの事実を立証すべきであるとしています。

(i) 動産に関する売買契約締結の事実を証明する文書としては、次のような文書が考えられます。

- (a) 売買取引基本契約書
- (b) 個別契約書
- (c) 債務者作成の発注書、受領書等
- (d) 債権者作成の受注書、納品書、請求書（控）

(ii) 売買代金弁済期の到来の事実を証明する文書としては、次のような文書が考えられます。

- (a) 期限の利益喪失条項が定められた売買取引基本契約書
- (b) 弁済期が記載された個別契約書
- (c) 破産手続開始決定書、またはその通知書

(iii) 同一動産に関する転売契約締結の事実、および、(iv)当該動産の引渡しの事実を証明する文書としては、次のような文書が考えられます。

- (a) （債務者と第三債務者との間の）個別契約書
- (b) 第三債務者作成の発注書、受領書等
- (c) 債務者作成の受注書、納品書、請求書（控）

発注書、受注書、請求書（控）、受領書、納品書などに記載されている発注および納品の年月日、商品名、発注番号、数量、単価などによって、自社から取引先に売り渡した動産と取引先から第三債務者（基本用語（p.231））に転売した動産が同一のものであることを立証します。

これらの文書を入手するためには、第三債務者の協力が絶対に必要です。今後の直接的な取引をもちかけるなどして、第三債務者の協力を求めます。

4　代理人弁護士への依頼

　動産売買先取特権に基づく物上代位による債権差押えの申立ては、弁護士を代理人として行うのが通常です。

　代理人弁護士は、**書式 42** のような申立書を作成し、裁判所に債権差押えの申立てを行います。

　弁護士から上記の要件に従った証拠書類の提出を求められますので、保管してあった書面を証拠書類として渡します。

　また、裁判所に理解してもらいやすいように、弁護士は取引関係図を作成したり、書証（書面による証拠）の一覧表を作成したりします。その際、どの書証で何を立証できるのかを弁護士に説明します。

　第三債務者から取引先に支払われる前に債権を差し押さえなければならないので、時間との勝負になります。

　普段からどれだけしっかりと債権管理を行ってきたかが問われる場面です。

書式 42　債権差押命令申立書（動産売買先取特権に基づく物上代位）

債権差押命令申立書
（動産売買先取特権に基づく物上代位）

○○地方裁判所民事○部　御中
　令和○年○月○日

　　　　　　　　　　　　　　　　　　　　　　　　申立債権者代理人
　　　　　　　　　　　　　　　　　　　　　　　　弁護士　××××　印

　　当事者
　　担保権・被担保債権・請求債権　　┐
　　　　　　　　　　　　　　　　　　├　別紙目録記載のとおり
　　差押債権　　　　　　　　　　　　┘

　債権者は、債務者に対し、別紙請求債権目録記載の債権を有するが、債務者がその支払をしないので、別紙担保権目録記載の動産売買の先取特権（物上代位）に基づき、債務者が第三債務者に対して有する別紙差押債権目録記載の債権の差押命令を求める。

添付書類
1　書証　　　　　　　　　　各1通
　　取引基本契約書（甲1）、履歴事項全部証明書（甲2）、見積書（甲3）、注文書（甲4）、受注原票（甲5）、カタログ（甲6）、説明図（甲7）、送品明細

書（甲8）、納品書（甲9）、請求書（甲10）、納品書（甲11）、受領書（甲12）、請求書（甲13）、民事再生手続開始申立及び保全処分発令等のお知らせ（甲14）、見積書（甲15）、注文書（甲16）、注文書（甲17）、確認書（甲18）、陳述書（甲19）

2	証拠説明書	1通
3	取引関係図	1通
4	書証対照表	1通
5	資格証明書	4通
6	委任状	1通

コラム 12　動産売買先取特権と集合動産譲渡担保権は、どちらが強い？

　取引先に商品を引き渡すと、その商品について動産売買先取特権が成立します。その商品がまだ転売されず、取引先の倉庫内に保管されているときは、動産競売によって債権を回収することができると本文で説明しました。

　それでは、他の債権者が取引先の倉庫内の一切の商品を目的物として、集合動産譲渡担保権を設定していた場合はどうでしょうか。自社の動産売買先取特権と他の債権者の集合動産譲渡担保権のどちらが優先するのでしょうか。

　このような場合には、集合動産譲渡担保権が優先する、というのが最高裁判所の考え方です（最判昭和62・11・10民集41巻8号1559頁）。

　集合動産譲渡担保権設定契約では、あらたな商品が倉庫に搬入されるつど、占有改定によって商品が集合動産譲渡担保権者に引き渡されたものとするのが通常です（**書式17**（p.128～）の3条3項）。

　そうしますと、自社が取引先の倉庫に商品を搬入した時点で、その商品は集合動産譲渡担保権者に引き渡されたことになります。その結果、商品が取引先の手元にないのと同じことになり、動産競売は認められない、ということになるわけです。

第7章　裁判所を利用した債権回収

　裁判を起こす前の保全手続（仮差押・仮処分）と訴訟手続（支払督促・少額訴訟・手形訴訟・通常の訴訟）および強制執行手続について説明します。

第1節　勝手な財産処分を許さない

　財産を勝手に処分させないようにする、仮差押えと仮処分の方法について説明します。

Ⅰ　保全手続

　取引先が任意に支払わず、担保もとっていない、という場合には、最終的には裁判所に訴訟（基本用語（p.6））を提起して、取引先の財産に強制執行（基本用語（p.7））をすることにより債権を回収することになります。

　しかし、訴訟で争っている間に、取引先が財産を処分してしまったり、他の債権者が取引先の財産から回収を図ったりすることもあります。

　せっかく勝訴判決をもらっても、強制執行の対象となるべき財産がなくなっているということもあるわけです。そうすると、費用と時間をかけて訴訟で争った意味がなくなります。

　そのため、強制執行の手続をとるときに備えて、取引先が勝手に財産を処分したりしないように、訴訟を提起する前に取引先の財産および現状を凍結するための手続をとります。

　この手続を保全手続といい、仮差押え（基本用語（p.16））と仮処分（基本用語（p.16））があります。

　仮差押えや仮処分を受けた取引先には相当の圧力がかかりますので、観念して任意に支払いをしてくることも期待できます。

　取引先に強制執行の対象となるべき財産があるときは、訴訟を提起する前に、まず保全手続をとることを検討すべきです。

Ⅱ　金銭債権を保全したいときは、仮差押えの手続をとる

1　仮差押えの手続をとる場面

　取引先に対し、売掛金や貸付金などの金銭債権（基本用語（p.33））を持っている場合には、取引先の財産に仮差押えの手続をとります。

　保全処分によって守られる権利のことを「被保全権利」といい、仮差押えでは金銭債権が「被保全権利」にあたります。

2　仮差押えの要件

　裁判所に仮差押えをしてもらうための要件は次の2つです。

> ①　被保全権利の存在⇒(1)
> ②　保全の必要性⇒(2)

(1)　被保全権利の存在

　仮差押えによって守られる権利（被保全権利）は、金銭の支払いを目的とする債権です。売掛金や貸付金、請負代金などがこれにあたります。

　仮差押えを申し立てる場合には、次のような証拠書類を準備して、被保全権利の存在を疎明する（裁判官にその事実が一応確からしいと信じさせる）必要があります。

> ①　売買契約書、金銭消費貸借契約書、請負契約書など
> ②　注文書、注文請書
> ③　納品書、受領書
> ④　伝票
> ⑤　請求書
> ⑥　手形、小切手

　実務上は、弁護士に依頼することが多いと思います。仮差押えは迅速性が要求されますので、まず弁護士に連絡をとって相談の時間を予約し、それまでに上記の資料を準備しておきます。

(2)　保全の必要性

　保全の必要性は、強制執行をすることができなくなるおそれがあるとき、または強制執行をするのに著しい困難を生ずるおそれがあるときに認められます。

仮差押えをする場合には、次のような証拠書類を準備して、保全の必要性を疎明する必要があります。

---

① 取引先が最近処分した不動産の登記簿謄本など
② 不渡り手形
③ 信用調査機関の報告書
④ このまま放置しておくと財産が散逸し、強制執行をすることができなくなるおそれがあることを具体的に記載した自社の上申書

これらの書類もできる限り弁護士に相談するときまでに準備しておきます。

3　仮差押えの対象

仮差押えの対象となる財産に特に制限はありません。取引先が所有している不動産でも、動産でも、債権でも、仮差押えすることによって、取引先が勝手に第三者に譲渡したり、債権を回収したりできないようにすることができます。

ただし、商品が仮差押えされると取引先は商品を売れなくなってしまいますし、売掛金債権が仮差押えされると取引先は売掛金を回収できなくなり、資金繰りがかなり厳しくなってしまいます。このように商品や売掛金債権の仮差押えは取引先の事業に重大な影響を及ぼすことがあります。取引先を倒産させることが目的ではないのですから、商品や売掛金債権の仮差押えの前に、不動産を仮差押えすることから検討を始めた方がよいでしょう。

なお、東京地方裁判所は、仮差押えの申立ての際に、相手方の本店所在地または住所地の土地・建物の登記事項証明書（登記簿謄本）を提出させています。つまり、相手方が不動産を所有していないことを疎明しないと、動産または債権の仮差押えを認めない、という運用をしています。

4　保証金の準備

仮差押えは、申立人の一方的な主張を聞くだけで、相手方の主張を聞かずに発令されますので、相手方が損害を被る場合に備えて、裁判所は申立人に保証金を供託させます。

保証金の額は、被保全権利の20％〜30％程度の金額が定められることが多いようです。

したがって、経理部門などにあらかじめ連絡をしておき、裁判所から保証金の供託を命じられたら、すぐに供託できるように準備しておく必要があります。

Ⅲ　金銭債権以外の債権を保全したいときは、仮処分の手続をとる

1　仮処分の手続をとる場面

　仮処分は、金銭債権以外の権利について、将来強制執行ができなくならないようにするための保全手続です。

　次のような場面で仮処分の手続をとります。

---
① 　所有権留保売買により引き渡した商品が、第三者に譲渡されるおそれがある場合
② 　譲渡担保権を設定している取引先の物件が、第三者に譲渡されるおそれがある場合
③ 　抵当権設定契約をしたのに、取引先が抵当権の設定登記に協力せず、その不動産が第三者に譲渡されるおそれがある場合

2　仮処分の要件

　裁判所に仮処分をしてもらうための要件は仮差押えと同じく次の2つです。

---
① 　被保全権利の存在⇒(1)
② 　保全の必要性⇒(2)
---

(1)　被保全権利の存在

　金銭債権以外の権利が存在することが必要であり、その存在を裁判所に疎明しなければなりません。

　仮処分についても、実務上は弁護士に依頼することが多いと思いますので、弁護士から準備するように言われた書類をただちに準備します。

(2)　保全の必要性

　保全の必要性は、①目的物の現状の変更により債権者が権利を実行することができなくなるおそれがあるとき、または権利を実行するのに著しい困難を生ずるおそれがあるとき、あるいは、②債権者に生ずる著しい損害または急迫の危険を避けるために必要と認められるとき、に認められます。

　保全の必要性についても、裁判所に疎明しなければなりません。

3　保証金の準備

　仮処分も、申立人の一方的な主張を聞くだけで、相手方の主張を聞かずに発

令されますので、相手方が損害を被る場合に備えて、裁判所は申立人に保証金を供託させます。

保証金の額は、被保全権利の20％〜30％程度の金額が定められることが多いようです。しかし、商品の引渡しを仮処分で求める場合（断行の仮処分）などは、最終的な目的を達成したのと同じ効果がありますので、きわめて高額な保証金の提供を求められることもあります。

そのため、かなり高額な保証金が要求されるかもしれないことをあらかじめ経理部門などに連絡しておき、裁判所から保証金の供託を命じられたら、すぐに供託できるように準備しておきます。

Ⅳ　仮差押え・仮処分をするべきか、しない方がよいか

自社の権利を保全するために、仮差押え・仮処分を利用するわけですが、必ず保証金が必要になります。

仮差押え・仮処分の後に、訴訟を提起し、勝訴判決を得たうえで権利の実現を図ることになります。しかし、勝訴判決を得るまでの間、保証金は供託したままです。さらに、勝訴判決が得られれば保証金は取り戻せますが、万が一敗訴してしまうと、保証金は取引先に対する損害賠償にあてられてしまいます。

このように、仮差押え・仮処分は、自社の権利を保全するために役立ちますが、保証金の問題がついて回ります。

仮差押え・仮処分の申立てをする前に、自社の権利を保全するメリットと、多額の保証金が長期間供託したままになるデメリットをよく考えてください。場合によっては、あえて仮差押え・仮処分の申立てはせずに訴訟を提起する、という選択肢もあります。

第2節　訴訟をせずに、強制執行の手続をとる

訴訟をしなくても強制執行ができるようにする方法として、支払督促について説明します。

Ⅰ　支払督促の申立てをする

1　支払督促の申立て

取引先がなかなか支払わない場合には、取引先の所在地（住所地）の簡易裁判所の裁判所書記官に対し、**書式43（p.218〜）**のような申立書を提出し、支

払督促（基本用語（p.33））の申立てをします。

　手数料は、訴訟の場合の半額です。

　なお、各簡易裁判所に申立書の定型用紙が備え付けてありますので、これを利用すると便利です。また、申立書の定型用紙の一部は、裁判所のウェブサイトからダウンロードすることもできます。裁判所のウェブサイトには記入例も掲載されています。

　その他、各簡易裁判所で独自の書式を備えていたり、独自の細かい運用を定めていたりする場合もあります。そのため、支払督促の手続についてわからないことがあったら、支払督促を申し立てようとする簡易裁判所の裁判所書記官に直接問い合わせをしてください。

書式43　支払督促申立書

支払督促申立書

　売買代金請求事件

当 事 者 の 表 示　　　別紙当事者目録記載のとおり
請求の趣旨及び原因　　　別紙請求の趣旨及び原因記載のとおり

　「債務者は、債権者に対し、請求の趣旨記載の金額を支払え」
との支払督促を求める。

申立手続費用　　　　　　金○○○○円　（内訳は以下のとおり）
　申立手数料　　　　　　○○○○円　　支払督促発付通知費用　　○○○○円
　支払督促正本送達費用　○○○○円　　申立書書記料　　　　　　○○○○円
　申立書提出費用　　　　○○○○円　　資格証明手数料　　　　　○○○○円

　令和○年○月○日

　　住　所　　　　〒○○○-○○○○
　　　　　　　　　東京都○区○町○丁目○番○号
　　電　話　　○○-○○○○-○○○○　　ＦＡＸ　○○-○○○○-○○○○
　　　　申立人（債権者）　　○○株式会社
　　　　代表者代表取締役　　○○○○　印

（送達場所及び債権者との関係）
〒○○○-○○○○
東京都○区○町○丁目○番○号
電　話　○○-○○○○-○○○○　ＦＡＸ　○○-○○○○-○○○○
送達受取人　○○株式会社　○○課　職員　××××

　　　○○簡易裁判所　裁判所書記官　殿

価　　額　　　○○○○円
貼用印紙　　　○○○○円
郵　　券　　　○○○○円

添付書類
1　資格証明書　　　2通

（別紙）当事者目録

当事者目録

〒○○○-○○○○　　東京都○区○町○丁目○番○号
　　　　　　　　　　電　話　○○-○○○○-○○○○
　　　　　　　　　　ＦＡＸ　○○-○○○○-○○○○
　　　　　　　　　　　債　権　者　　　　○○株式会社
　　　　　　　　　　　代表者代表取締役　○○○○

（送達場所）
〒○○○-○○○○　　東京都○区○町○丁目○番○号
　　　　　　　　　　電　話　○○-○○○○-○○○○
　　　　　　　　　　ＦＡＸ　○○-○○○○-○○○○
（送達受取人）　　　○○株式会社　○○課　　職員　××××

〒○○○-○○○○　　東京都○区○町○丁目○番○号
　　　　　　　　　　電　話　○○-○○○○-○○○○
　　　　　　　　　　ＦＡＸ　○○-○○○○-○○○○
　　　　　　　　　　　債　務　者　　　　△△株式会社
　　　　　　　　　　　代表者代表取締役　△△△△

（別紙）請求の趣旨及び原因

```
                    請求の趣旨及び原因
    請求の趣旨
     1   金○○万○○○○円
     2   上記金額に対する令和○年○月○日から完済まで年○％の割合による遅
         延損害金
     3   金○○○○円（申立手続費用）

    請求の原因
     1   契約の内容
      (1)  契約日    令和○年○月○日
      (2)  契約内容   債務者は、債権者から購入した下記商品の代金○○万○○
                  ○○円を、次のとおり支払う。
                  ①令和○年○月○日限り   ○○万○○○○円
                  ②令和○年○月○日限り   ○○万○○○○円
                        記
                  商品名   ○○○
                  個　数   ○○○個
     2   債権者は、債務者に対し、上記商品を引き渡した。
     3
```

代金	支払済の額	残額
○○万○○○○円	○○万○○○○円 （最後に支払った日 令和○年○月○日）	○○万○○○○円

2　裁判所書記官による審査・支払督促正本の送達

　支払督促の申立てを受けた裁判所書記官は申立書類を審査し、不備がなけれ
ば支払督促の正本を取引先に送達します。

　支払督促は相手の主張を聞かずに書面の審査だけで出されてしまうので、異
議を述べるチャンスを与えるために支払督促を取引先に送達するのです。その
ため、取引先に支払督促が送達されることが必須条件になります。

　つまり、取引先が所在不明の場合には、支払督促は使えません。

3　督促異議の申立て

　支払督促が送達された日から2週間以内に取引先が督促異議の申立てをす
ると、支払督促は失効し、通常の訴訟に移行します。

したがって、取引先が争ってくるであろうと予測されるときは、支払督促の申立てをせずに最初から通常の訴訟を提起した方がよいでしょう。

Ⅱ　仮執行宣言の申立てをする

1　仮執行宣言の申立て

　支払督促の送達を受けた日から2週間経過しても、取引先が督促異議の申立てをしなかったときは、その2週間経過した日から30日以内に、簡易裁判所に書式44を提出し、仮執行宣言（基本用語（p.34））の申立てをします。

　簡易裁判所の裁判所書記官が調査し、仮執行宣言の要件を充たすときは、仮執行宣言付支払督促が出されます。このときも相手の主張を聞くことはありません。

　仮執行宣言付支払督促を入手できてはじめて、取引先の財産に対し強制執行の手続をとることができるようになります。

書式44　仮執行宣言申立書

令和○年㈹第○○○号支払督促申立事件
債権者　○○株式会社
債務者　△△株式会社

仮執行宣言申立書

令和○年○月○日

○○簡易裁判所　裁判所書記官　殿

申立人（債権者）○○株式会社
代表者代表取締役　○○○○　印

　上記当事者間の頭書事件について、令和○年○月○日債務者に支払督促正本が送達されたが、債務者は法定期間内に督促異議の申立てをせず、また、債務の支払もしない。
　よって、下記の金員1及び2につき、仮執行宣言を求める。

記

1　支払督促の請求の趣旨記載全額
2　仮執行宣言の手続費用　○○○○円
　（内訳）

| 申立書作成及び提出費用 | ○○○○円 |
| 仮執行宣言付支払督促正本送達費用 | ○○○○円 |

2 督促異議の申立て

仮執行宣言付支払督促が取引先に送達された日の翌日から数えて2週間以内であれば、取引先は督促異議の申立てをすることができます。

適法な督促異議の申立てがあったときは、通常の訴訟に移行します。

なお、仮執行宣言付支払督促に異議を申し立てても、執行停止の手続をとらなければ、強制執行を停止することはできません。

Ⅲ 強制執行の手続に入る前に、もう1度だけ取引先と交渉する

取引先の財産に対して強制執行をするには費用も時間もかかりますから、取引先が任意に支払うように仕向けた方が得策です。

そのため、仮執行宣言付支払督促を入手して、いつでも強制執行の手続に入れる状況を作ったうえで、再度取引先と交渉します。売掛金や預金、給料の差押えなどをちらつかせながら（ただし、脅迫にならないように注意）、任意に支払うように説得してみます。

それでも取引先が支払わないようであれば、取引先の財産に対して強制執行の手続をとることになります。

第3節 売掛金の額が少ないときは少額訴訟を利用する

売掛金の額が60万円以下の場合には、少額訴訟を利用できること、および、少額訴訟の手続について説明します。

Ⅰ 売掛金の額が60万円以下であれば、少額訴訟を提起する

1 支払督促の弱点

支払督促（基本用語（p.33））によれば、訴訟を提起せずに強制執行の手続をとることが可能です。ところが、支払督促を受け取った取引先は、とりあえず督促異議を出しておく、という対応をとることも少なくありません。

督促異議が出されると支払督促は失効し、通常の訴訟に移行します。

しかし、通常の訴訟は、時間も費用もかかりますので、できることならば避けたいところです。

そこで、自社の売掛金の額が60万円以下の場合には、少額訴訟（基本用語
（p.34））を提起します。

　なお、相手方が少額訴訟で審理されることについて異議を述べたときは、通
常の訴訟に移行します。

2　少額訴訟の申立て

　少額訴訟は、書式45（p.224〜）のような訴状を、証拠とともに簡易裁判所
に提出することによって申し立てます。

　どこの簡易裁判所でも同様の訴状のひな型を用意してあります。

　裁判所のホームページ（http://www.courts.go.jp/）を検索して入手すること
もできます。「裁判手続案内」→「申立て等で使う書式」→「民事訴訟・少額
訴訟で使う書式」を検索すると、請求する債権の種類ごとに異なる訴状のひな
型のほか、訴状の書き方の説明も載っています。

　その説明に従って必要箇所の空欄を埋めていけば申立書は完成します。

訴　　状

事件名　　売買代金請求事件

□少額訴訟による審理及び裁判を求めます。本年，この裁判所において少額訴訟による審理及び裁判を求めるのは　　　　回目です。

簡易裁判所　御　中　　　　令和　　年　　月　　日

原告（申立人）	〒 住　所（所在地） 氏　名（会社名・代表者名） 　　　　　　　　　　　　　　　　　　　　　　　印 ＴＥＬ　　　　－　　　　－　　　ＦＡＸ　　　　－　　　　－	
	送達場所等の届出	原告（申立人）に対する書類の送達は，次の場所に宛てて行ってください。 □上記住所等 □勤務先　名　称 　　　　　　〒 　　　　　　住　所 　　　　　　　　　　　　　　ＴＥＬ　　　　－　　　　－ □その他の場所（原告等との関係　　　　　　　　　　　　　） 　　　　　　〒 　　　　　　住　所 　　　　　　　　　　　　　　ＴＥＬ　　　　－　　　　－ □原告（申立人）に対する書類の送達は，次の人に宛てて行ってください。 　　氏　名
被告（相手方）	〒 住　所（所在地） 氏　名（会社名・代表者名） ＴＥＬ　　　　－　　　　－　　　ＦＡＸ　　　　－　　　　－	
	勤務先の名称及び住所 　　　　　　　　　　　　ＴＥＬ　　　　－　　　　－	

訴訟物の価額		円	取扱者
貼用印紙額		円	
予納郵便切手		円	
貼用印紙	裏面貼付のとおり		

請求の趣旨	1　被告は，原告に対して，次の金員を支払え。 　　　　金　　　　　　　　　　　　　　円 　□上記金額に対する 　{□平成　□令和　　年　　月　　日} から支払済みまで 　{□訴状送達の日の翌日} 　　　　　　の割合による金員 2　訴訟費用は，被告の負担とする。 との判決（□及び仮執行の宣言）を求めます。
紛争の要点（請求の原因）	原告（　　　　　　　　　　　　業を営む者）が被告に売り渡した物件 　契約日　□平成　　年　月　　日（から □平成　　年　月　　日まで） 　　　　　□令和　　　　　　　　　　　　□令和 　品　目 　数　量 　代　金　金　　　　　　　　　　円 　支払期日　□平成　□令和　　年　　月　　日 代金支払状況 　　　□支払なし 　　　□一部支払あり　金　　　　　　　　　円 その他の参考事項
添付書類	□契約書　　　□受領証　　　□請求書（控）　　　□納品書（控） □商業登記簿謄本又は登記事項証明書 □

3　少額訴訟の審理

　少額訴訟は原則として1回の審理で終了し、その日のうちに判決が出されます。

そのため、1回目の審理までに証拠を提出する必要があります。

また、証拠はすぐに取り調べることができるものに限られています。証人に証言してもらいたいときは、1回目の審理に一緒に来てもらう必要があります。

裁判所は、自社と取引先双方の言い分を聞いて判決をします。

少額訴訟の場合には、裁判所が取引先の資力、その他の事情を考慮して、3年を超えない範囲で支払いを猶予したり、その期間内での分割払いを定めたりする判決が出されることもあります。

取引先が判決に従った支払いをしないときは強制執行の手続により債権回収を図ることができます。

なお、少額訴訟には回数制限があります。同一の簡易裁判所に少額訴訟の申立てができるのは、1年間に10回までです。

Ⅱ　和解でまとめられるようにする

少額訴訟では、判決をもらって強制執行の手続をとることも可能です。

しかし、強制執行の手続をとるには時間も手間も費用もかかります。しかも、強制執行をしてみたら、「あると思っていた財産がなかった」ということもよくあります。

また、少額訴訟が利用できるのは債権額が60万円以下の場合に限られますから、強制執行が功を奏したとしても最高で60万円しか回収できません。

自社が判決を求めても、裁判所が支払猶予や分割払いの判決を出す場合もあります。最初から取引先の言い分には聞く耳をもたないという姿勢で少額訴訟に臨むのは得策ではありません。

むしろ裁判所に自社の請求が正当なものであることをわかってもらったうえで、取引先に任意に支払ってもらう内容の和解をするのが合理的です。

なお、取引先が和解に従った支払いをしないときは、和解調書に基づいて強制執行の手続をとることができます。その意味でも無理に判決をもらう必要はありません。

第4節　手形が不渡りになったときは手形訴訟を利用する

　手形が不渡りになった理由に応じた対応の仕方、裏書人がいる場合の遡求の
方法および手形訴訟について説明します。

Ⅰ　不渡りの理由を調べて、次の行動を考える

　取引先から受け取った手形（基本用語（p.17））が不渡り（基本用語（p.18））
になる場合があります。

　手形が不渡りになる理由は、大きく分けて3つあります。

1　1号不渡り

　1つめは、手形の振出人（基本用語（p.17））の資金不足を理由とするもので
す。「1号不渡り」などといいます。

　振出人が、手形の決済資金すら用意できなかったのですから、倒産状態にあ
ると考えてよいでしょう。

　特に振出人から直接手形の振出しを受けていた場合には、すぐに債権回収に
とりかかる必要があります。

　裏書人（基本用語（p.17））がいる場合には、裏書人から債権を回収する方法
を考えます。

　裏書人も連鎖倒産する危険性がありますので、自社と裏書人との債権債務関
係を調査しておくなど、裏書人が連鎖倒産した場合の債権回収の準備もしてお
いた方がよいでしょう。

2　2号不渡り

　2つめは、手形が偽造されたものであるとか、盗難にあったものであるなど
を理由とするものです。「2号不渡り」などといいます。

　この場合には、まず振出人に対し詳細な説明を求め、不渡りにした理由を直
接確認します。

　また、取引銀行を通じて支払銀行が異議申立てをしているかどうかを調べま
す。

　異議申立てをしている場合には、振出人は異議申立預託金を預託しているは
ずですので、その預託金からの債権回収を考えます。

3 0号不渡り

3つめは、形式に不備があったり、振出人の会社更生や民事再生により裁判所から保全処分を受けたことを理由とするものです。「0号不渡り」などといいます。

形式に不備があったときは、支払呈示期間内に不備を補正して再度支払呈示（基本用語（p.18））をします。

振出人が裁判所の保全処分を受けたときは、振出人からの支払いを受けることができなくなります。

自社が振出人から直接手形の振出しを受けていた場合には、債権届出の準備をします。裏書人がいる場合には、裏書人から債権を回収する方法を考えます。

Ⅱ　裏書人がいるときは、裏書人に請求する

裏書人に請求することを遡求（基本用語（p.18））といいます。裏書人に遡求するためには、支払呈示期間内に振出人に対し支払呈示したにもかかわらず、支払いを拒絶されたことが必要です。

手形金の支払いが拒絶されたら、ただちに裏書人に対して、①手形金の支払いが拒絶されたこと、②裏書人に対して支払いを請求すること、を内容とする通知書を送ります。

その内容および裏書人にいつ通知書が届いたかを証明するために、この通知書は配達証明つきの内容証明郵便で送るようにします。

裏書人から分割での支払いを求められることも多いと思います。裏書人自身が連鎖倒産の危機に瀕している場合もあり、分割払いを認めるかわりに担保の提供を求めるなど、柔軟に対応した方がよい結果を生むこともあります。

裏書人から手形金全額の支払いを受けたときに、手形を裏書人に返却します。分割払いのときは、最後の支払いのときに返却します。

裏書人が遡求に一切応じない場合には、手形訴訟を提起して債権を回収することになります。

Ⅲ　手形訴訟を提起する

振出人が支払いを拒絶し、裏書人も遡求に応じないときは、裁判所に手形訴訟（基本用語（p.18））を提起します。

手形金の額が140万円以下であるときは簡易裁判所に、140万円を超えるときは地方裁判所に提起します。

訴える相手方（「被告」といいます）は、振出人だけでもよいですし、裏書人だけでもよいですし、振出人と裏書人の両方でもかまいません。債権を回収できそうな者を狙い撃ちして被告にすることができます。

　書式46は、振出人と裏書人の両方を被告として訴えた場合の例です。

　手形訴訟では、提出できる証拠が手形や契約書などの書証（書面である証拠）に限られています。また原則として、審理は1回で終わりますので、通常の訴訟よりも迅速に判決を得ることができます。

　手形判決には仮執行宣言（基本用語（p.34））がつきますので、被告が判決に従った支払いをしないときは、強制執行の手続により債権を回収することができます。

　手形訴訟を提起するときは、**書式46**の訴状のように、「この審理及び裁判は、手形訴訟によることを求める」ということを書かなければなりません。

　この記載を書き忘れると、裁判所は通常の訴訟として受理し、審理をすることになります。また、手形判決に対して異議の申立てがあった場合も、通常訴訟に移行します。

書式46　訴状（手形訴訟）

訴　　状

令和○年○月○日

○○地方裁判所　御中

　　　　　　　　　　　　　　　　　　原　　　　　告　　○○株式会社
　　　　　　　　　　　　　　　　　　代表者代表取締役　○○○○　印

〒○○○－○○○○　東京都○区○町○丁目○番○号（送達場所）
　　　　　　　　　　原　　　　　告　　○○株式会社
　　　　　　　　　　代表者代表取締役　○○○○

〒○○○－○○○○　東京都○区○町○丁目○番○号
　　　　　　　　　　被　　　　　告　　××株式会社
　　　　　　　　　　代表者代表取締役　××××

〒○○○－○○○○　東京都○区○町○丁目○番○号
　　　　　　　　　　被　　　　　告　　△△株式会社

代表者代表取締役　△△△△

手形訴訟による約束手形金請求事件
訴訟物の価額　金○○○万円
貼用印紙額　　金○○○○円

第1　請求の趣旨
1　被告らは、各自原告に対し、金○○○万円及びこれに対する令和○年○月
　　○日から支払済みまで年○パーセントの割合による金員を支払え。
2　訴訟費用は被告らの負担とする。
との判決及び仮執行の宣言を求める。
この審理及び裁判は、手形訴訟によることを求める。

第2　請求の原因
1　被告××株式会社は、被告△△株式会社に対し、別紙手形目録記載の約束
　　手形（以下「本件約束手形」という。）を振り出した。
2　被告△△株式会社は、拒絶証書作成を免除して、本件約束手形に裏書をし
　　た。
3　原告は、本件約束手形を所持している。
4　原告は、本件約束手形を支払呈示期間内に支払場所に呈示したが、支払を
　　拒絶された。
5　よって、原告は被告らに対し、本件約束手形金○○○万円及びこれに対す
　　る満期である令和○年○月○日から支払済みまで約定の年○パーセントの割
　　合による利息を支払うことを求める。

証　拠　方　法

甲第1号証　約束手形　1通

添　付　書　類

1　訴状副本　　　　　　　2通
2　甲号証写し　　　　　　2通
3　資格証明書　　　　　　3通

（別紙）手形目録

```
（別紙）
                       手形目録

  金    額        ○○○万円
  満    期        令和○年○月○日
  振 出 地        東京都○区
  支 払 地        東京都○区
  支払場所        株式会社□□銀行□□支店
  振 出 日        令和○年○月○日
  振 出 人        ××株式会社
  受 取 人        △△株式会社
  第一裏書人      △△株式会社
                （支払拒絶証書作成免除）
  被裏書人        ○○株式会社
```

第5節　全面的に争う姿勢を見せているときは訴訟を提起する

> 訴訟を提起するかどうかを判断するポイントおよび訴訟の大まかな流れを説明します。

I　訴訟を提起するかどうかの検討

　取引先が全面的に争う姿勢を見せている場合には、簡易な訴訟制度を利用しようとしても、結局は通常の訴訟に移行してしまいます。

　そのため、最初から通常の訴訟を提起して債権回収を図るかどうかを検討する必要があります。

1　取引先に支払能力がなく、資産もない場合

　取引先に支払能力がなく、資産もないときは、訴訟を提起しても意味がありません。勝訴判決をもらっても強制執行により債権回収を図ることができないからです。

　このような場合には、貸倒損失を計上して経理上の処理をした方がよいでしょう。ただし、取引先が破産した場合など、法律上債権が回収できない場合以外は、なかなか税務署に貸倒損失として認めてもらえません。

そのため、取引先の承諾を得たうえで、支払督促および仮執行宣言の申立てをし、強制執行の手続をとるなどの工夫が必要になります。

　強制執行をしてもまったく回収できません（「空振りに終わる」などといいます）ので、裁判所あるいは執行官に執行不能調書（強制執行手続をしたが、回収することができなかった旨の報告書）を作ってもらいます。

　強制執行の手続によっても回収することができなかった債権については税務署も貸倒損失と認めるのが通常です。税務上、貸倒損失として認められれば、自社の利益がその分減少し、減少した分の利益に対する税金を支払わなくてもよくなりますので、節税の効果があります。

2　支払能力があるのに、理由にならない理由をつけて支払わない場合

　取引先に支払能力がある場合には、取引先の財産について仮差押えや仮処分の申立てをするかどうかを検討します。

　仮差押えや仮処分の申立てをしただけで、取引先が支払ってくることもありますが、通常は、仮差押えや仮処分後に訴訟を提起することになります。

　取引先に豊富な資産がある場合には、必ずしも仮差押えや仮処分を先行させる必要はありません。ただちに訴訟を提起します。

　なお、訴訟は、その訴訟を審理することのできる裁判所に対して提起しなければなりません。場合によっては、遠隔地にある取引先の所在地の裁判所でなければ訴訟を提起できないこともあります。請求金額が少ないときには費用対効果を考えて、訴訟を提起することを断念せざるをえないこともあります。

Ⅱ　訴訟提起のための証拠をそろえる

　訴訟を提起する場合、請求が正当であることを主張立証する責任は、原則としてすべて自社にあります。

　訴訟で勝つためには証拠によって請求が正当であることを立証する必要があります。

　一般的に訴訟で最も重視される証拠は、取引先が記名捺印した書面や取引先が作成した書面であると言ってよいでしょう。取引先が作成した書面が存在し、それが自社の主張に沿う内容である場合には、自社の主張が正当であることを裏づけるものにほかならないからです。

　そのため、普段から取引先と書面でやりとりするようにし、取り交わした書面はいつでも証拠として使えるように、整理して保管しておく必要があります。

「債権管理とは、訴訟に勝てるように債権を管理していくことである！」と常に意識しましょう。

Ⅲ　訴訟を提起する

1　訴訟の提起

請求額が140万円以下のときは簡易裁判所に訴訟を提起し、請求額が140万円を超えるときは地方裁判所に訴訟を提起します。

簡易裁判所では、弁護士を代理人に選任しなくてもよく、裁判所の許可を得たうえで、自社の社員を代理人として訴訟活動を行うこともできます。

これに対し、地方裁判所の訴訟において代理人となれるのは、弁護士に限られています。

2　訴訟の大まかな流れ

簡易裁判所でも地方裁判所でも、訴訟の大まかな流れは次のようになっています。

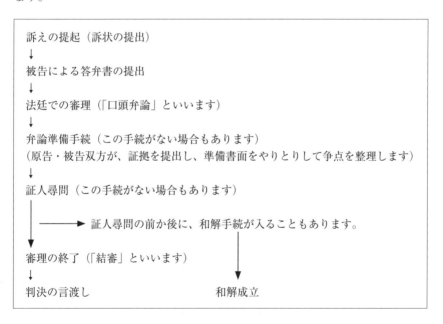

3　訴訟の進行

訴訟では、自社の主張、相手の主張・反論、自社の再反論、相手の再々反論

を書面および証拠の提出によって繰り返します。

　書面および証拠のやりとりを通じて争点を絞り込み、必要があれば証人尋問をして判決をする、というのが基本的な訴訟の進行です。

　訴訟の進行状況により、裁判所から和解をすすめられることがあります。その場合には、自社の請求がすべて認められる保証はないこと、勝訴判決をもらっても強制執行が功を奏さない危険性が皆無ではないことなどを考慮したうえで、和解案の内容を検討します。

　和解で訴訟が終了する場合、和解調書が作成されます。和解調書は判決と同じ効力があります。相手が和解の内容に従った支払いをしないときは、和解調書によってただちに強制執行の手続をとることができます。

　和解が成立せず、判決の言渡しを受けたときは、判決どおりに支払うように相手に促します。それでも支払わない場合には、強制執行の手続をとることになります。

　なお、敗訴した側は控訴すること（判決を不服として、上級の裁判所に訴えること）ができますので、訴訟が継続することもあります。

第6節　強制的に債権を回収する

> 　強制執行の条件および強制執行の対象となる財産が、①不動産である場合、②動産である場合、③債権である場合のそれぞれの手続の流れを説明します。

I　強制執行の条件

　取引先が約束どおりに支払わない場合、最終的には強制執行（基本用語(p.7)）の手続により債権を回収することになります。

　強制執行をするには、原則として、①債務名義（基本用語(p.33)）と、②執行文の付与が必要になります。

　①の債務名義とは、確定判決、仮執行宣言付判決、仮執行宣言付支払督促、執行証書（強制執行認諾文言付の公正証書）、和解調書、調停調書、即決和解調書などのことをさします。

　②の執行文の付与とは、債務名義の後ろに執行文という強制執行を認める文書をつけることをいいます。執行証書については公証人が、それ以外の債務名義についてはこれに関する記録を保管している裁判所の書記官が行います。

　なお、強制執行の申立てをするには、債務名義が相手に到達していることが

必要です。執行証書については、自社が申立てをしないと公証人から相手に送達してもらえません。執行証書を作成した時点で謄本を送達する手続をするように公証人に申請しておきましょう（第5章第2節V5（p.167））。

Ⅱ　不動産に対する強制執行

1　不動産に対する強制執行の大まかな流れ

　取引先が保有する不動産に対して強制執行をしたい場合は、その不動産の所在地を管轄する地方裁判所に申立てをします。

　不動産に対する強制執行による債権回収方法は、一言でいえば、「不動産を差し押さえ、競売にかけて、競売代金から回収する」ということになります。

　不動産に対する強制執行の大まかな流れは、次のとおりです。

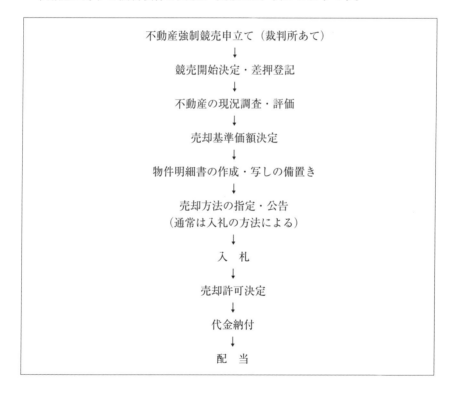

不動産強制競売申立て（裁判所あて）
↓
競売開始決定・差押登記
↓
不動産の現況調査・評価
↓
売却基準価額決定
↓
物件明細書の作成・写しの備置き
↓
売却方法の指定・公告
（通常は入札の方法による）
↓
入　札
↓
売却許可決定
↓
代金納付
↓
配　当

2　手続の流れの補足説明

①　取引先が保有する不動産の所在地を管轄する地方裁判所に、不動産の強制競売を申し立てると、裁判所から予納金の額が指定されます。指定され

た額の予納金を納めます。

②　裁判所は職権で不動産を差し押さえ、競売開始決定を行います。

③　裁判所は執行官に不動産の現況を調査させます。

④　裁判所は不動産鑑定士による評価に基づいて売却基準価額を決定します。
　　なお、競売しても申立債権者に配当が見込めない場合などは、競売を続けても意味がないので、原則として、この段階で競売は取り消されてしまいます。

⑤　売却は裁判所が指定した方法で行われますが、通常は期間入札（裁判所が指定した一定の期間内に入札させ、別に開札期日を設けて開札し、最高の価額で買受けの申出をしたものに売却する方法）によって行われています。

⑥　売却代金から裁判所の費用が差し引かれ、残額について優先順位に従って配当されます。

Ⅲ　動産に対する強制執行

1　動産に対する強制執行の大まかな流れ

　取引先が保有する動産に対して強制執行をしたい場合は、その動産の所在地を管轄する地方裁判所の「執行官」に動産競売の申立てをします。

　動産に対する強制執行による債権回収方法は、一言でいえば、「動産を差し押さえ、競売にかけて、競売代金から回収する」ということになります。

　動産に対する強制執行の大まかな流れは、次のとおりです。

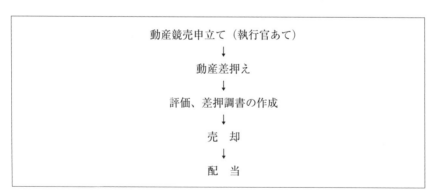

動産競売申立て（執行官あて）
↓
動産差押え
↓
評価、差押調書の作成
↓
売　却
↓
配　当

2　手続の流れの補足説明

①　取引先が保有する動産の所在地を管轄する地方裁判所の「執行官」に、動産の競売を申し立てると、執行官から予納金の額が指定されます。指定

された額の予納金を納めます。

② 動産競売の申立てに基づいて執行官が対象動産を差し押さえます。

生活に不可欠な衣服や家具、1か月の生活に必要な食料および燃料は差押えが禁止されていますので、これらの動産は差し押さえることができません。

なお、金銭も動産の差押えの対象になります。しかし、標準的な世帯の2か月間に必要な生計費相当額は差し押さえることはできません。現在では、66万円までの金銭が差押禁止の対象になっています。

③ 執行官は差し押さえた動産を評価して、売却し、配当します。

Ⅳ 債権に対する強制執行

1 債権に対する強制執行の大まかな流れ

取引先が保有する債権（預金、売掛金、貸付金など）に対して強制執行をしたい場合は、取引先の所在地を管轄する地方裁判所に債権差押命令の申立てをします。

債権に対する強制執行による債権回収方法は、一言でいえば、「債権を差し押さえ、第三債務者（基本用語（p.23））から取り立てる」ということになります。

債権に対する強制執行の大まかな流れは、次のとおりです。

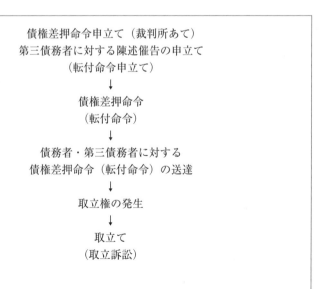

$$\downarrow$$

取立届（取立完了届）の提出

2　手続の流れの補足説明

①　取引先の所在地を管轄する地方裁判所に債権差押命令の申立てをします。
債権差押命令の申立てと同時に、第三債務者に対する陳述催告（基本用語（p.35））の申立てをします。差し押さえた債権が実際に存在するものかどうかを第三債務者に直接確認するためです。また、自社の取立てに対し、第三債務者が支払う意思があるかどうかも確認します。

②　債権差押命令の申立てがあると、裁判所は債権差押命令を出します。
なお、国民年金受給権や生活保護金品受給権などは差押えが禁止されています。また、給料や退職金についてはその4分の3に相当する額が差押えを禁止されています（ただし、給料については、33万円を超える額は全額差し押さえることができます）。

③　この債権差押命令は、まず第三債務者に送達され、その後に債務者に送達されます。先に債務者に送達してしまうと、債務者が急いで第三債務者から支払いを受けてしまうことがあるからです。

④　債権差押命令が債務者に送達されてから1週間（差押えの対象が給与等の債権である場合は4週間）経過すると、第三債務者に対して直接債権を取り立てることができます。

⑤　第三債務者が任意に支払わないときは、訴訟を提起して支払いを求めることになります。この訴訟のことを「取立訴訟」といいます。

⑥　なお、カッコ書で転付命令（てんぷめいれい）と書いてありますが、転付命令とは、差し押さえた債権をそのまま差押債権者に移転させることを命ずる裁判をいいます。
つまり、強制的に債権譲渡を行うのと同じです。したがって、もしその後に他の債権者がその債権を差し押さえようとしても、差押えはできず、自社のみが債権回収を図れます。

⑦　以上のとおり、不動産および動産に対する強制執行が、裁判所や執行官から配当を受けることにより回収を図るのに対し、債権に対する強制執行は、原則として、自社が自ら第三債務者に働きかけて回収しなければならない点に特色があります。
第三債務者から債権を取り立てたときは、裁判所に取立届を提出します。

また、債権全額を取り立てたときは、裁判所に取立完了届を提出します。

書式47　債権差押命令申立書

債権差押命令申立書

○○地方裁判所　民事部　御中

令和○年○月○日

申立人　○○株式会社
代表者代表取締役　○○○○　印

当　事　者 ⎤
請　求　債　権 ⎬　別紙目録記載のとおり
差　押　債　権 ⎦

　債権者は、債務者に対し、別紙請求債権目録記載の執行力ある債務名義の正本に表示された上記請求債権を有しているが、債務者がその支払をしないので、債務者が第三債務者に対して有する別紙差押債権目録記載の債権の差押命令を求める。
　なお、第三債務者に対し、陳述催告の申立て（民事執行法第147条1項）をする。

添　付　書　類

1　執行力ある債務名義の正本　　　1通
2　債務名義の送達証明書　　　　　1通
3　資格証明書　　　　　　　　　　3通

（別紙）当事者目録

当事者目録

〒○○○－○○○○　東京都○区○町○丁目○番○号
債　権　者　　○○株式会社
代表者代表取締役　　○○○○
ＴＥＬ　03－○○○○－○○○○
ＦＡＸ　03－○○○○－○○○○

```
〒○○○－○○○○　東京都○区○町○丁目○番○号
　　　　　　　　　債　務　者　　△△株式会社
　　　　　　　　　代表者代表取締役　　△△△△

〒○○○－○○○○　東京都○区○町○丁目○番○号
　　　　　　　　　第　三　債　務　者　　株式会社××銀行
　　　　　　　　　代表者代表取締役　　××××
（送達先）〒○○○－○○○　東京都○区○町○丁目○番○号
　　　　　　　　　株式会社××銀行　　○○支店
```

（別紙）請求債権目録

```
                         請求債権目録

　　○○地方裁判所令和○年(ワ)第○○号○○事件の仮執行宣言付き判決正本に表
示された下記金員及び執行費用
　　　　　　　　　　　　　　記
(1)　元　金　　　　　　　　　　　　　　金○○○○円
　　　令和○年○月○日の金銭消費貸借契約に基づく貸付金
(2)　利息金　　　　　　　　　　　　　　金○○○○円
　　　上記(1)に対する令和○年○月○日から同年○月○日まで年○分の割合によ
る利息金（1年を365日とする日割計算）
(3)　遅延損害金　　　　　　　　　　　　金○○○○円
　　　上記(1)に対する令和○年○月○日から同年○月○日まで年○分の割合によ
る遅延損害金
(4)　執行費用　　　　　　　　　　　　　金○○○○円
　　　内　訳　本申立手数料　　　　　　金4,000円
　　　　　　　本申立書作成及び提出費用　金○○○○円
　　　　　　　差押命令正本送達費用　　　金○○○○円
　　　　　　　資格証明書交付手数料　　　金○○○○円
　　　　　　　送達証明書申請手数料　　　金○○○円
　　　　　　　執行文付与申立手数料　　　金○○○円
合　計　　金○○○○円
```

（別紙）差押債権目録

差押債権目録

金〇〇〇〇円
　債務者が第三債務者株式会社〇〇銀行（〇〇支店扱い）に対して有する下記
預金債権のうち、下記に記載する順序に従い、頭書金額に満つるまで

記

1　差押えのない預金と差押えのある預金があるときは、次の順序による。
　(1)　先行の差押え、仮差押えのないもの
　(2)　先行の差押え、仮差押えのあるもの
2　円貨建預金と外貨建預金があるときは、次の順序による。
　(1)　円貨建預金
　(2)　外貨建預金（差押命令が第三債務者に送達された時点における第三債務者
　　　　　　の電信買相場により換算した金額（外貨）。ただし、先物為替
　　　　　　予約があるときは原則として予約された相場により換算する。）
3　同一の通貨で数種の預金があるときは、次の順序による。
　(1)　定期預金
　(2)　定期積金
　(3)　通知預金
　(4)　貯蓄預金
　(5)　納税準備預金
　(6)　普通預金
　(7)　別段預金
　(8)　当座預金
4　同種の預金が数口あるときは、口座番号の若い順序による。
　　なお、口座番号が同一の預金が数口あるときは、預金に付せられた番号の
　若い順序による。

3　少額訴訟債権執行

　少額訴訟手続を通じて得られた債務名義に基づく場合は、地方裁判所に対し
債権差押命令の申立てができるほか、金銭債権に対する強制執行に限り、債務
名義が作られた簡易裁判所の裁判所書記官に対して、金銭債権執行の申立てを
行うこともできます。これを「少額訴訟債権執行」といいます。

　なお、裁判所によっては、金銭債権のうち、債権者にとって把握することが
比較的容易な給料債権等、賃料債権、敷金返還請求権、預貯金債権に対する申
立てに限り、少額訴訟債権執行を認めるなど、裁判所ごとに多少運用が違うよ
うです。

第8章　倒産時の債権回収

　倒産時の情報収集方法および倒産の種類と場面に応じた対応方法について
説明します。

第1節　倒産情報が入ったときの対応

　取引先の状況確認のポイントと在庫商品の引揚げの検討および債権債務関係
のチェックポイントについて説明します。

I　取引先に急行し、状況を確認する

1　倒産情報が入ったときの心がまえ

　どれほど慎重に与信管理をし、しっかりと債権管理をしていても、取引先が
倒産（基本用語（p.38））する危険性をゼロにすることはできません。

　上場企業ですら倒産することもあるのですから、取引先が倒産するかもしれ
ないことを常に頭の片隅においておかなければなりません。

　倒産情報が入ったときの心がまえは「一刻も早く、1円でも多く回収する！」です。

2　状況の確認が第一歩

　「一刻も早く、1円でも多く回収する」ための第一歩は、取引先の状況を確認
することです。

　そのためには、取引先の本社や倉庫などに急行し、現在の正確な状況を、直
接確認する必要があります。

　取引先の状況の確認のポイントは次のような点です。

> ①　取引先の営業は続いているか⇒(1)
> ②　取引先の代表者の所在が確認できるか⇒(2)
> ③　自社が担保にとっている物件や納入した商品の所在⇒(3)
> ④　他の債権者の動向⇒(4)

(1)　取引先の営業は続いているか

　倒産にはさまざまな種類がありますが、①法的整理（基本用語（p.38））と私的整理（基本用語（p.38））、②再建型（基本用語（p.39））と清算型（基本用語（p.39））という分類によって対応方法を考えると確実です。

　取引先が再建型の法的整理手続である会社更生（基本用語（p.39））や民事再生（基本用語（p.39））の申立てをした場合、営業自体は通常どおりに継続していることがほとんどです。このような場合には、取引先の営業は継続しているということを前提に今後の対応を考えます。

　ところが、民事再生の申立てをしたのに、営業は停止しているということもあります。そのような場合には、破産（基本用語（p.39））に移行することも念頭において対応しなければなりません。

　取引先が営業を継続していれば、どの種類の倒産手続をとるのかは別として、再建できる可能性があります。しかし、営業を停止している場合には、その可能性はかなり低いと判断します。

(2)　取引先の代表者の所在が確認できるか

　取引先が倒産した場合、その代表者は本社にいないことが通常です。再建型の倒産手続の場合には、代表者自身が関係各所に出向いて今後の対応を協議していることが多く、それ自体が再建に向けた前向きな活動ですから特に問題はありません。

　しかし、取引先の社員の誰に聞いても、「社長がどこにいるかわからない」「社長とは連絡がとれない」という場合には、注意が必要です。代表者が逃亡してしまった可能性があるからです。

　そのような場合には、今後何らの整理手続もとられることなく放置される危険性があることを前提に対応を考えなければなりません。

(3)　自社が担保にとっている物件や納入した商品の所在

　倒産情報が入ると、他の債権者もいっせいに債権回収にかかります。債権者の中には、「たとえ違法であってもとにかく債権を回収する」という方針で回収にかかるところもないわけではありません。

　そのため、自社が担保にとっている物件や納入した商品の所在を確認し、他の債権者に持って行かれることのないように確保します。

　動産譲渡担保（基本用語（p.28））にとっている物件には自社の担保物件であ

ることを示すプレートなどが貼ってあるはずですが（第4章第3節Ⅲ（p.127
～））、そのプレートがはがされていないかどうか確認します。

　そして、念のため、その物件全体とプレート部分の写真を撮っておきます。
自社がその物件について動産譲渡担保権の設定を受け、公示もしており、正当
な権利があることを立証するためです。

　万が一、プレートがなくなっていたような場合には、あらためてプレートを
貼ります。

　また、動産譲渡担保権の設定を受けたときに、プレートを貼ることを怠って
いた場合にも、このときにプレートを貼り、写真を撮っておきます。

⑷　他の債権者の動向

　取引先の本社や倉庫に急行した時点で、他の債権者が争うように商品などを
引き揚げているような場合には、すぐに応援を要請し、担保にとっている物件
や納入した商品の確保に努めます。

　また、取引先が再建型の倒産手続を選択したのに、他の債権者が商品などを
引き揚げているようでは、この取引先は再建できない危険性が高いといえます。
そのようなときは、取引先が破産する可能性を念頭において対応を考えます。

⑸　法的整理を申し立てる予定か、申し立てるとすると手続の種類は何か

　取引先が私的整理に入る場合には、裁判所も関与しませんし、法律に従って
手続が進むわけでもありません。そのため、他の債権者の動向も見ながら、私
的整理手続に参加するかどうかを判断します。

　これに対し、法的整理の申立てをする予定である、あるいは申立てをしたと
いう場合には、その手続の種類をはっきりと確認する必要があります。

　なぜなら、破産、民事再生および会社更生では、その後とるべき対応が変
わってくるからです。

Ⅱ　在庫商品などの引揚げを検討する

1　在庫商品などを引き揚げるときの注意点

　在庫商品等を引き揚げる方法およびその際の注意点については、すでに説明
しました（第5章第5節（p.189～））。倒産時も、基本的には同じです。

　ただし、緊急性が非常に高いので、取引先の責任者の承諾が得られないこと
もあると思われます。

　そのようなときは、取引先の社員から手書きで「商品引揚げの件、承諾しま
した。」と一筆とるだけでもやむをえないでしょう。こうしておけば、少なく

とも商品の引揚げについて窃盗罪に問われる危険性はなくなります。

2 取引先が法的整理の申立てをする場合、あるいは申立てをした場合

取引先が法的整理の申立てをする場合、あるいは申立てをした場合には、弁護士が代理人としてついていることが通常です。そのような場合には、弁護士から社員に対し、商品などの引揚げには応じないようにと指示が出されています。

したがって、商品などを引き揚げることがかなり難しくなります。

しかし、代理人弁護士の考え方によっては、商品などの引揚げに応じてもらえる可能性も皆無ではないので、弁護士と直接交渉してみます。

Ⅲ 取引先との債権債務関係を調査する

1 社内でまずすること

担当者が取引先の本社や倉庫などに急行している間、社内では取引先との債権債務関係を調査します。

取引先に対してどれだけの債権をもっているのか、担保をとっているのか、取引先に対する債務はあるのか、などによって今後の対応方法が変わってくるからです。

また、債権届出書を提出する準備（第3節Ⅰ（p.253〜））や相殺の準備（第3節Ⅱ（p.256〜））をする意味もあります。

2 債権・債務のチェックポイント

取引先との債権債務関係を確認するチェックポイントは、次のような点です。

---

① 債権・債務の種類、金額、支払期日⇒(1)
② 未発送の商品などがないか⇒(2)
③ 取引先に納入するための商品などを仕入先から仕入れる契約をしていないか⇒(3)
④ 担保を取得していないか⇒(4)
⑤ 保証債権・保証債務はないか⇒(5)
⑥ 取引先から受け取った手形はどこにあるか（社内で保管しているのか、割引に出したのか、取引先に回したのかなど）⇒(6)
⑦ 子会社や関連会社の債権債務関係はどうか⇒(7)

⑴ 債権・債務の種類、金額、支払期日の確認

　たとえ取引先が破産した場合でも、売掛金と買掛金とを相殺することはできます。相殺することができれば、売掛金を回収したのと同じ効果があります。したがって、売掛金のみならず、買掛金の有無・金額もしっかりと確認しましょう。

　また、倒産手続の中で配当を受けるためには、債権届出書を提出しなければなりません。債権届出期間は１か月程度しかないのが通常ですから、債権届出期間内に確実に債権届出ができるように、すみやかに債権・債務を確認することが必要です。

⑵ 未発送商品などの発送中止

　取引先との債権債務のチェックの過程で、取引先に対する未発送商品などがあることがわかったら、すぐに発送を中止してください。

　また、取引先への輸送中の商品などがあることもあるでしょう。そのようなときは、運送業者などへすぐに連絡し、取引先への輸送を中止して、商品などを自社へ取り戻すように依頼してください。そのまま発送してしまうと、商品が行方不明になり、損害を拡大させてしまう危険性があるからです。

⑶ 第三者と取り交わした仕入契約の解除

　取引先に商品などを納入するために第三者と仕入契約を取り交わしている場合があります。取引先の倒産によって、売り先を失った商品などをむだに仕入れることがないようにした方がよいでしょう。

　ただし、仕入業者側に落ち度はありませんので、仕入契約を一方的に解除することはできず、仕入業者との合意によって解除するしかありません。その場合、違約金の支払いを求められるかもしれません。違約金を支払っても解除した方がよいか、それともとりあえずそのまま仕入れて、ほかの売り先を探した方が得策か、よく考えて判断します。

⑷ 担保にとった物件の確認

　自社が取引先から担保の提供を受けているかどうかを確認します。担保の提供を受けている場合には、現場に急行している担当者に連絡をとり、その担保物件の所在を確認するように指示します。

⑸ 保証債権・保証債務の有無の確認

　取引先が倒産しても、保証債務にはまったく影響がありません。取引先に対する債権について、第三者を保証人に立てさせている場合には、倒産手続とは無関係に保証人に請求して、保証人から支払いを受けることができます。

　これに対し、取引先の社長と懇意にしていて、取引先の保証人になってしまっ

ている、という場合もあるかもしれません。そのような場合は、債務保証をした取引先の債権者から保証人としての責任を追及されると思ってください。その場合、保証債務をどのように支払っていくか、ということも考える必要があります。

(6) 取引先から受け取った手形の所在

手形取引をしている場合には、「取引先から受け取った手形の振出人は誰か」「手形は今どこにあるのか」をすぐに確認します。

取引先から受け取った手形が、いわゆる回し手形で、信用力のある第三者が振り出したものである場合には、特に心配する必要はありません。

これに対し、取引先が振り出した手形の場合には、次のような点に注意が必要です。

手形を社内で保管している場合には、今後、債権届出書を作成し、提出することになります。その際に、手形のコピーを証拠として提出する必要があります。また、配当を受ける時も、手形の原本を呈示しなければなりません。したがって、しっかりと保管しておく必要があります。

手形を割引に出した場合や、取引先に回した場合には、その手形はいずれ不渡りになります。割引に出した銀行や手形を回した取引先から、手形を買い戻すように請求されることは間違いありません。したがって、その資金手当てを考えなければなりません。

(7) 子会社や関連会社の債権債務関係の有無

子会社や関連会社が、その取引先と取引しているかどうかも確認し、グループ全体で対応にあたります。

3 チェック方法

どのようなシステムによって債権を管理しているかにもよりますが、次のような方法によって、債権債務関係をチェックすることになります。

---

① コンピュータデータを検索する（未入力のものがないかどうかを忘れずに確認する）。
② 売掛金台帳・買掛金台帳・手形台帳・伝票などの帳簿関係書類を調べる。
③ 契約書・注文書・注文請書・契約台帳などの書類を調べる。
④ 営業担当者から事情聴取する（伝票を起票していないものがないか、取引先と値引きの約束をしていないかなども含む）。
⑤ 子会社や関連会社に問い合わせる。

Ⅳ　回収できるものは回収する

1　取引先が倒産状態にあっても、取引先から回収することは可能

　取引先が倒産状態にあっても、まだ法的整理手続をとっていない段階では、取引先に支払いを求めて、支払いを受けることも可能です。取引先から在庫商品を代物弁済（基本用語（p.24））してもらったり、売掛金を債権譲渡してもらったりすることも可能です。

　回収できる債権は回収しましょう。

2　詐害行為取消権の対象となる危険性

　もっとも、取引先が倒産状態にあるときに、上記のような方法で債権を回収すると、その回収行為が詐害行為（基本用語（p.24））であるとして、詐害行為取消権（基本用語（p.24））の対象になる危険性はあります。

　その場合、受け取ったお金や物を返還しなければならなくなることもあります。

　しかし、詐害行為にあたるかどうかは、最終的には裁判所が判断することです。結果的に、「詐害行為には該当しない」と判断されるかもしれませんし、和解である程度の金額を確保できるかもしれません。

　「詐害行為」と聞くと、いかにも悪いことをしているようですが、しょせんは民法上の制度です。犯罪ではありません。犯罪は許されませんが、詐害行為は最終的に金銭で解決できる民法上の問題なのですから、「詐害行為取消の対象になるかもしれない」という理由で、債権回収をあきらめる必要はありません。

第2節　取引先が破産手続に入ったときの流れ

取引先が破産手続に入ったときの大まかな流れを説明します。

Ⅰ　破産手続内でも債権回収は可能

　取引先が破産手続開始の申立てをしますと、後は破産法の規定に従って手続が進められます。

　債権者は、破産法で認められている方法以外では債権回収をすることができ

なくなります。

　しかし、破産法でも認められている債権回収方法があります。

　「取引先が破産しても債権回収ができたはずなのに、うっかりしていてできなかった」ということがないようにしなければなりません。

　そのためには、まず、破産手続の大まかな流れをつかみ、理解する必要があります。

Ⅱ　破産手続の大まかな流れ

　破産手続の大まかな流れは、次のとおりです。

1　破産手続開始申立て

　支払不能の状態あるいは債務超過の状態に陥った債務者が、裁判所に対して破産手続開始の申立てをすることがほとんどです。債務者自らが破産手続開始の申立てをすることを「自己破産」といいます。

　他方、債権者が裁判所に対して債務者の破産手続開始の申立てをすることもできます（破産法18条1項）。

　取引先が自社に支払いをしない一方で、財産を隠している疑いがあるような場合に、債権者が破産の申立てをすることがあります。

2　破産手続開始決定

　債務者が支払不能の状態にあるときは、裁判所は破産手続開始決定をします（破産法15条1項）。

　債務者が法人の場合には、支払不能の状態にあるときのほか、債務超過の状態にある場合にも、裁判所は破産手続開始決定をします（破産法16条1項）。

3　破産管財人選任

　裁判所は、原則として、破産手続開始決定と同時に、破産管財人（基本用語（p.39））を選任します（破産法31条1項）。破産管財人は、裁判所の破産管財人候補者のリストに掲載されている弁護士の中から選任されるのが通常です。

　債務者にまったく資力がなく、破産手続の費用をまかなうことができないことが明らかなときは、破産管財人を選任しないこともあります。この場合は、破産手続開始決定と同時に破産手続廃止決定もします。破産手続の開始と同時に手続が終わってしまうので、「同時廃止」（正確には、「同時破産手続廃止」）と

いいます。

　なお、東京地方裁判所は、法人の破産手続については、資産の有無にかかわらず全件で破産管財人を選任しています。

4　破産手続において債権者がすべきこと

　破産手続に限らず、取引先が法的整理手続に入ったときは、債権届出期間内に債権届出書を提出しなければなりません。

　また、取引先との間で相殺ができる場合には、確実に相殺をしなければなりません。

　取引先に対し、担保権を有しているときは、担保権を実行することもできます。

5　破産手続において破産管財人がすること

　破産管財人の仕事を簡単にまとめると、破産者が有していた財産（「破産財団」といいます）を金銭にかえ、破産法の定める優先順位に従って、債権者に配当すること、ということになります。

　破産者が破産手続開始決定前に債権者を害するような行為を行っていた場合には、破産管財人が否認権（基本用語（p.39））を行使して、財産を取り戻すこともあります。

　また、債権者に平等に配当する前提として、債権者が提出した債権届出書に記載された債権の有無および額に間違いがないかどうか、破産管財人が認否します。

6　債権者集会・債権調査期日

　債権者集会では、破産管財人から破産手続の状況についての説明があります。同時に、届出債権の認否についても説明があります。

　債権者集会に参加しても、しなくても、自社が受け取れる配当の額に違いはありません。

　そのため、債権者集会で破産管財人の説明を聞きたい、あるいは、債権者集会の場で意見を言いたい、などという事情がなければ、債権者集会に出席する必要はありません。実際、配当がまったく見込めないような事案ですと、債権者集会に債権者が1人も出席しないこともよくあります。

　なお、東京地方裁判所では、法人の場合、破産手続開始決定の日から約3

か月後に第1回債権者集会を開催しています。1回で終わってしまうケースも多いのですが、なかには1年以上にわたり、何回も債権者集会が開催されることもあります。

7　配当

　破産管財人が破産財団を全部金銭にかえ、債権調査も終わりますと、裁判所の許可のもと、破産管財人から債権者あてに配当があります。配当が終わると、破産手続は終結します。

　なお、債権者に配当できるだけの金銭が集まらず、配当がない場合もあります。この場合には、債権者集会の終了をもって、破産手続が終了します。これを「異時廃止」（正確には、「異時破産手続廃止」）といいます。

破産手続の大まかな流れ

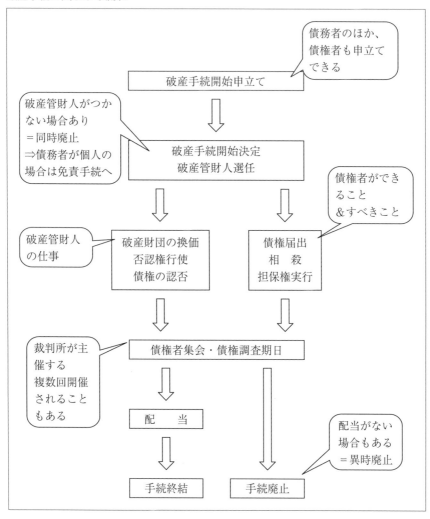

第3節　破産手続における債権回収

債権届出書の書き方、相殺や担保権の実行による債権回収、配当の受け方について説明します。

Ⅰ　債権届出書を提出する

　取引先が破産手続開始の申立てをして裁判所が開始決定をしますと、裁判所から各債権者あてに、開始決定の通知とともに債権届出書が送られてきます。

　開始決定通知書や債権届出書には、債権届出期間が明示されています。

　これらの書類が届いたら、すぐに債権届出期間をチェックします。

　そして、この債権届出期間内に、確実に債権届出書を提出できるように準備します。

　なお、裁判所から債権届出書が届かないことがあります。破産寸前の取引先はとても混乱しているので、裁判所に提出する債権者一覧表から自社がもれてしまうこともあるからです。破産手続においては、債権届出をしなければ1円も配当が受けられません。「債権届出書が届かなかった」というのは言い訳にならないのです。このようなときは、同業他社などから破産管財人の連絡先を入手して、破産管財人に連絡し、債権届出書などを送ってもらうなど、自社が積極的に動いて債権届出書を提出する必要があります。

　書式48（p.254）は、東京地方裁判所が破産手続で使用している破産債権届出書をもとにしています。

書式48　破産債権届出書

事件番号　令和　　年(フ)第　　　　号	
破産者　○　○　○　○	
破産管財人　○　○　○	
届出期間　令和　　年　　月　　日まで	
集会日　令和　　年　　月　　日午後　　時	

<table>
<tr><td colspan="2">裁判所・管財人使用欄</td></tr>
<tr><td>No.</td><td></td></tr>
<tr><td colspan="2">受　領　日</td></tr>
<tr><td>令和　　年(フ)第　　　号</td><td></td></tr>
<tr><td></td><td>書類受領事務担当</td></tr>
<tr><td>令和　　年　　月　　日受付</td><td></td></tr>
</table>

破 産 債 権 届 出 書

作成日　令和　　年　　月　　日

印は実印に限りませんが配当時まで使用できるものにして下さい。
届出書のコピーを手元に置いておくと問い合わせ等の際に便利です。

東京地方裁判所民事第20部通常管財係

破産債権者の表示

住　　所　〒

通知場所　□住所と同じ　□異なる場合　〒　－

氏名又は法人名・代表者名　　　　　　　　　　　　　　　　　　印

事務担当者名　　　　　　　電話　－　－　　　　　FAX　－　－

＊　代理人名義で届け出る場合は、下欄も記入してください。(委任状添付必要)

住　　所　〒　－

代理人名　　　　　　　印　　電話　－　－　　　　　FAX　－　－

届出破産債権の表示

＊　記入欄が不足した場合は、適宜別紙(A4、形式自由)を使用してください。

(1)届出破産債権(届け出る債権の□にチェックしてください。)

債権の種類	債権額(円)	債権の内容及び原因	証拠書類の例(必ずコピーを提出)
□売掛金		年　　月　　日から 　年　　月　　日までの取引	請求書、納品書　等
□貸付金		貸付日　年　月　日　弁済期　年　月　日 利息年　％　遅延損害金　％	契約書、借用書　等
□給　料		年　　月　　日から 　年　　月　　日までの就労分	給与明細書　　等
□退職金			不　要
□解雇予告手当			不　要
□手形・小切手債権		手形番号	手形、小切手(裏面もコピーすること)
□その他(立替金、求償金等)			
□租　税			
□約定利息金		に対する　年　月　日から 　年　月　日まで年　％の割合	
□遅延損害金		に対する　年　月　日から 破産手続開始前日まで年　％の割合	
合　計			

(2)別除権の種類及び訴訟の有無(担保権を有する破産債権者、訴訟等が係属している破産債権者のみ記入)

別除権の種類 (該当に○印)	抵当権(順位　　番)・根抵当権(極度額　　　　　円、順位　　番) 仮登記担保・その他(		
別除権の目的 不動産の表示		予　定 不足額	円
破産債権につき係属 する訴訟又は行政庁 に係属する事件	裁判所または行政庁名 当事者名 事件番号　　　　　　　　　　事件名		

(3)執行力ある債務名義または終局判決(□にチェックしてください。)

□　有り(債権の種類：　　　　　　) 合計　　通(コピーを提出してください。) □　無し

少額配当金受領については、配当金額が1000円に満たない場合においても、配当金を受領する意思があります。

この債権届出書の書き方のポイントは次のとおりです。

1　破産債権者の表示

住所と会社名・代表者名を記入します。ゴム印でもかまいません。

印鑑は代表印でなくてもよいのですが、配当のときに債権届出書に押印した印鑑と同一の印鑑が必要になりますので、破産債権届出書を提出する前にコピーをとっておいて、どの印鑑を押印したかがわかるようにしておきます。

2　事務担当者名

事務担当者の名前を記入したうえ、電話番号とFAX番号を必ず記入します。破産管財人が問い合わせをしたいときに、すぐに連絡がとれるようにするためです。

3　代理人

事務担当者を代理人に選任する必要はありませんから、特に弁護士などを代理人に選任する必要がある場合を除いては、空欄でかまいません。

4　届出破産債権

(1)　債権の種類

届け出る債権の種類の□にチェックを入れます。

債権の種類がいくつかあるときは、そのすべての□にチェックを入れます。

(2)　債権額

同じ種類の債権が複数あるときには、その合計額を記入します。

(3)　債権の内容および原因

それぞれ該当する内容および原因を記入します。

複数の売掛金があって書ききれないときは、この欄には「別紙のとおり」とだけ書いておけば足ります。

そして、別紙として、いつからいつまでの取引の分がいくら、いつからいつまでの取引の分がいくら、と売掛金を1つひとつ特定できるように記載します。

(4)　証拠書類

例として記載されているような書類のコピーを提出します。債権額欄に記入した債権を自社がたしかに持っていることを破産管財人にわかってもらうためです。

破産管財人から追加の資料を求められることもあります。その場合には、す

みやかに追加資料を提出します。

　破産管財人の要求を無視すると、債権の存在を認めてもらえず、配当が受けられなくなることもあります。

　なお、民事再生の場合には、証拠書類の提出は義務づけられていません。なぜなら、民事再生は従来の経営陣がそのまま経営にあたることが原則になっているので、証拠書類を提出しなくても、当然その債権の存在を知っているはずだからです。

5　別除権の種類および訴訟の有無

　破産手続や民事再生手続では、担保権のことを「別除権」とよびます。別除権を有している場合には、どの種類の別除権かを明らかにしたうえ、目的物を表示します。

　「予定不足額」とは、別除権を実行しても回収できないと見込まれる金額です。

　また、訴訟が係属している場合には、裁判所名、事件番号、事件の種類、原告名、被告名をそれぞれ記入します。

　なお、別除権を有していない場合および訴訟が係属していない場合には空欄のままでかまいません。

Ⅱ　相殺

1　相殺の可能性のチェック

　取引先との債権債務関係の調査の過程で買掛金もあることがわかったときは、自社の売掛金と相殺できないかをチェックします。破産手続においても、債権者側から相殺することは認められているからです。

　一方的に相殺することができるための条件は、①対立する債権が同じ種類の債権であること、②対立債権の弁済期（支払期日）が到来していること、③相殺禁止特約がなく、法律上も相殺禁止となっていないことであることは、すでに説明しました（第5章第3節Ⅰ2（p.169～））。

　倒産時でも、チェックするポイントは同じです。

　取引先が破産手続開始決定を受けた場合には、取引先は法律上期限の利益を失いますので（民法137条1号）、たとえ自社の取引先に対する売掛金の弁済期がまだきていなくても、問題なく相殺できます。

2　内容証明郵便で相殺通知を送付する

売掛金と買掛金が相殺できる場合には、内容証明郵便で相殺通知を送付します。

送付先は、①破産手続開始決定後は、破産管財人あて、②破産手続開始決定前は、取引先の代表取締役あてまたは破産申立代理人弁護士あてです。

相殺通知書の例は、書式25（p.168〜）のとおりです。送付先に気をつけさえすれば、平常時に相殺する場合の文面を特に変える必要はありません。

3　相殺が制限される場合がある

⑴　相殺の意思表示の時期的な制限

破産の場合には、債権届出期間の満了までに相殺の意思表示をしなければならないという制限はありません。

しかし、破産法では、破産管財人の催告権を認めています（破産法73条1項）。破産管財人から相殺するかどうかの催告を受けたのに、これを無視して相殺しないでいると、催告期間経過後は、相殺することができなくなってしまいます（同条2項）。催告期間は、通常は1か月です。

破産の場合にも、破産管財人から催告を受ける前に早めに相殺してしまう方がよいでしょう。

⑵　債権債務の取得時期による制限

取引先が支払不能に陥った後にもっぱら売掛金と相殺する目的で取引先に対して債務を負担したり、あるいは、買掛金がある場合に、取引先が支払不能状態にあることがわかっているのに取引先に対する債権を取得したりした場合などは、相殺することができません（破産法71条1項）。

破産、民事再生、会社更生、いずれの手続の場合でも、ほぼ同様です。

最大公約数的にまとめると、取引先が倒産状態にあることがわかっているのに、自社だけ相殺によって負担を軽くしようと考えて債権を取得したり、債務を負担したりした場合には、相殺が制限されるということです。

Ⅲ　担保権（別除権）

1　担保権の実行

破産の場合、担保権は「別除権」として扱われます。つまり、破産手続とは別に担保権を実行して債権を回収することができます。

しかし、担保権を実行する義務があるわけではありません。

破産者の不動産について抵当権（または根抵当権）を有している場合には、その不動産を対象として、担保不動産競売の申立てをすることにより、担保権を実行することになります。しかし、時間と費用がかかるうえに、市場での時価よりも安い金額で落札されることがほとんどです。

そのため、ただちに抵当権を実行することはせず、破産管財人にその不動産を任意に売却してもらうようにします。

破産管財人が不動産を任意に売却したときは、売買金額の5％〜10％程度を破産管財人に渡す（「破産財団に組み入れる」といいます）ように要求されます。しかし、それでも競売と比較して手取額が多ければ、弁済の受領と同時に担保権の抹消に応じます。

また、自社が2番抵当権や3番抵当権を有している場合は、担保不動産競売の申立てをしても、落札額が安いために1円も配当が受けられないことがよくあります。破産管財人による任意売却の場合には、破産管財人と交渉することにより、いわゆる抹消料（数十万円程度が多いでしょう）をもらえますので、担保不動産競売の申立てをするよりもむしろ多くの金額を回収できます。

2 配当手続への参加

担保権者（別除権者）は、破産手続とは無関係に担保権を実行して債権回収を図ることができますが、場合によっては一般の破産債権者と同様に配当手続に参加して配当を受けることもできます。

破産法では、別除権者は次の3つの場合に限って最後配当手続に参加できることになっています（ただし、③は根抵当権者（基本用語（p.11））にのみ適用されます）。なお、その前提として、破産債権の届出をしておく必要があります。

---

① 除斥期間内に、破産管財人に対し、別除権によって担保される債権の全部もしくは一部が破産手続開始後に担保されないこととなったことを証明した場合
② 除斥期間内に、破産管財人に対し、別除権の行使によって弁済を受けることができない債権の額を証明した場合
③ 根抵当権について、別除権者の破産債権額が極度額を上回るときは、極度額を超える額

ここでいう除斥期間とは、別除権者がその期間内に上記①または②の証明をしないと別除権者を配当手続から除斥する、つまり配当手続に参加させないことにするための期間をいいます。

　担保権を有している場合の注意点は、「原則として、担保権の実行が終了しないと、配当が受けられない」ということです。

　したがって、2番抵当権や3番抵当権を有している場合など、担保権を実行するよりも破産手続において配当を受ける方が多くの債権を回収できる見込みのときは、「担保権を放棄して配当を受ける」ということも選択肢の1つになります。

Ⅳ　破産管財人から配当を受ける

1　配当手続の大まかな流れ

　破産管財人による換価が終了し、債権者に配当できるだけの金銭が集まりますと、債権者の債権額に応じて、配当が実施されます。

　ただし、破産手続では、税金や労働債権などについて優先的に支払われることになっています。そのため、税金や労働債権などを全額支払い、それでも一般の債権者に配当できるだけの財源が残っていた場合に限り、配当が実施されるということになります。

　配当手続の大まかな流れは次のとおりです。

破産管財人が破産者の財産の換価を終了
↓
破産管財人が債権者集会で債権者に報告
↓
裁判所が配当の許可決定
↓
破産管財人から各債権者あてに配当の通知と振込依頼書を送ってくる
（郵送またはFAX）
↓
必要書類と振込依頼書を提出期限までに破産管財人に提出
（配当に異議がある場合には、異議を提出）
↓
破産管財人から指定振込先に配当金が入金される

2　配当を受けるときの注意点

(1)　配当額の確認

破産管財人から配当の通知が届いたら、配当率を確認し、自社の配当額の計算に間違いがないか確認します。

万が一、計算間違いがあった場合には、すぐに破産管財人に連絡をとります。

(2)　振込依頼書の提出

破産管財人から指定された提出期限までに間に合うように、破産管財人に振込依頼書を送付します。

なお、破産管財人から、「振込依頼書には、債権届出書に押印したものと同一の印鑑を押印するように」と要求されるのが通常です。

もし、どの印鑑を押したのかがわからなくなったときは、自社の代表印を押印し、印鑑証明書を添付するなど、面倒なことになります。そのようなことにならないように、債権届出書を提出するときにコピーをとっておきましょう。

コラム 13　債権者集会に欠席したとき、その後どうすればよいか？

第2節Ⅱ6で、「債権者集会で破産管財人の説明を聞きたい、あるいは、債権者集会の場で意見を言いたい、などという事情がなければ、債権者集会に出席する必要はありません」と説明しました（p.250）。しかし、まったく無関心でいてよい、という意味でありません。債権者集会に欠席したときは、次のようにしてください。

① 債権者集会の日の夕方または翌日に、破産管財人に電話し、「今回の債権者集会で破産手続は終了したのですか？」と尋ねる。

② （「債権者集会は続行します」という回答の場合）

⇒次回の債権者集会の期日を確認する。

③ （「債権者集会は終了しましたが、配当があります」という回答の場合）

⇒配当率は何％か、いつころ配当の通知が届き、実際に配当が受けられるのはいつか、を確認する。

④ （「今回の債権者集会で破産手続は終了しました」という回答の場合）

⇒この場合は、配当がなく「異時廃止」となったという意味であるから、破産管財人に対し、「破産手続廃止決定証明書をFAXしてください」と依頼する。

⇒破産手続廃止決定証明書の写しをもって、取引先の破産手続で配当が受けられなかったことを証明し、売掛金全額を貸倒処理する。

なお、取引先が個人の場合は、配当がある場合も、ない場合も、「免責許可決

定書」の写しをもって、貸倒処理をします。裁判所が破産者に免責許可を与え
たときは、破産管財人ではなく、破産者の申立代理人に免責許可決定書を送付
します。そのため、債権者集会の1週間～10日後くらいに、破産者の申立代理
人に電話して、「免責許可を受けたのですか？　受けている場合には、免責許可
決定書をFAXで送ってください」と依頼して入手してください。

第4節　取引先が民事再生手続に入ったときの流れ

取引先が民事再生手続に入ったときの大まかな流れと債権者説明会での情報
収集のポイントについて説明します。

Ⅰ　民事再生手続の大まかな流れ

民事再生手続の大まかな流れは、次のとおりです。

1　再生手続開始申立て

債務者は、①破産手続開始の原因となる事実（支払不能、債務超過）の生ず
るおそれがあるとき、あるいは、②事業の継続に著しい支障をきたすことなく
弁済期にある債務を弁済できないときに、裁判所に対して再生手続開始の申立
てをすることができます（民事再生法21条1項）。

①の場合は、債権者も裁判所に対して債務者の再生手続開始の申立てをする
ことができます（民事再生法21条2項）。ただし、破産と異なり、債務者の事
業を継続することが前提となりますから、債権者から再生手続開始の申立てを
する例は多くはありません。

2　保全処分・監督委員選任

再生手続開始の申立てをするのと同時に、保全処分の申立てをすることが通
常です。

保全処分が発令されますと、一部の例外を除き、再生手続開始申立ての日の
前日までの債務については、弁済が禁止されます（書式49（p.265～））。

また、ほとんどの場合、保全処分の発令と同時に裁判所から監督委員が選任
されています（書式50（p.266～））。

監督委員は、裁判所の監督委員候補者のリストに掲載されている弁護士の中
から選任されるのが通常です。監督委員は、民事再生手続における債務者の行

動を監督します。

3 債権者説明会・再生手続開始決定

債務者が再生手続開始の申立てをしますと、それから間もなく、債務者が主催する債権者説明会が開催されます。

東京地方裁判所の場合、原則として、申立てから1週間後に再生手続開始決定をすることになっています。その条件として、事前に債権者説明会が開催され、債権者の意向を確認していることが求められています。

そのため、通常は遅くとも申立てから1週間以内に債権者説明会が開催されます。

なお、再生手続開始決定の時期は、裁判所により、また事案によって異なります。

4 民事再生手続において債権者がすべきこと

①債権届出期間内に債権届出書を提出しなければならないこと、②取引先との間で相殺ができる場合には、確実に相殺をしなければならないこと、③取引先に対し、担保権を有しているときは、担保権を実行することも可能であることは、破産の場合と同様です。

破産の場合と異なるのは、民事再生の場合には取引先の事業が継続していることです。そのため、取引先の民事再生申立後も、取引を継続するかどうか、継続するとしてどのような取引条件にするのか、などを考えなければなりません。

5 民事再生手続において債務者がすること

債務者は、まず事業の継続に最大の力を注ぎます。

債務者の工場や収益物件などに担保権（別除権）がついているときは、担保権者（別除権者）に対して、担保権（別除権）を実行しないように交渉します。担保権（別除権）を実行され、工場や収益物件が処分されてしまうと、事業を継続することが不可能になるからです。

そのため、債務者は担保物件の価値に見合った金額を分割で支払うことを約束し、そのかわり、担保権者（別除権者）には、債務者が約束どおり支払いを継続している間は、担保権（別除権）を実行しないことを約束してもらうように交渉し、協定を結びます。この協定のことを「別除権協定」といいます。

また、債務者は、債権者から届出のあった債権届出書の内容を確認するなどの債権調査を行います。

　さらに、再生手続開始決定時に債務者が保有していた財産を、破産手続の中で処分したとしたら、いくらで処分できるかを評価して、書面にまとめます。この書面を「財産評定書」といいます。

　そして、最低でも財産評定書で評価した財産の価値以上の金額を弁済する内容の再生計画案を作成し、各債権者に対し、何年間でいくらの弁済をするかを決めます。

6　債権者集会・書面投票

　債務者から再生計画案が裁判所に提出されますと、裁判所から債権者に対して、再生計画案が送付され、債権者集会が招集されます。

　債権者集会は裁判所が主催します。この債権者集会は、債権者が再生計画に賛成か反対かを投票するためのものです。そのため、この集会で債権者どうしが議論するようなことはありません。

　債権者集会が開催されずに、書面投票のみが行われる場合や、債権者集会と書面投票が併用される場合もあります。

7　可決・認可

　債権者集会に出席した議決権のある債権者の頭数の過半数、かつ、債権額（議決権額）の2分の1以上の同意が得られると、再生計画は可決されます。

　再生計画の内容や手続に違法な点がなければ、再生計画は裁判所に認可されます。

　その後は、再生計画に従って弁済を受けることになります。

民事再生手続の大まかな流れ

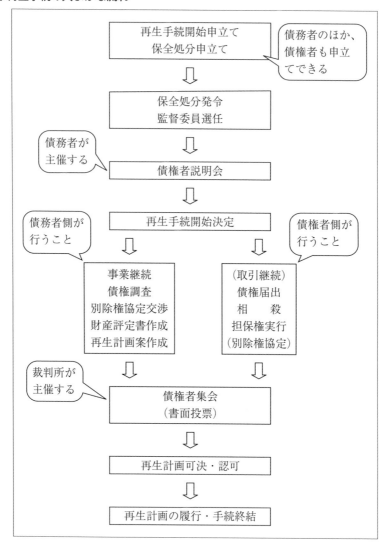

再生手続開始申立て
保全処分申立て

債務者のほか、債権者も申立てできる

保全処分発令
監督委員選任

債務者が主催する

債権者説明会

再生手続開始決定

債務者側が行うこと

債権者側が行うこと

事業継続
債権調査
別除権協定交渉
財産評定書作成
再生計画案作成

（取引継続）
債権届出
相　　殺
担保権実行
（別除権協定）

裁判所が主催する

債権者集会
（書面投票）

再生計画可決・認可

再生計画の履行・手続終結

民事再生手続の標準的スケジュール（東京地方裁判所）

手続	申立日からの日数
申立て・予納金納付	0日
進行協議期日	0日〜1日
保全処分発令・監督委員選任	0日〜1日
（債務者主催の債権者説明会）	（0日〜6日）
第1回打合せ期日	1週間
開始決定	1週間
債権届出期限	1月＋1週間
財産評定書・報告書提出期限	2月
計画案（草案）提出期限	2月
第2回打合せ期日	2月
認否書提出期限	2月＋1週間
一般調査期間	10週間〜11週間
計画案提出期限	3月
第3回打合せ期日	3月
監督委員意見書提出期限	3月＋1週間
債権者集会招集決定	3月＋1週間
書面投票期間	集会の8日前まで
債権者集会期日・認否決定	5月

書式49　保全処分

令和○年（再）第○○号

決　　定

東京都○区○○丁目○○番○号
再生債務者　株式会社○○○○
代表者代表取締役　○○○○

主　　文

再生債務者は、下記の行為をしてはならない。

記

令和○年○月○日までの原因に基づいて生じた債務（次のものを除く。）の弁済及び担保の提供

租税その他国税徴収法の例により徴収される債務

再生債務者とその従業員との雇用関係により生じた債務

再生債務者の事業所の賃料、水道光熱費、通信に係る債務

再生債務者の事業所の備品のリース料
10 万円以下の債務

令和〇年〇月〇日
東京地方裁判所民事第 20 部
  　　　　　　　　 裁判長裁判官　〇〇〇〇
  　　　　　　　　　　 裁判官　〇〇〇〇
  　　　　　　　　　　 裁判官　〇〇〇〇

書式50　監督命令

令和〇年（再）第〇〇号　再生手続開始申立事件
  　　　　　　　　　 決　　　定
  　　　　　東京都〇区〇〇丁目〇〇番〇号
  　　　　　再生債務者　株式会社〇〇〇〇
  　　　　　代表者代表取締役　〇〇〇〇
  　　　　　　　　　 主　　　文
1　株式会社〇〇〇〇について監督委員による監督を命ずる。
2　監督委員として、次の者を選任する。
  　　　東京都〇〇区〇〇丁目〇番〇号
  　　　〇〇〇〇法律事務所
  　　　弁護士　〇〇〇〇
3　監督委員は、再生債務者が、民事再生法120条1項に規定する行為によっ
  て生ずべき相手方の請求権を共益債権とする旨の裁判所の許可に代わる承認
  をすることができる。
4　再生債務者が次に掲げる行為をするには、監督委員の同意を得なければな
  らない。ただし、再生計画認可決定があった後は、この限りでない。
  (1)　再生債務者が所有又は占有する財産に係る権利の譲渡、担保権の設定、
  　　賃貸その他一切の処分（常務に属する取引に関する場合を除く。）
  (2)　再生債務者の有する債権について譲渡、担保権の設定その他一切の処分
  　　（再生債務者による取立てを除く。）
  (3)　財産の譲受け（商品の仕入れその他常務に属する財産の譲受けを除く。）
  (4)　貸付け
  (5)　金銭の借入れ（手形割引を含む。）及び保証
  (6)　債務免除、無償の債務負担行為及び権利の放棄
  (7)　別除権の目的である財産の受戻し
  (8)　事業の維持再生の支援に関する契約及び当該支援をする者の選定業務に
  　　関する契約の締結
5　再生債務者は、令和〇年〇月〇日以降毎月末日締切りにより、再生債務者

の業務及び財産の管理状況についての報告書をその翌月10日までに当裁判所及び監督委員に提出しなければならない。

ただし、再生計画認可決定があった後は、この限りではない。

令和〇年〇月〇日
　東京地方裁判所民事第20部
　　　　　　　　　　　　裁判長裁判官　〇〇〇〇
　　　　　　　　　　　　裁判官　〇〇〇〇
　　　　　　　　　　　　裁判官　〇〇〇〇

Ⅱ　債権者説明会に出席する

　取引先が再生手続開始の申立てをした場合、申立後間もなく取引先主催の債権者説明会が開催されることは、先ほど説明しました（Ⅰ3 (p.262)）。

　倒産情報が入ったときには、ただちに情報収集にあたっているはずですが、細かな数字や今後どうなるのかについてまではなかなか情報が集まらないことがあります。

　そのため、取引先主催の債権者集会には必ず出席して、配布資料を入手します。また、他の債権者の動向はどうか、取引は続けられそうか、などの情報を収集するようにします。

Ⅲ　債権者説明会の大まかな流れ

　債権者説明会は、開催する会社によって多少スタイルが違いますが、次のような流れで進行することが多いと思われます。

1　受付

受付開始時刻よりも前に会場に行き、受付が始まったらすぐに受付をすませます。

　取引先は、債権者の参加状況を裁判所に報告しなければなりません。そのため「名刺を頂戴できますか？」と言われることも多いので、名刺を用意しておきましょう。

2　資料の配布

受付をすませると、当日の配布資料を渡してくれます。

この資料の中には、取引先の貸借対照表や今後のスケジュールなどが記載さ

れているはずです。債権者説明会が始まるまでに、その資料に目を通しておきます。

3　債権者説明会の開催

　代表者のおわびから始まり、民事再生申立てに至った経緯、会社の現状、今後の方針、今後のスケジュールなどが、代理人弁護士などから説明されます。

　取引先の説明が終わると、質疑応答の時間があります。質問がとぎれたところで債権者説明会が終了します。

Ⅳ　債権者説明会でのチェックポイント

　債権者説明会では、次のような点に注意して情報を収集します。

---

① 　取引先の現状、財産状況、今後の方針⇒1
② 　取引先が破産した場合の配当率の見込み⇒2
③ 　取引先が再生した場合の配当率の見込み⇒3
④ 　いくらまでの債権が少額債権として弁済を受けられるか⇒4
⑤ 　他社の動向⇒5

1　取引先の現状、財産状況、今後の方針

　取引先の現状、財産状況の説明があるはずです。

　配布資料の中に貸借対照表が入っていますので、その数字をチェックしながら説明を聞きます。

　民事再生申立後、債権者説明会までの営業状況はどうか、他の債権者は取引を継続しているのか、また、今後の取引条件や再生の方針についても説明があるはずです。

　再生の方針がしっかりしているか、無謀な計画を立てているのではないかという点に注意しながら説明を聞きましょう。

　特にスポンサーがついているのか、それとも取引先が自力で再建をめざすのかについては聞きもらさないようにします。

2　取引先が破産した場合の配当率の見込み

　民事再生を申し立てた会社が再生に失敗すると、破産するしかありません。そして、再生計画を作成するときには、破産した場合以上の金額を返済する計

画にしないと認可されないことになっています（「清算価値保証原則」といいます）。

　そのため、破産した場合の配当率の見込みについても説明があるはずです。

　この説明を聞いて、取引先が再生に失敗した場合には、自社に対する配当がどれくらいになるのかを計算します。

3　取引先が再生した場合の配当率の見込み

　取引先が再生した場合の配当率の見込みについて説明がある場合があります。

　すでにスポンサーがついていて、再生の方法があらかじめ決まっている場合（「プレパッケージ」とか「プリパッケージ」といいます）には、ほぼその配当率で間違いないのでしょうから、あとは今後のスケジュールを確認するだけでよいでしょう。

　これに対し、自力で再建するとか、これからスポンサーを探すという場合には、その配当率は単なる目標・願望にすぎませんので、参考までに聞いておけば足ります。

4　いくらまでの債権が少額債権として弁済を受けられるか

　取引先が民事再生の申立てをすると、それと同時に保全処分の申立てをすることが通常です。そのため、原則として取引先はどの債権者にも支払いをすることができなくなります。

　しかし、それにはいくつか例外があります。少額の債権しかない債権者には支払ってもよいという内容になっていることがほとんどです。

　東京地方裁判所では、特に申立人からの要望がない限り、10万円以下の少額債権については保全処分の対象から除外しています。

　自社が10万円以下の債権しかない場合には、全額の支払いを受けられるわけです。

　この金額は、申立人の要望によって変わることもありますので、債権者説明会でその金額を確認します。

　なお、実務上は、債権額が10万円を超えていても、10万円を超える部分の債権を放棄することによって、10万円の債権者として支払いを受けることを申立人が認める場合があります。

　たとえば、債権者が50万円の債権を有している場合に、破産した場合の配当率の見込みが0だったとすると、40万円を放棄して10万円を確保した方が

よいことが多く、他方、申立人としては債権者数を減らせるメリットがあるからです。

　破産した場合の配当率の見込みと再生が成功する可能性を比較して、10万円を確保した方が得策だと判断したときは、「10万円を超える部分の債権を放棄するので、10万円を支払うように」と請求します。

5　他社の動向

　債権者説明会の様子だけで今後の再生の見込みは判断しきれませんが、民事再生申立後、債権者説明会までの営業状況はどうか、他の債権者は取引を継続しているのかなどの説明ともあわせて、対応を考えます。

第5節　民事再生手続における債権回収

　民事再生手続での債権者の立場の違いとそれに基づく債権回収方法の違い、相殺や債権届出の必要性、再生計画に基づく回収について説明します。

Ⅰ　民事再生手続での債権者の立場

　民事再生手続においては、債権者が持っている債権が、どの種類の債権にあたるかによって、立場がまったく違ったものになります。

　民事再生手続における債権の種類としては、次のようなものがあります。

①　再生債権⇒Ⅱ
②　別除権⇒Ⅲ
③　共益債権⇒Ⅳ
④　一般優先債権⇒Ⅴ

Ⅱ　再生債権

1　原則

　民事再生申立て前に発生した、無担保の債権を「再生債権」といいます。

　「再生債権」は、原則として、取引先が支払うことが禁止され、再生計画による支払いしか受けられません（民事再生法85条1項）。

2 例外

例外として、「少額債権」の弁済（民事再生法85条5項）と中小企業の特例（同条2項）があります。「少額債権」についてはある程度は利用されていますが、中小企業の特例は、実務上はほとんど使われていません。

したがって、自社が持っている債権が「再生債権」にあたるときは、再生計画による支払いしか受けられないと考えた方がよいでしょう。

3 債権届出書の提出

再生債権については、債権届出期間内に債権届出書を提出しなければなりません。破産の場合と同じです。

4 相殺

民事再生手続においても、売掛金と買掛金などを相殺することができます。相殺をするには、取引先の代表者あてに相殺通知を送付すれば足ります。

取引先が倒産状態にあることがわかっているのに、相殺によって負担を軽くしようとして買掛金を作ったような場合には相殺が禁止されることなど、基本的には破産の場合と同様です。

ただし、民事再生の場合には、次のような注意点があります。

(1) 期限の利益

取引先に対する売掛金の支払期限がくるまでは、原則として相殺することができません。取引先には期限の利益があるからです。

破産手続開始決定があった場合には、取引先は法律上期限の利益を失いますが（民法137条1号）、民事再生の場合には法律に規定がなく、再生手続開始決定があったことからただちに期限の利益を失うことはありません。

そのため、自社の取引先に対する売掛金の支払期限がきていないときは、①取引基本契約書などに期限の利益喪失条項が入っているか、②その条項では、民事再生の申立てにより期限の利益を失うことになっているか、をチェックする必要があります。

そのような条項が定められていないときは、支払期限がきていない売掛金で一方的に相殺することはできません。

(2) 相殺の意思表示の時期的制限

民事再生手続では、原則として、債権届出期間内に相殺の意思表示をしないと、その後は相殺は認められません（民事再生法92条1項）。

特に注意が必要なのは、契約書には売掛金と買掛金を差引きして決済するという取決めがないのに、長年の取引のなかで事実上差引き決済していたような場合です。

　このような場合には、差引き決済後の売掛金しかないと思いがちです。しかし、契約書にはそのような取決めがないのですから、あらためて相殺通知書を送らなければなりません。この処理を誤ると、後で取引先から支払いの請求を受けることになります。

　取引先との債権債務関係を調査するときには、このような決済条件についても契約書に書いてあるのか、それとも事実上そのようにしているだけなのかまで、きちんと確認しましょう。

Ⅲ　別除権

1　原則

　担保権のことを、民事再生手続では「別除権」といいます。

　民事再生の場合も、破産の場合と同様、原則として、民事再生手続とは無関係に別除権を自由に実行することができます。担保目的物をお金にかえて、自社の債権にあてることができるのです。

2　例外（その1）＝別除権協定

　民事再生手続において、別除権を自由に実行できない場合の1つとして、取引先との間で「別除権協定」（「いつ、いくら支払うので、その間は別除権を実行しない」ということの取決め）を締結した場合があります。

　取引先から支払いを受けている間は、別除権を実行できません。そのかわり、「別除権協定」で取り決めたとおりに支払いを受けられます。そして、支払いが滞ったら、その段階で別除権を実行することもできます。

　したがって、別除権者としては大きな不利益を被る危険性は高くありません。

3　例外（その2）＝担保権消滅請求

　民事再生手続において、別除権を自由に実行できない場合の2つめとして、取引先から担保権消滅請求（民事再生法148条）をされた場合があります。

　取引先から担保権消滅請求をされると、たしかに担保権を消滅させられてしまいます。しかし、そのかわりに担保の目的となっている財産の「時価相当額」を「一括して」支払ってもらえます。

たとえば、取引先の不動産に根抵当権を持っていて、担保不動産競売の申立てをして回収しようとした場合、半年～1年の時間をかけて「時価」の7割～8割程度でしか落札されないのが通常です。そうすると、無理に担保権を実行するよりも、むしろ取引先に担保権消滅請求をしてもらって、「時価相当額」を「一括して」支払ってもらった方が、短期に、より多額の債権を回収できるともいえます。

さらに、取引先が主張する「時価」に納得がいかないときは、裁判所に対し「価額決定の請求」（民事再生法149条1項）をして、裁判所で「時価」を決めてもらえます。したがって、不当に安い金額で担保権が消滅させられることもありません。そのため、別除権者としては大きな不利益を被る危険性は高くありません。

4　例外（その3）＝担保権の実行手続の中止命令

民事再生手続において、別除権を自由に実行できない場合の3つめとして、担保権の実行手続の中止命令（民事再生法31条）が発令された場合があります。

しかし、担保権の実行手続の中止命令が発令されたとしても、相当期間担保権の実行手続が停止されるだけです。別除権協定の交渉のための時間的余裕が与えられるにすぎません。

中止期間中に別除権協定が締結できれば、別除権協定どおりに支払いが受けられるようになります。他方、締結できないまま中止期間が経過すれば、担保権を実行することができます。

したがって、別除権者としては大きな不利益を被る危険性は高くありません。

5　再生計画による弁済

別除権を実行しても回収し切れない債権（「別除権不足額」といいます）については、再生計画に従った弁済を受けることができます。

たとえば、5,000万円の債権を有しているときに、根抵当権の実行により3,000万円の配当を受けたときは、残りの2,000万円について、再生計画に従った弁済を受けることになります。

他方、別除権不足額が確定しない限り、別除権者は、再生計画に従った弁済は受けられません。

Ⅳ　共益債権

1　原則

　民事再生申立後に取引先との取引で発生した債権などを「共益債権」といいます。

　「共益債権」は、取引先との約定どおりに、全額支払ってもらえます。

2　双方未履行双務契約の主張による共益債権化

　双務契約とは、契約の当事者がお互いに何らかの義務を負う契約をいいます。たとえば、売買契約は、売主は目的物を引き渡す義務があり、買主は代金を支払う義務がありますので、双務契約にあたります。

　売買契約を締結した場合、「売主は商品の全部は引き渡していない」「他方、買主は代金を支払っていない」という状態にあることがあります。このように、契約当事者がお互いに義務を履行していない状態にあることを、「双方未履行双務契約」といいます。

　「双方未履行双務契約」の状態にある場合、民事再生の申立てをした債務者側に契約を解除するか、履行を請求するか（「商品を引き渡してください」と請求するか）の選択権が与えられています（民事再生法49条1項）。そして、債務者が履行を請求し、自社が債務者の請求どおりに納品すると、代金は民事再生の申立前に納品した商品の分（本来は「再生債権」となる分）も含めて、「共益債権」として全額支払ってもらえるようになります（同項・4項）。

　したがって、「取引先が民事再生の申立てをした」という情報をキャッチしたら、すぐに商品の出荷を止めてください。そして、残りの商品が必要なのかどうか取引先に問い合わせましょう。「残りの商品も引き渡してください」といわれたら、「すでに納品した分も含めて共益債権として、全額代金を支払ってもらいますが、それでもよろしいですね？」と念を押してから納品するようにしてください。

Ⅴ　一般優先債権

　民事再生手続においては、税金、社会保険料、労働債権などを「一般優先債権」といいます。

　「一般優先債権」は、全額支払わなければなりません。

VI 再生計画による債権カットの対象

以上説明したように、結局のところ、再生計画による債権カットの対象になるのは、「再生債権」だけです。

「民事再生の申立てをすれば過剰債務から解放されて、事業を再建できる」というのは幻想です。世の中それほど甘くありません。

したがって、民事再生の申立てをしても、スポンサーがつかないと、結局再建できず、破産に追い込まれる危険性が高いのです。債権者説明会でスポンサーがついているのかどうかの説明を受け、スポンサーがついていない、という説明のときは、再建できない危険性が高いものと判断して、その後の対応を考える必要があります。

VII 再生計画に従って支払いを受ける

1 再生計画の可決要件

再生計画の可決要件は、債権者集会に出席し、または書面投票をした議決権者の頭数の過半数の同意、かつ、議決権者の議決権の総額の2分の1以上の議決権を有する者の同意です（民事再生法172条の3第1項）。

書面投票が併用されていることが多いので、債権者集会に出席して投票するのではなく、債権者集会の前に書面で投票しておけば足ります。実際、債権者集会では投票の結果を集計して発表するだけで、その場で再生計画について議論するということもありません。出席してもあまり意味がないので、書面投票で十分です。

2 再生計画の種類

再生計画には大きく分けて、「収益弁済型」の再生計画（会社が存続し、その後の事業収益の中から債権者に弁済する計画）と「清算型」の再生計画（事業譲渡や会社分割により新会社などで事業を継続し、事業譲渡代金などを弁済原資として債権者に弁済し、もとの会社は清算する計画）とに大きく分けられます。

どちらの計画がよい、ということはありません。

賛成して再生計画に従った弁済を受けた方が得策か、反対して債務者を破産させ、破産手続において配当を受けた方が得策かを検討して、賛否を決めれば足ります。

3 再生計画に基づく弁済

　再生計画が可決・認可されますと、後は再生計画に従って支払いを受けることになります。

　再生計画に基づく支払時期が近づいたら、取引先から支払いの通知が届きます。自社が受け取るべき金額に間違いがないかどうかを確認します。支払いにあたって、取引先から書類の提出を求められた場合（手形の呈示など）には、不当な要求でない限り、これに応じます。そして、支払期限にきちんと入金があったかを確認します。

　なお、再生計画に基づく支払時期が近づいても支払いの通知が届かないときは、こちらから問い合わせをします。再生計画は可決・認可されたものの、その後業績が悪化して再生計画を履行できない、というケースもよくあります。そのような場合には、貸倒処理をしなければなりませんので、定期的に取引先に問い合わせをした方がよいでしょう。

コラム14　取引先が倒産しても保証人には請求できるの？

　取引先が破産しても、民事再生や会社更生の申立てをしても、保証人に対しては債権全額を支払うように請求することができます。

　保証人は、このようなときのために立てるものですから、破産法や民事再生法、会社更生法では、保証人の責任には変わりがないことを明らかにしています。

　取引先が倒産したら、保証人に対し、債権全額を支払えという内容の内容証明郵便を送ります。

　その後、保証人と交渉して、任意に支払ってもらうようにします。長期の分割払いになるときは、あらたに担保の提供を求めます。

　保証人が任意の支払いに応じないときは、保証人の不動産などを対象として仮差押えの手続をとります。裁判所から仮差押えの通知が届くと、保証人が驚いて交渉のテーブルにつくこともあります。

　それでも保証人が任意の支払いに応じないときは、訴訟を提起して、訴訟の中で和解をするか、判決をもらって強制執行の手続により債権回収を図ることになります。

　ただし、保証人によっては資力がないこともあり、訴訟を起こしても費用倒れに終わる危険性がありますので、費用対効果を考えながら保証人の責任を追及していく必要があります。

参考文献
(発行年の新しいもの順)
(☆は筆者のお薦めのもの)

【債権回収全般】

☆髙井章光『継続的取引における担保の利用法』(商事法務、2020)

☆中井康之監修・大川治＝奥津周編著・堂島法律事務所著『実践！債権保全・回収の実務対応　担保の取得と実行のポイント〔第2版〕』(商事法務、2019)

☆園尾隆司＝福岡真之介編『債権管理・保全・回収の手引き』(商事法務、2016)

・森山満＝村田和繢『初めての債権管理・回収』(中央経済社、2015)

☆北島敬之＝淵邊善彦編著『超実践　債権保全・回収バイブル―基本のマインドと緊急時のアクション』(レクシスネクシス・ジャパン、2014)

・川野雅之＝権田修一『現場目線の債権回収』(商事法務、2011)

・経営法友会法務マニュアル作成委員会編『新債権管理マニュアル〔増補第4版〕』(商事法務、2004)

・堀龍兒『債権管理・回収の知識〔新訂版〕』(商事法務研究会、2000)

【法律用語】

・法令用語研究会編『有斐閣法律用語辞典〔第4版〕』(有斐閣、2012)

【与信管理】

・リスクモンスター㈱編『与信管理論〔第3版〕)』(商事法務、2019)

☆大川治＝大宮有史＝菅野健一＝鈴木龍介著、(一社) 与信管理協会編『与信管理入門〔新版〕―実務に活かせる55のポイント』(金融財政事情研究会、2019)

☆石川英文『自社でできる取引先の信用調査』(商事法務、2009)

【担保】

・黒木正人『担保不動産の任意売却マニュアル〔新訂第2版〕』(商事法務、2013)

・黒木正人『担保不動産と管理・回収の実務』(商事法務、2009)

・経営法友会マニュアル等作成委員会編『動産・債権譲渡担保マニュアル』(商事法務、2007)

【倒産・再生手続】

・松下淳一＝相澤光江編集代表『事業再生・倒産実務全書』(金融財政事情研究会、2020)

☆山本和彦『倒産処理法入門〔第5版〕』(有斐閣、2018)

・藤原総一郎監修・森・濱田松本法律事務所＝ (株) KPMG FAS編著『倒産法全書(上)・(下)〔第2版〕』(商事法務、2014)

・松嶋英機＝花井正志＝濱田芳貴編著『企業倒産・事業再生の上手な対処法〔全訂2

版〕』（民事法研究会、2011）

【契約書その他書式】

☆多比羅誠＝多比羅研『内容証明を出すならこの1冊〔第5版〕』（自由国民社、2020）

・堀江泰夫『契約業務の実用知識〔第2版〕』（商事法務、2017）

☆大川治＝野村祥子＝奥津周＝富山聡子『書式で実践！債権の保全・回収』（商事法務、2010）

＜民法改正対応書式＞

☆堂島法律事務所編『改正民法対応　各種契約書見直しのポイント』（新日本法規出版、2020）

・野村豊弘監修・虎ノ門南法律事務所編著『改正民法はここを見直す！契約実務チェックポイント』（日本加除出版、2020）

・滝　琢磨『契約類型別　債権法改正に伴う契約書レビューの実務』（商事法務、2019）

・北浜法律事務所編『民法改正対応　取引基本契約書作成・見直しハンドブック』（商事法務、2018）

・若林茂雄＝鈴木正人＝松田貴男編著・岩田合同法律事務所著『民法改正対応　契約書作成のポイント』（商事法務、2018）

【民法改正全般】

・日本弁護士連合会編『実務解説　改正債権法〔第2版〕』（弘文堂、2020）

・須藤英章監修・経営紛争研究会編著『債権法改正対応！　保証契約の法律と実務Q&A－中小企業の経営者による個人保証』（日本加除出版、2019）

☆筒井健太＝村松秀樹編著『一問一答　民法（債権関係）改正』（商事法務、2018）

・潮見佳男『民法（債権関係）改正法の概要』（金融財政事情研究会、2017）

・青山大樹編著・末廣裕亮＝篠原孝典＝河上佳世子＝畑江智著『条文から分かる民法改正の要点と企業法務への影響』（中央経済社、2015）

・浜辺陽一郎『スピード解説　民法＜債権法＞改正がわかる本』（東洋経済新報社、2015）

【新型コロナウイルス対応】

・経営法友会編『新型コロナ危機下の企業法務部門』（商事法務、2020）

・中央経済社編『新型コロナウイルス影響下の法務対応』（中央経済社、2020）

事項索引

あ 行

異時廃止 ……………………… 251
一括競売 ……………………… 200
一般優先債権 ………………… 274
受取人 ………………………… 17
裏書譲渡 ……………………… 104
裏書人（裏書）……………… 17, 228
売上げなくして利益なし …… 2, 5
売掛金（売掛債権）………… 3, 6
乙区欄 ………………………… 60
オンラインによる請求 ……… 45, 58

か 行

買掛金（買掛債務）………… 6
会社更生 ……………………… 39
会社成立の年月日 …………… 49
回収なくして売上げなし …… 2, 5
確定期日 ……………………… 122
確定日付 ……………… 22, 153, 177, 205
仮差押え ……………… 16, 30, 213, 214
仮執行宣言 …………… 34, 221, 229
仮執行宣言申立書 …………… 221
仮処分 ………… 16, 30, 203, 213, 216
監督委員 ……………………… 261
監督命令 ……………………… 266
元本確定期日 ………………… 145
期限の利益（期限の利益喪失）… 6, 69
期限の利益喪失 ……………… 69, 162
帰属清算 ……………………… 202
記名捺印 ……………………… 68
共益債権 ……………………… 274
協議を行う旨の合意による時効の完成猶予
……………………………… 17
強制執行 ……………… 7, 32, 226, 234
強制執行認諾文言 …………… 164
共同担保目録 ………………… 61
極度額 ………………… 60, 122
金銭債権 ……………… 33, 214

さ 行

競売 …………………………… 27
契約 …………………………… 3, 6
契約書 ………………………… 9
決算書 ………………………… 115
結審 …………………………… 233
原告 …………………………… 35
検索の抗弁権 ………………… 92
検収 …………………………… 68
合意管轄 ……………………… 70
甲区欄 ………………… 59, 65
公証役場 ……………………… 177
公図 …………………………… 118
公正証書 ……… 21, 24, 143, 163
公正証書の作成方法 ………… 164
口頭弁論 ……………………… 233
小切手 ………………… 14, 17
個人貸金等根保証契約 ……… 145
個人根保証契約 ……………… 144

債権（債務）………… 5, 116
債権回収 ……………………… 4, 5
再建型 ………………… 37, 39, 243
債権管理 ……………… 3, 6, 99
債権差押命令 ………………… 209
債権差押命令申立書 ………… 239
債権差押命令申立書（動産売買先取特権に基づく物上代位）……… 211
債権質権 ……………… 26, 28, 139
債権質権設定契約書 ………… 139
債権者集会 …………… 250, 260
債権者説明会 ………… 262, 267, 268
債権証書 ……………………… 142
債権譲渡 ……… 20, 23, 60, 174, 175
債権譲渡契約書 ……………… 174
債権譲渡制限特約 …… 23, 137, 174, 184
債権譲渡担保 ………… 23, 204
債権譲渡通知書 ……… 177, 205
債権譲渡登記 ………… 23, 205

債権届出期間 ……………………… 246
債権に対する強制執行 ………… 33, 237
催告 …………………………………… 17
催告の抗弁権 ………………………… 92
在庫商品 ……………………… 189, 244
財産開示手続 ………………………… 35
財産評定書 ………………………… 263
再生計画 ……………………… 273, 275
再生債権 …………………………… 270
再生手続開始申立て ……………… 261
債務確認書 ………………………… 152
債務弁済契約 …………………… 19, 22
債務弁済契約書 …………… 158, 159
債務名義 ……………… 33, 164, 234
詐害行為 …………………… 24, 248
詐害行為取消権 ……… 21, 24, 248
作成日付 …………………………… 68
差押え ……………………………… 16
残高確認書 ……………… 102, 103
敷金 …………………………… 139, 141
時効 …………………………… 13, 15
時効の援用 ………………………… 16
時効の完成猶予 …………………… 17
時効の更新 ………………………… 17
自己破産 ………………………… 39
質権 ………………………………… 28
質権設定承諾書 ………………… 142
執行官 …………………… 35, 236
執行証書 ………………………… 164
執行文 …………………………… 234
実地調査 ………………………… 52
私的整理（任意整理）…… 37, 38, 243
自働債権 ………………………… 22
支払期日 ………………………… 107
支払呈示 ………………………… 18
支払呈示期間 …………………… 107
支払督促 ……………… 31, 33, 217
支払督促申立書 ………………… 218
資本金 …………………………… 50
集合債権譲渡担保 …… 23, 26, 133
集合債権譲渡担保権設定 ……… 136
集合債権譲渡担保権設定契約書 … 134

集合動産譲渡担保 ……… 26, 28, 128
集合動産譲渡担保権 …………… 212
集合動産譲渡担保権設定契約書 … 128
収入印紙 …………………………… 70
受働債権 …………………………… 22
準消費貸借 ……………………… 22
準消費貸借契約 …………… 20, 160
少額債権 ………………………… 269
少額訴訟 ……………… 31, 34, 222
少額訴訟債権執行 ……………… 241
商業登記簿謄本 …… 8, 10, 42, 47
商号 ……………………………… 48
商事債権 ………………………… 16
商事留置権 ……………………… 29
勝訴判決 …………………………… 7
譲渡担保権実行通知書 ………… 201
承認 ……………………………… 16
証人尋問 ………………………… 234
消費貸借 ………………………… 22
商品の引揚げ …………………… 190
消滅時効 ……………… 13, 15, 102
除斥期間 ………………………… 259
処分禁止の仮処分 ……………… 203
処分清算 ………………………… 202
所有権留保 …………… 76, 77, 86
所有権留保特約 …………… 80, 82
所有権留保売買 …………… 25, 27
信用調査会社 …………………… 53
信用調査会社の調査報告 ……… 54
信用保証協会 …………………… 61
請求 …………………… 150, 151
清算型 ……………… 37, 39, 243
清算義務 ………………………… 202
善意取得 …………………… 81, 127
全部事項証明書 …………… 43, 62, 66
占有移転禁止の仮処分 ………… 203
占有改定 ……… 28, 86, 127, 131
相殺 …… 20, 22, 168, 246, 256, 271
相殺禁止特約 …………………… 170
相殺契約書 ……………………… 170
相殺通知 ………………………… 257
相殺通知書 ……………………… 168

相殺の意思表示の時期的制限 ……… 271
双方未履行双務契約の主張による共益債権化
……… 274
遡求（溯求権） ……… 18, 107, 228
即時取得 ……… 81
訴訟 ……… 6, 101, 231, 233
訴状（少額訴訟） ……… 224
訴状（手形訴訟） ……… 229
訴訟では証拠がすべて ……… 101
即決和解 ……… 21, 24, 164

た 行

代位弁済 ……… 61
対抗要件 …… 9, 10, 86, 123, 127, 133, 142, 176, 204, 205
第三債務者 … 23, 136, 174, 176, 177, 185, 188, 204, 205, 210, 237
第三取得者 ……… 29
貸借対照表 ……… 115, 117
対当額 ……… 168
代表者との面談 ……… 52
代物弁済 ……… 20, 24, 191
代物弁済証書 ……… 191
代理受領 ……… 20, 23, 184
代理受領委任契約書 ……… 185
代理受領委任状 ……… 187
建物登記簿謄本 ……… 64, 66
断行の仮処分 ……… 203
担保（担保権） ……… 6
担保権消滅請求 ……… 272
担保権の実行手続の中止命令 ……… 273
担保物権 ……… 5
担保不動産競売 ……… 25, 27, 193
担保不動産競売申立書 ……… 194
担保不動産収益執行 …… 25, 27, 193, 198
陳述催告 ……… 35
通常の営業の取引の範囲内 ……… 131
通常の民事訴訟 ……… 34
抵当権 ……… 11, 25, 119, 123, 193
手形 ……… 14, 17, 104, 227, 247
手形訴訟 ……… 18, 31, 228
電子記録債権 ……… 15, 18

電子内容証明郵便 ……… 157
転売代金 ……… 209
登記（登記簿） ……… 10, 123
登記事項証明書 ……… 205
登記事項証明書交付申請書 ……… 44, 57
登記情報提供サービス ……… 46
倒産 ……… 36, 38, 242
動産 ……… 10, 116
動産競売 ……… 207
動産譲渡担保 …… 26, 28, 124, 192, 201
動産譲渡担保権設定契約書 ……… 124
動産譲渡登記 ……… 133
動産に対する強制執行 ……… 32, 236
動産売買先取特権 …… 26, 29, 206, 212
動産売買先取特権に基づく物上代位 …… 208
同時廃止 ……… 249
督促異議 ……… 220, 222
土地登記簿謄本 ……… 58, 62
取立訴訟 ……… 238
取引基本契約書 …… 10, 67, 70, 77, 88, 94

な 行

内容証明郵便 …… 19, 22, 153, 154, 168, 204, 257
内容証明郵便の作成方法 ……… 155
入居保証金 ……… 139, 141
任意売却 ……… 197, 198
根抵当権 …… 11, 25, 60, 119, 123, 193
根抵当権一部移転 ……… 61
根抵当権移転 ……… 60
根抵当権設定契約書 ……… 120
根保証 ……… 28, 93, 144
納品 ……… 100

は 行

配達証明 ……… 153, 204
配達証明付内容証明郵便 ……… 22
配当 ……… 251, 258, 259
破産 ……… 39, 248
破産管財人 ……… 39, 249
破産債権届出書 ……… 254
破産財団 ……… 250
破産手続開始決定 ……… 249

破産手続開始申立て ……………… 249
被裏書人 …………………………… 17
引揚げ ……………………………… 244
引渡し …………………… 127, 131
被告 ………………………………… 35
被担保債権の範囲 ……………… 122
否認権 ……………………… 39, 250
被保全権利 ……………… 214, 216
表題部 ………………………… 59, 64
物権 ………………………………… 5
物上代位 …………………………… 29
物上保証 …………………………… 29
物上保証人 ………………………… 29
不動産 …………………… 10, 116
不動産登記簿（不動産登記簿謄本）‥ 8, 10, 55, 118
不動産に対する強制執行 ……… 32, 235
振込指定 ………………… 20, 24, 188
振込指定の依頼書 ……………… 189
振出人（振出し） ………………… 17
不渡り …………………… 18, 227
分別の利益 ………………………… 93
閉鎖事項証明書 …………………… 51
閉鎖登記簿謄本 …………………… 51
別除権 ……………… 256, 257, 272
別除権協定 ……………… 262, 272
別除権不足額 …………………… 273
弁済 ………………………………… 22
返品願い書 ……………………… 190
法的整理 ………………… 36, 38, 243
法務局 …………………………… 42, 55
保証 ……………… 28, 92, 143, 176
保証金 ……………… 87, 88, 215, 217

保証人 ……………… 26, 38, 94, 276
保全処分 ………………… 261, 265
保全手続 ………………………… 213
保全の必要性 …………… 214, 216
本店 ………………………………… 49

ま 行

増担保 ……………………………… 70
民事債権 …………………………… 16
民事再生 ………………… 39, 261
民事訴訟 …………………………… 32
民事調停 ………………… 31, 33
免責許可決定書 ………………… 260
目的 ………………………………… 50

や 行

役員 ………………………………… 50
約束手形（裏面） ……………… 106
約束手形（表面） ……………… 105
与信限度額 ……………… 13, 15, 101
予定不足額 ……………………… 256

ら 行

履行の追完 ………………………… 68
留置権 ……………………………… 27
留置権（民事留置権） …………… 29
履歴事項証明書 …………………… 43
履歴事項全部証明書 ……………… 47
連帯保証 ……………… 28, 92, 94, 163
連帯保証書 ……………………… 148

わ 行

和解 ……………………………… 226

執筆者紹介

権田　修一（ごんだ　しゅういち）
　早稲田大学社会科学部卒
　東京富士法律事務所　パートナー弁護士（第二東京弁護士会所属）
　株式会社山田債権回収管理総合事務所　取締役弁護士
　第二東京弁護士会倒産法研究会副代表幹事
　事業再生実務家協会会員、全国倒産処理弁護士ネットワーク会員
【主な業務分野】
　債権回収、株主総会対策、M＆A、事業承継、倒産・事業再生、訴訟等
【主な著書】
　『破産実務Q&A220問』（共著、金融財政事情研究会、2019）
　『破産管財人の債権調査・配当』（共著、商事法務、2017）
　『倒産と担保・保証』（共著、商事法務、2014）
　『中小企業再生の実務──金融機関対応と法的手続き』（共著、日本評論社、2013）
　『現場目線の債権回収』（共著、商事法務、2011）
　『監査役の社会的使命と法的責任』（共著、清文社、2010）
　『通常再生の実務Q&A120問──全倒ネットメーリングリストの質疑から』（共著、金融財政事情研究会、2010）
　『株主総会の議案・参考書類作成の実務〔第3版〕』（共著、清文社、2009）
　『経営承継円滑化法と民法特例の法実務』（共著、清文社、2008）
　『しくみと実務がわかる倒産のすべて』（共著、日本実業出版社、2002）
　『税理士のための民事再生法ガイドブック』（編著、中央経済社、2002）

債権回収基本のき〔第5版〕

2005年11月21日	初　版第1刷発行
2008年1月25日	改訂版第1刷発行
2011年10月5日	第3版第1刷発行
2017年10月30日	第4版第1刷発行
2020年10月19日	第5版第1刷発行
2023年9月13日	第5版第2刷発行

著　者　権　田　修　一

発　行　者　石　川　雅　規

発　行　所　株式会社　商　事　法　務

〒103-0027 東京都中央区日本橋 3-6-2
TEL 03-6262-6756・FAX 03-6262-6804〔営業〕
TEL 03-6262-6769〔編集〕
https://www.shojihomu.co.jp/